U0121168

海上絲綢之路文獻集成

總主編 陳支平 陳春聲

歷代史籍編

4

主編 范金民

海峽出版發行集團
THE STRAITS PUBLISHING & DISTRIBUTING GROUP
福建人民出版社

本册目次

殊域周咨録二十四卷（卷一五至卷二四）

〔明〕嚴從簡撰

殊域周咨録卷之十五

行人司行人刑科右給事中嘉禾嚴從簡輯

揚州府學訓導長洲彭天翔侄嚴翼

江都縣學訓導華容王三汲校嚴靖同校

撒馬兒罕

撒馬兒罕不知古何國或云漢罽賓地東西相距三千餘里地勢寬衍土田膏腴為諸番勝元駙馬帖木兒者主其國東有養夷城沙鹿海牙塞藍城達失干諸城西有渴石失里迷諸城皆隸焉本朝洪武二十年帖木兒遣回回滿剌哈非思等二人開通道路貢駝馬二十年帖木兒遣酋長迭力失等奉表來朝貢馬二百匹表

曰大明大皇帝受天明命統一四海二德弘布恩養庶類萬國欣仰咸知上天欲平治天下特命皇帝出膺運數為億兆之主光明廣大昭若天鏡無有遠近咸照臨之臣帖木兒僻在萬里之外恭聞聖德寬大超越萬古自古所無之福皇帝皆有之所未服之國皆服之遠方絕域昏暗之地皆清明之老者無不安樂少者無不長遂善者無不蒙恩惡者無不知懼今又特蒙施恩遠國凡商賈之人來中國者使觀覽都邑城池富貴雄壯如出昏暗之中忽覩天日何幸如之又承數書恩撫勞問使站驛相通道路無壅遠國之人咸得共濟歌仰聖心如照世之杯使臣心中豁然光明臣國中部落聞茲德音惟知懽舞感戴臣無以報恩德惟仰天祝頌聖

壽福祿如天地遠大永永無極照世杯者其國舊傳有杯光明洞徹照之可知世事故云

是年又遣使貢海東青

初撒馬兒罕人有商於漢北者大軍征進自捕魚海執歸京師上疑其奸細令居中國後審知為撒馬兒罕人俱遣還國主感恩遣使入貢上嘉其有文遣主事寬徹等報之并諭各番為別失八里所留（別失八里即亦力把力）

永樂元年禮科都給事中傅安歸自撒馬兒罕先是傅安使西域為撒馬兒罕所羈留凡十三載至是始歸上念其久勞於外賜一品服致仕

是年國主兀魯伯（帖木兒孫）遣使貢馬

五年北平道按察使陳德文（一名榮中）亦自撒馬兒罕歸德文洪武末出使西域遍歷諸境採訪山川風俗作詩歌一帙進呈上嘉之賜馬三疋

擢僉都御史

德文詩不能悉今特舉見鴈懷友詩云上林書札為誰將漢節蘇卿憶帝鄉萬里承恩來虜地何年歸覲列鵷行繡衣塵滿関山杏驄馬星馳道路長此日雲邊看鴈字老懷無計附同窓

十三年復遣陳誠使西域誠自行人進吏部員外郎偕中使李達賚詔幣往至撒馬兒罕其國主遣使隨二人來貢謝恩　正統二年貢馬與玉石四年貢良馬色玄蹄額皆白賜名瑞鵝詔畫史圖之十三年又貢方物詔宴其使於陝西布政司以數少故也成化十七年進二獅至嘉峪関外奏遣大臣往迎職方郎中陸容言獅子固奇獸然在郊廟不可以為犧牲在乘輿不可以備驂服不當

受上遣中使迎之二十二年夷使怕陸灣等貢獅得賞中人韋眷護行至南海又將浮海還國云欲往滿剌加更布獅貢韋眷利之從其請廣東布政使陳選言此西域賈胡為奸利耳使隨其謀必貽諸番之笑且珍禽奇獸之好不可以示外夷力拒止之

廣東番禺縣民黃肆及王凱父子招集撒馬兒罕等國夷商交結中官韋眷出海通番怙勢殺人騖擾地方被本縣知縣高瑤遣兵壯人等搜沒番貨鉅萬申呈於布政陳選選行文獎高瑤仍具奏下巡撫都御史宋旻勘報旻畏眷不敢詰問姑緩之眷結中官誣奏選黨比高瑤上怒遣刑部員外郎李行會同巡按御史徐同愛鞫之行同愛畏眷不敢反異復賂選所黜吏張褧令誣執選褧不從行

等阿眷執棃拷掠棃曰死即死耳安敢以私憾滅公議謟正人也行等羅織無所得乃誣選矯制發粟意在侵欺屢奬屬官志圖報謝論罪當徙奏入詔奪選官遣錦衣衛千戸張福逮選士民數萬人號泣遮留選至南昌疾作卒於石亭寺時年五十八張棃乃上言臣聞周公元聖而四國之謗乃致上疑於其君曾參大賢而三至之言不免揺惑於其母是豈成王之不明參母之不親哉凡以日能鑠金而毀能銷骨也陛下臨御區宇明並日月恩同父母詎圖怙冒之中尚罹屈抑覆盆之下復有沉寃竊見廣東布政使陳選素崇正學夙抱孤忠孑處群邪之閒獨立衆憎之地太監韋眷通番敗露知縣高瑤按法持之陳選移文嘉奬以激貪懦固監司

之體也奈何宋旻徐同愛怯勢保姦首鼠兩觀以致韋眷橫行冒聦殲衊清節熒惑聖明勘官李行承眷頤指鍛鍊成獄竟無左驗臣本小吏以詿誤觸法為選罷黜寘臣自取非選有加於臣也眷乃妄意臣必憾選以厚賄啗臣令扶同陷選臣雖昏徒亦知廉恥安敢欺昧心術顛倒是非眷既知臣不可利誘乃囑行等逮臣於理彌日榜掠身無完膚臣甘死籲天終無異口行等乃依傍眷語文致其詞劾選勘灾不實擅便發倉曲蔽屬官意圖報謝是毀共姜為夏姬詬夷齊為盜跖也本年嶺外池震水溢漂民廬舍屬郡交牒報災老弱張口待哺而撫按藩臬若罔聞知選獨抱隱憂食不下咽謂展轉行勘則民命垂絕其何能待所以便宜議振志在

救民非有他也選素剛正不堪屈辱乃為勘官凌侮憤懣成疾旬日而殞李行幸其就死不為醫療又潛遣養子容以選死報春以快其忿小人倭毒交結權倖一至於斯司寇之屬要在詰奸刑暴安取此輩為也夫選砥節奉公橫罹讒構君門萬里孰諒其冤臣以罪人擯斥田野耒自給百無所圖敢冒死披陳甘心鼎鑊者誠痛忠廉之士啣屈抑之冤長讒佞之奸為聖明之累也奏入不報第以他事罷春鎮守選字士賢浙江臨海人自少沉靜端慤立志以聖賢自期潛脩默識不求人知終身儉約有寒士所不及者蓋篤行之儒為己之學也南畿河南廣東皆立祠祀之

弘治二年又進獅禮科給事中韓鼎言猙獰之獸非宜玩狎却之上嘉納

馬四年又進獅及鸚鵡至廣東守臣以聞禮部尚書倪岳上疏請却其貢俱使行人往勞疏畧曰臣觀撒馬兒罕所進獅子乃狄之野獸非中國之所宜蓄留之於内既非殿廷之美觀置之於外亦非軍伍之可用且不免以彼無用之物易此有用之財倘或非真豈不受遠人之欺貽天下之笑且啟蠻夷窺伺之心以為中國好尚之所在臣等切為朝廷惜之也嘗聞聖帝明王不寶遠物故周武王時西旅貢獒召公致戒漢文帝時千里馬獻下詔却之載之經史而傳美萬世成化物年憲宗皇帝亦嘗降諭朝鮮罷獻白鵲海東青皇上踐祚首頒明詔禁止各處鎮守等官進貢以杜騷擾之槩既而放禽鳥縱鷹犬數日之間屏去無遺弘治元年迺西

夷人進貢玉石等物却令取回本年鎮守太監王舉欲進寶物嚴申禁絶善政善教遠近稱頌以為聖德恭儉與成湯之不殖貨利同符異世由是而始終惟一雖堯舜之聖何以過此今未及三年而廣東鎮巡言官又因撒馬兒罕進獅子至要行起送臣等仰窺聖心必不納此無益之物以為聖德之累但恐有引先朝事例為言容其到京則所經歷道途騷擾必多賞賜犒勞須從舊例即今地方水旱相因人民窮困顧乃疲中國以待遠夷費有用而易無用况本番進貢使臣例該於陝西甘肅驗放起送今若聽其從海而來則後次倘有附近本番浮海商夷託稱彼國差來入貢則既無勘合又無印信何由知其真偽且又令其習知海道而啟意外

之虞乎臣等愚見深為未便伏望皇上念生民財力之艱難察夷人詭冐之計斷自宸衷阻其使臣盡却所貢仍差行人一員馳驛前去緣途體訪隨其所在司府宴勞給賞嘉荅其意整其原來艦舶以使撑駕回旋帖服其心仍請勅一道曉諭阿黒王謂爾忠敬之心　朝廷具知但差人進貢只依成例量備駝馬從陝西陸地以達京師其獅子鸚䳇非常有之物不必遠涉海道來進如此則遠方夷醜知明天子之所為有非彼之所能測然後益脩政治益崇俊良使家給人足禮樂興行邊域無警萬方賔服如此則雖四夷畢至未足以增光盛治矧一狰獰夷獸何足以為明時之輕重哉上嘉納其言

什

李東陽却貢獅詩曰萬里狻猊初却貢一時臺省共騰歡極
知聖學從心始誰道忠言逆耳難漢代謾誇龍是馬隋家空信
鳥為鸞非才敢作清朝頌獨和新詩寫寸丹
按客座新聞云弘治中西番貢獅其性險怪一番人長與之相
守不暫離夜則同宿于木籠中欲其馴率故也少相離則獸眼
變異便作威矣一人因近視之其舌略粘則面皮已去一半矣
又畜二小獸名曰吼形類兔兩耳尖長僅長尺餘獅作威時即
牽吼視之獅畏服不敢動蓋吼作溺上著其體肉即腐爛吼猖
獗又畏雄鴻鴻引吭高鳴吼亦畏伏物類相制有如此者
又石田雜記載本朝劉馬太監於西番買一黑驢以進能日行

千里又善鬬虎上取虎城一牝虎與鬬一蹄而虎斃又鬬一牝虎三蹄而斃後與獅鬬被獅折其脊劉馬伏地大慟蓋亦獸之異常者云

嘉靖改元撒馬兒罕等地面夷使火者馬黑麻等四十二名寫亦打黑麻等二十四名滿剌撓慎等三十三名及土魯番并哈密夷使速擅虎力一十一名各進貢陝西行都司指揮鄭愷張俊等伴送各夷俱於嘉靖元年九月後甘州驗放入關一齊起程後有陝西西安府河南真定府等處放債賣買至次年十月到京禮部尚書汪浚疏曰正德年間容令各處回夷在館四五年任歇恣意妄為驕縱特甚欽蒙皇上御極之初盡將各犯拏問發遣令各夷進

貢起送猶不知戒伴送人員不能鈐束在途遷延隔歲日費廪給
先到京者日費下程等候同賞光祿寺供應無窮前項夷人一百
六十八名每五日欽賜下程一次費銀一百一十餘兩每月六次
費銀六百餘兩二箇月一千三百餘兩三箇月一千九百餘兩延
住月久下程益多舊例相沿不為限節妄的糜費候賞不得反生
嗟怨合無將今次到館已經譯審給與欽賜下程行光祿寺照例
五日一次送但給賞之後次日即與住支行陝西河南直隸等處
各夷回還之日但有與軍民交通賣買在驛遞延住一日之上
者住支廪給軍民枷號問罪伴送人員不為鈐束從重治罪勅下
內府承運庫本部賞賜手本到庫之日即給與綵段絹疋等項不

得稽遲坐費光祿寺下程以重為民困本部行提督會同館主事嚴為關防開張賣買三日之後不許私與外人交通賣買如有貨賣不盡准令帶回作急催促起程上從其議後因土魯番占奪哈密入寇甘肅議絕其貢各處夷人隨路羈禁又議土魯番夷人等二十二名俱暫且羈候腹裏所在地方待後虜情向背已定另行議處提督尚書王瓊議欲興復哈密請將見監莊浪衛撒馬兒罕貢使土六孫等五人見監永昌衛撒馬兒罕貢使本奔一人并進貢未回撒馬兒罕夷人九十九人及天方國一十六人令鎮巡官陸續驗放出關遣歸本土其原帶方物并隨身財物聽其領回不許官司侵尅重失遠夷之心嘉靖七年王瓊復疏曰臣于六月初

七日到於平涼府東關有撒馬兒罕天方國土魯番哈密四處夷人臣審問因何在此住歇各夷告稱有鎮守甘肅李隆傳示如今聖人出世登極不比在前但係外夷俱進貢慶賀以此各夷於嘉靖元年前來進貢到京管待筵宴給與賞賜起関應付回還不料嘉靖三年土魯番犯邊將各夷沿途留住原差伴送官舍俱回甘州我等在此自備盤纏過活但查審各夷內係撒馬兒罕天方國者俱該遣還係土魯番哈密者俱該腹裏地方羈候又據撒馬兒罕等夷人告稱若將哈密土魯番夷人留住只放我輩出去路經土魯番必不肯放過我輩亦不敢去又稱若路不通時寧往兩廣去還可得生查得先該巡撫都御史陳九疇原議要將土魯哈密貢

回夷人俱發兩廣地面安置先任提督尚書楊一清為國忠謀反覆辯論將哈密土魯番貢回夷人改擬腹裏羈候侍虜情向背已定另為議處將撒馬兒罕天方國無干夷人遣還本土題奉明旨依擬施行使當時各官即能體悉楊一清之忠謀用彼處夷之長策即將應放還者放還應羈候者再為議奏夷情寧息久矣乃各坐視玩愒故違明旨延今二年之上不行查放議處臣實恨之切照土魯番節次賫遞番文求和專一以放回進貢夷人并打發出賞賜為言乃其本心及詳撒馬兒罕等處夷人告稱不放出土魯番人不敢回去亦是實情合無行令各該巡撫通查各處羈候夷人起關查差官伴送至甘肅行都司羈管給與口粮養贍臨時臣與

鎮巡官、訪探土魯番仍前求和通貢以後再無侵侮別情將原擬
羈候各起貢回夷人與原擬遣還撒馬兒罕等夷人通行議放出
關令鎮守總兵官出給印信漢番字帖文交付撒馬兒罕等夷人
傳與土魯番令退哈密城池許其進貢邊釁可息如彼不聽宣諭
直在於我曲在於彼另行議處亦不為損上亦從之自是王瓊撫
處之後土魯番聽命通貢撒馬兒罕各夷俱以時朝貢　十一年頒
即乩、國、遣使扣關求貢禮部查係原非入貢番夷行總制陝西三
邊都御史唐龍議其應否起送至京唐龍疏稱西域諸夷其名號
不、係我朝封爵先年、入貢止據哈密忠順王開奏某處某起人數
今忠順王年久缺封哈密止照伴送之例遇夷使到日差人伴送

雖哈密之人知亦未真今據行都司會審夷使火者皮列等供稱哈辛王等原在撒馬兒罕北山額即乩地面居住且言半是達子先年差使臣土魯孫等進貢卷查相同則今日哈辛即前日哈辛彼時北山則方隅今稱額即乩則地名耳但彼處遠方既無可稽俱報詞語又隔譯審委難取實及照先年哈辛已經進貢今次來使似宜俯從乞勅該部計議合無念彼遠夷其名稱言詞不必深較准照撒馬罕等夷一例起送惟復貴其名稱之殊恐有冒充之弊以禮遣回其已驗給單量給官價以償其直禮部尚書夏言䟽曰臣等撿閲堂稿前項番文所稱哈辛王差來使臣土魯孫等實未嘗到京今據其詞未可輕信若許其入貢則撒馬兒罕載在會

典見今已行照例起送夷使火者馬黑麻等在途并存留男婦共一百六名口豈有一國而二王一次而兩起進貢之理況既亦譯審係撒馬兒罕地面人分在此山寄住則即撒馬兒罕部落豈可擅自稱王擅求入貢倘因容貢之後他日興撒馬兒罕抗衡爭長兵連禍結責將誰歸但係該邊守臣失於稽查覺察遂將所進馬匹已行給軍騎操今守候日久似難遣回依擬將額即亂哈辛差來夷使火者等暫照撒馬兒罕事例量行起送數人赴京其餘存留在邊聽候給賞以全朝廷柔遠之道往入貢年分止許附搭撒馬兒罕同來不許別稱王爵自分國土有違國典再照鎮巡等官先因諸夷入貢名種殊常番文繁疊使當詳加譯審研究來歷遵照事

例處分為是今即不能深察夷情又不肯力扶國體則邊方重寄所賴何人合行鎮巡官今後務要慎重邊防保全大體毋或好大喜功召侮啓釁斯為禦戎上策上從之後哈辛附撒馬兒罕不絶至今其國山川景物頗類中華國王戴白圓帽妻以白繒纏首飲食甘酸羹雜米肉器用金銀不設匕箸以手取食商賈交易用中國所造銀錢坊亦有酒禁屠牛羊者理其血腥人多巧藝善治宮室門極皆雕文刻鏤窗牖琵琶俗重拜天建屋祀之以青石為柱雕鏤甚精經文皆書以泥金裹以羊皮其山川曰鐵門峽渴石城西懸崖絶壁夷人守此名鐵門關唐書自焉耆過鐵門曰哈剌卜蘭河其產金銀玉銅鐵珊瑚琥珀琉璃罽苾思檀樹葉類山茶類銀杏而小實水晶鹽堅明如水晶琢為盤以水溼之可和肉食瓦

矢實類野葛實香可啖甚阿魏甘露小草叢生其葉如蘭秋露凝其上味如蜜可熬為湯花蕊布名馬獨峯駝大尾羊狻猊產白水河邊葦叢中七日內未開眼取之則易調習稍長則難馴伏其貢駝馬玉石海青其域東抵亦力把力西連哈烈東至嘉峪關九千里其入貢或三年或五年起送無過三五十人必經哈密

亦力把力

亦力把力地居沙漠間不知古何國疑即焉耆龜茲地也在白山南都延城今其地三千餘里北二千餘里元初分達諸王合冊於此國名別失八里世祖立宣慰司以萬戶綦公直為宣慰使後置元帥府領屯田

本朝洪武二十三年國主黑的兒火者遣使貢馬二十四年遣主

事覓徹監察御史韓敬大理寺評事唐鉦報之以書諭別失八里黑的兒火者曰朕觀普天之下后土之上有國莫知其幾雖限山隅海殊方異類之民咸躋仁壽而友邦遠國順天奉大以保國安民皇天監之亦克昌焉曩者我中國宋君奢縱怠荒奸臣亂政天監否德於是命元世祖肇基朔漢入統華夏生民賴以安靖七十餘年至於後嗣不修國政大臣非人紀綱盡弛致使在野者強陵弱衆暴寡生民嗟怨上達於天簡在帝心以革命新民朕當大命躬握乾符以主黔黎凡諸亂雄擅聲教違朕命者兵偃之順朕命者撫存之是以華夏奠安惟元臣蠻子哈剌章等尚率殘兵於近塞生釁寇邊為民之巨害遣兵致討勢不容已兵至捕魚兒海故

元諸王駙馬及其部屬悉来降附其間有稱自撒馬兒罕等處来貿易者凡數百人遣使送歸本國今三年矣使者歸爾失八里王即遣使来貢朕甚嘉焉王其益堅事大之誠通好往来使命不絶豈不保封國於悠久乎特遣使嘉勞其悉朕意徹等至其國國主拘留之副使二人還三十年遣書諭之曰朕即位三十年西方諸國商人入我中國互市邊吏未嘗阻絶朕復勒吾吏民不得恃强侵慢番商由是爾諸國獲厚利疆場無擾是中國有大惠於爾諸國也向者撒馬兒罕遣使入貢吾朝廷亦以其知事上之禮故遣寬徹等使爾諸國通好往来撫以恩信豈意拘吾使者不遣吾於諸國未嘗拘留使者一人而爾拘留吾使豈禮也哉是用遣使賫

書往諭使知朝廷恩意毋使道路閉塞而啓兵端也書曰怨不在大亦不在小惠不惠懋不懋爾其惠且懋哉永樂四年國主沙迷查干遣使貢玉璞等方物十一年遣吏部員外郎陳誠前行人使其國十六年其臣速哥克剌滿剌入貢言其主納里失只罕為從弟丕思弑之而自立徙其國而去更號亦力把力宣德中遣行人蕭鑾往報至其地宣詔諭之正統二年國主也先不花遣使貢玉璞駝馬天順以來每修朝貢今亦間至不絕云其俗地無房屋逐水草置氊帳以居畜牛羊駝馬少種五谷飲食惟肉酪衣服類回回語言類畏兀兒其王髡髮戴罩剌帽插鵓鴿翎設綵繡氊帳席地而坐使者相見下拜揖惟行跪禮其山川曰白山山中常火烟出碙砂處採者著

木底鞋皮底即焦下有穴生青泥出穴外即為砂石土人取以治皮曰葱嶺高數百丈曰金嶺上有罷堂小雪山也有積雪曰熱海其產銅鐵鉛雌黃胡粉馬駱牛孔雀氍毹駝葡萄刺密阿魏白氎布硇砂其貢玉璞駝馬其域東距古沙州西抵撒馬兒罕南接于闐北連瓦剌東南至嘉峪關三千七百里

于闐

于闐居葱嶺之北出百餘里自漢至唐皆入貢中國五代晉楚福盛其王李聖天自稱唐宋廢遣使來貢冊封為大寶于闐國王宋建隆乾德大中祥符皆入貢嘉祐中遣使貢方物請三號乃以其國主為特進歸忠保順王元豐中上表稱于闐國王元祐後詔令間歲一至訖宣和貢獻不絕其貢使每來必携一寶鐺往反如

是主客官視之一鐵鐺耳蓋其來道涉流沙踰三月程無薪水獨挈其水而行是鐺者投以水頃之已百沸矣用是得不乏故寶之

本朝永樂六年其酋打魯哇亦不剌金遣使滿剌哈撒木丁等貢玉璞自後亦不常至間或一朝云其人貌不甚胡頗類華夏工織紡習機巧喜浮屠法事祆神喜歌舞相見以跪得問遺書戴於首乃發之其山川曰葱嶺曰白玉河（城東國人夜視有光盛處必得美珠）曰綠玉河曰烏玉河（每秋取玉于河）其產玉胡錦獨峰駝乳香硇砂珠珊瑚翡翠木香琥珀花蘂布名馬腽肭臍金星石水銀阿魏安息香雞舌香葡萄獅子（宋奉宸庫有玻璃母一籠初不知其美諸鐺分去後藝之作百花香氣清郁可愛詔收集之此大食國所獻即于闐古名也今產不見志）其域東距曲先衛北連亦力把力東北至肅州六千三[illegible]

百里

哈烈

哈烈古無可考其地居平川四面皆大山元駙馬帖木兒之子沙哈魯國人尊之為速魯檀猶華言君王也東有淹都淮八剌墨等城皆隸之或云魯迷等地亦相屬

本朝洪武三十五年遣使招諭酋長賜織金文綺永樂七年其酋歷賫等遣使來貢方物

按自哈密以下諸番使臣進貢到京者許就館中開市五日除違禁之物并鞍轡刀劍外其餘段疋紗羅等項不係黃紫顏色龍鳳花樣者許官民各色舖行人等持貨入館兩平賣買仍禁

私自交易

正統二年指揮哈只等遣使來……朝貢馬與玉石後亦間至嘉靖四年魯迷地方進獅子二西牛一上詔獅子西牛送內府交收原来慣熟從人五名照例留用調養御史張祿疏曰臣聞經史所載周武王郤旅獒漢文帝郤千里馬今回夷西方之人獅牛西方之物以是人而貢是物其来也遠其行也久固見陛下威德所致但中外風土不同而人物之性亦異今留此人以養此物非惟拂人之性抑且違物之性也臣聞京師宣傳此物罕見且甚訓習以為奇獸殊不知此乃西方山林之常物亦如中原虎豹之類耳其馴習亦無他因彼飼秣之久故押熟如此奚足為奇豈若麒麟鳳凰

為國之禎祥者也以獅子言之日食羊二隻月計之則六十隻年計之則七百餘隻計價當五百餘兩矣以牛言之食菽豆常理也今聞食果餅等物則是牛乃是人之食不知此牛在彼山林日食此否與斷無是理也至於田夷及通事人役又日費多端難以數計臣恐光祿財力有限不宜濫費如此靜焉思之以有限之財而養此無益之人獸夫何為也哉伏願勅下該部遣通事明諭夷人使知中國寶賢人而不貴異物今後勿使復進仍反其物歸其人薄其所賜以阻其希望之心可再勅邊臣自今以始諸夷凡有來王奏請裁處如有以禽獸進者即曉以朝廷好尚在彼不在此麾而止之

按魯迷不知果在何處但夷使言十年至京雖其誇遠要賞之詞不足為據然亦必西域遐荒之地哈烈至肅州亦有一萬餘里統謂之回夷又產獅子則魯迷為其所屬或其連界故附著其事于此

魯迷使臣白哈兀丁等奏稱離家十年來京進貢獅牛玉石刀銼等物都蒙聖恩收受玉石刀銼賞賜絹疋少了乞照撒馬兒等處進貢之例給賞及稱進獅子西牛遠走七年多受辛苦今西牛賞賜四表裡我每無指望回去又稱有本國王子差往瓦剌買獅子西牛值銀二萬在路使用既到邊上三年借銀三千兩為獅子西牛喫用望乞加賜上下禮部議禮科都給事劉穆疏曰竊惟修貢

献琛者遠人效順之誠計貴索償者賈人規利之事今魯迷使臣進貢方物復以地理之遼遠費用之繁重及朝廷賞賚之多寡營待之腆薄形諸齒頰則效順之誠安在與賈人索償之事殆無異矣況彼肆口浪言何所憑信耶臣思彼輩此來久處邊鎮遠馳驛遞迎今興勇士旗軍餧養人等群聚禁城其供億浩大需索頻煩昔召公戒武王勿受旅獒漢文帝却献千里馬我朝仁宗時罷西域賈胡入貢宣宗時諭朝鮮國王勿献鷹犬是皆先代令主之懿規我朝祖宗之盛節也乞勅禮部議擬不可復有增加戒諭夷使是後更勿得以獅牛珍玉貢献以示明王不貴異物不寶金玉之意上以夷人遠至命加其賞夷使復奏陳乞鴻臚寺通事胡仕紳疏

曰臣思中國馭夷狄之道恩固不可缺而威亦不可無也恩威兼濟使人之感而且畏斯狡猾之心消矣今有魯迷地面差來使臣火者把好丁阿力等赴京進貢獅子西牛等物陛下於方物則納之於賞賜則厚之於求討則與之恩寵可謂極隆而無以加矣奈何各夷貪得無厭屢求增賞二次番本俱蒙聖旨丁禮部看陛下盛心將欲示我天朝之寬大嘉被遠附之慇懃也但此數夷詐偽多端實難輕信臣常譯審求討一十四番地面有相去三四百里者有相去一千餘里者今一十四番人之中臣近訪知魯倫剌如捨剌只者乃魯迷阿力之親弟也如火者亦速者乃阿力之族弟也如虎寫亦者乃阿力之子也如亂吉列兒如何都辛者又阿力

之僕也今各詐充正使又各詐充各番王所差豈有父子兄弟主僕之間而各自為一王之統屬且又相去有三四百里或一千里之遠哉臣原其故皆由在邊三年之久其於撫夷諸官交通賄賂有以導之也臣觀各夷到京之初備銀二十五兩向臣等饋送以為見面之禮臣曰天子聖明我不敢取你遠人辛苦我不忍取連令各夷特回次日又令伴送百戶張連舍人丁成復特番字紙帖向臣等告收前饋臣又論以朝廷之法度并一身之名節各夷稱嘆而止以此驗之則各夷之於邊官必不能不致餽也又臣觀去年哈密衛夷人虎力馬黑麻詐稱忠順王母所差有畏兀兒伴送百戶金海曾與臣言忠順王母并王妻於正德年間被土魯番搶去

12

各將弓弦自縊身死邊方移文到京兵部有案可查則哈密之無王母久矣邊官豈不知之乃於冊報之中亦曰忠順王母所差也至於求討番文亦曰忠順王母求討也若匪交通重賄豈肯欺君玩法之若是哉以此驗之則邊官之於各夷必不能不受賄也臣又觀歷代史書嘗有一言之善或一人之賢而致外夷之畏服者今各夷固知臣等明知其詐臣若知而不言是臣之待外夷也厚而報陛下也薄安知各夷之不笑臣之不識也哉則又安知各夷之不笑中國之可以易欺也哉伏望陛下將各夷父子兄弟主僕詐充各國正使情由備降玉音命禮部宣布國威嚴加戒飭其所領賞賜求討等物除應外其餘乞勅兵部差賢能千百戶一員押

解邊方給散正國原差正使仍命兵部移文甘肅三堂將撫夷諸官量行懲治以後務要嚴加防範不許交通賄賂壞我國法損我國威庶恩惠可及於同貢之諸王而姦僞可消於將來之衆使矣上乃命給事中錦衣千戶各一員往會鎮巡官查看撫夷官員交通縱容情弊奏來處置自後各官稍知畏法不受夷賄夷使亦不敢縱肆奏討哈烈至今時或朝貢魯迷後無至云其俗衣服喜鮮潔色尚白喪事易以青國主之居窓壁以金銀瑟瑟為飾地施氊罽重席而坐富家居室服用頗同國主禮儀簡畧君臣相見但行跪礼無刑法有罪罰錢坊市無斗斛但用權衡凡宴會環列而坐酒器用金銀餘用陶瓦食無匙筯惟以手取婚室多以姊妹謂為

至親死無棺槨以布囊裹屍而瘞國有學舍中為大室四面房廊以居遊學之士名曰黙得兒塞俗無正朔不用甲子以七月為一周擇日用事則以第一日名阿啼納為上吉凡拜天聚會用之酒禁甚嚴修行者多不飲酒恐褻天也其產葡萄巴旦杏（有似棗而酣者名葱鹿麻）蘿蔔（大者十斤）鎖伏（又名俊服以鳥毛為之紋如紈綺）花毯（極細密久不變色）金銀銅鐵珊瑚琥珀珠翡翠水晶金剛朱砂名馬獅子其貢馬玉石其朝無常期或三年或五年其起送無過三五十八其域東北至撒馬兒罕一千四百里東至肅州一萬一千里

按西域種類繁多古今名更不一難於考索永樂中前行人陳誠與戶部主事李暹奉　命招綏魯歷哈烈凡西番數十國無

不遍歷宣布朝廷威德既而各國遣使隨誠等詣　闕謝恩往還凡三歷寒暑備錄其所覩山川土產人民物壤飲食衣服言語好尚之異為西域行程記獻之　詔付中館宣德中行人蕭鑾亦使哈密凡經哈密譯通諸夷俱蒙　宣諭則部落雖廣皆行人四牡往來跋涉者每誦唐人送使安西及詠西邊詩使人遐想其風景而況今我司之所曾歷者乎故不敢以遠而略之並著於編

又三代盛時其疆域西不盡流沙南不盡衡山東不盡東海北不盡恒山地盡即止漢始通西域開西南夷皆由陸以達隋唐以來航海之使始至然皆各自君長其國間有奉天子命封者豈能如我　朝威德所被四夷八蠻皆稱臣妾真如

古越裳氏重九譯來庭至於受册建封者奕世不變中庸所謂天覆地載凡有血氣者莫不尊親其此之謂乎然而聖祖之心不自滿假每懷無窮之憂故其覽輿地圖侍臣言今天下一統海外變夷無不向化誠古所未有聖祖曰地廣則教化難周人衆則撫摩難遍此當戒慎紂以天下而亡湯以七十里而興所繫在德豈在地之大小哉此與禹聲教四訖而存無若丹朱之警湯奄有九有而懷若涉深淵之懼真曠世同心者宜子孫幅員萬年而保萬世太平之業也猗歟盛哉

又按西番地既荒遐物產亦異有不可以常理拘者如景泰初西番貢一猫經過陝西莊浪驛時福建布政使朱彰以事謫為

驛丞彰管其貢使譯問猫何異而上供使臣書示云欲知其異今夕請試之其猫盛單於鐵籠以鐵籠兩重納於空屋内明日起視有數十鼠伏籠外盡死使臣云此猫所在雖數里外鼠皆来伏死盖猫之王也朱彰原交趾人

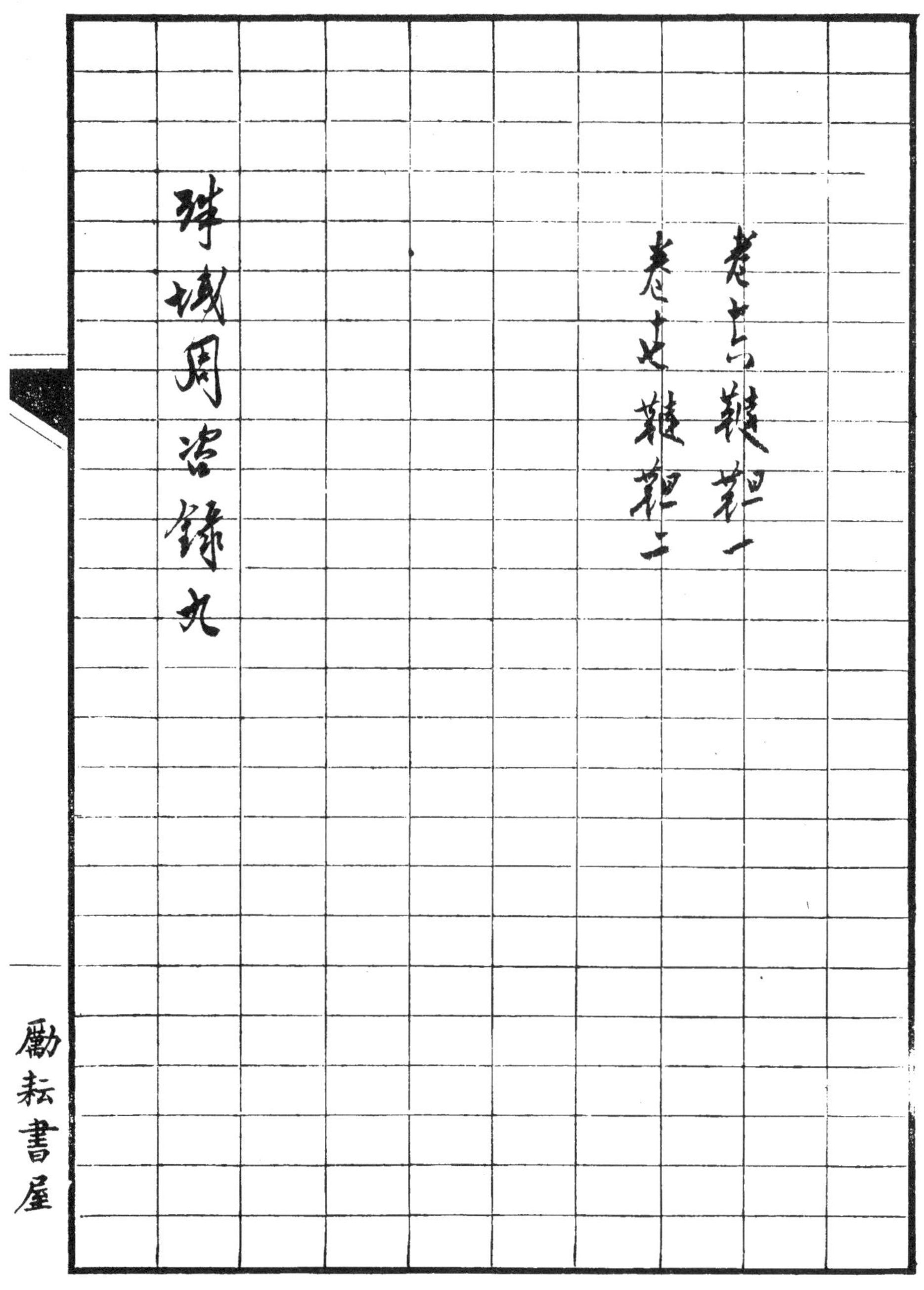

卷十六　韃靼一

卷十七　韃靼二

殊域周咨録九

勵耘書屋

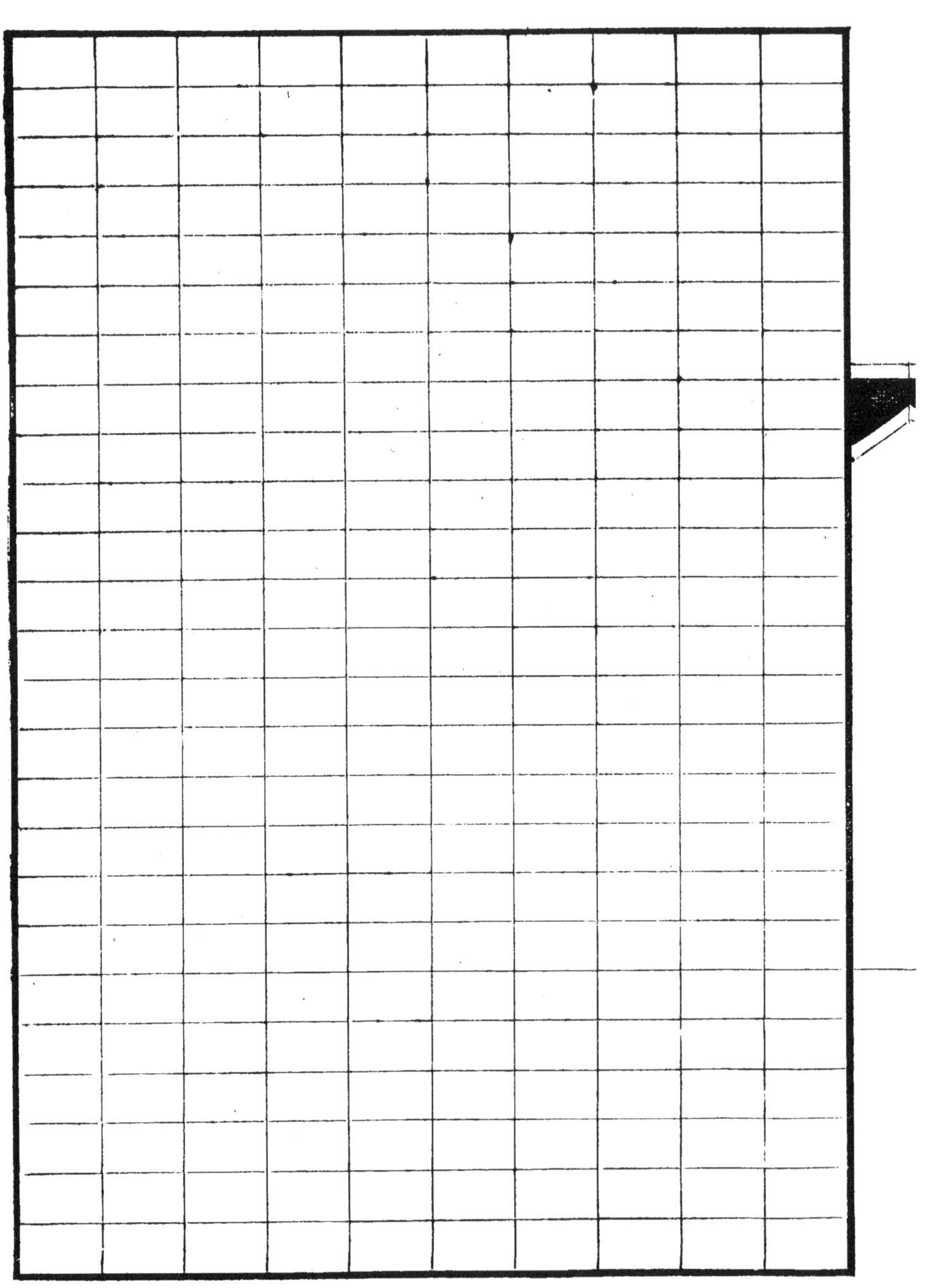

殊域周咨録卷之十六

行人司行人刑科右給事中嘉禾嚴從簡輯

揚州府學訓導長洲彭天翔仝嚴巽

江都縣學訓導華容王三汲校　嚴恪仝校

北狄

夫天地嚴凝之氣聚於玄冥之區，其風剽勁，故虜為中國患。獨强若匈奴、突厥、契丹、女真、蒙古，代相踵焉，亦如梟之不能不啄，虎之不能不噬，乃性氣使然耳。古聖王馭狄之道，來則驅之，詩曰"薄伐玁狁，至於太原"是已；去則備之，詩曰"王命南仲，城彼朔方"是已。未聞有使之通也。漢高自為和親之役，嗣後乘軒出疆者不勝其載而漢時蘇武常惠鄭衆守節不屈高風振拂由此其選也迨夫趙宋之興契丹景德輸平之後玉帛往來使軺不絶者百年然燕雲平等山前後十四州未復大陰淪虜大防決華而兵力不競徒恃和好其如國勢日弱啓宣和靖康之侮何哉則有備無患待虜之不可不嚴自古尚矣國家蕩滌胡腥修復秦漢以後邊防洪武間東西紫塞綿亘相延万里其外密邇龍沙屯戍衆乃設陝西行都司於甘州山西行都司於大同萬全都司於宣府又於慶峰口北古惠州地設大寧都司幷遼東都司為五邊陝西寧夏即趙元昊所居地設寧夏左等五衛亦為重鎮時則封肅王於甘州慶王於寧夏代王於大同谷王於

宣府寧王於大寧遼王於廣寧并燕邸為七而作藩屏捍禦驕虜藩王原封瀋陽此時未就國凡有不廷命諸王討之所以三十餘年胡馬不敢南牧是守在親藩也永樂之初遷寧王於江西遼王於荆州谷王於長沙獨存肅慶代於各邊而兵權皆釋成祖六飛凡五度陰山大年褫魄則天子自將其後因寧鎮廢則倚薊州為重東勝五衛廢則倚三關為黃河套不能有則倚延綏為重并陝西總制所在固原為鎮而九邊峙焉舊設總制于固原控延寧甘三邊今改駐花馬池而移陝西巡撫之駐固原控鴈門等關者命山西巡撫兼之近別設總督於保定控薊州等處正統以前宿將猶在列於幕府刁斗相聞無事則屯兵養鋭而聲勢

之相應有事則挾矢奮威而肘臂之相援至今猶守其遺法苟選將得人亦足以禦外侮是守在各邊也初靖難武成即徙大寧都司於保定而其所統營州等八衛移之關內及都司附郭乃裂大寧地自古北口至山海關隸朶顏衛自廣寧前屯衛西至廣寧鎮白雲山隸泰寧衛自白雲山以北至開原隸福餘亦作富峪衛自後洪武五邊失一永樂中遂不復收而幽燕東北之險中國與夷狄共之胡馬疾馳半日可抵關下廣寧錦義等城復興宣府懷來陽斷懸絶聲不相聯且近年逆帥勾虜直入關內震驚廟社於是築重城於京師之南而文武百僚分堵為禦迄今尚不能絶虜之唾涎是守在朝廷也夫守在親藩乃開

國之權宜守在各邊則保邦之長策守在朝廷豈不岌岌乎殆哉宣宗皇帝巡邊搗虜大寧出其不意於鑠王師有光祖烈若於此時盡收故地復歸職方則金甌無缺而有苞桑之固矣此萬世臣民之遺恨也三楊不能無罪不寧惟是舊開平即元之上都西接興和而達東勝亭障烽堠悉棄與虜東西千里遼河之間三岔河之北賀蘭山西鎮番衛之東久矣非吾守者輿圖所及一寸山河一寸金豈可以鄰沙漠之地遂棄之也哉凡今清署指行司言人喜覩干羽之舞厭聞小醜之談然天下國家皆吾分內而入城不守土木之變我寮若尹昌羅如壩雖非死於御命實亦為此虜而致身焉今其可忘犯人之憂乎況邊境靖謐

2

則四牡之道坦安守國常尊則王人之體益重於使局亦有係也故考幽都諸部次第韃韃為最要兀良哈次之稍東則連女真直志北狄

韃靼

韃靼北胡也東自兀良哈西抵瓦剌種類不一兀良哈亦在內但久內附為屬夷故別出耳歷代名稱各異夏曰獯鬻周曰玁狁秦漢皆曰匈奴唐曰突厥宋曰契丹匈奴在兩漢之世始合而强後分而弱烏桓繼興漢末鮮卑滅烏桓盡有其地後魏烏桓又弱蠕蠕獨强蠕蠕滅而突厥興盡有西北地唐貞觀初李靖滅之五代及宋契丹復盛與宋為敵國後滅於女真別達建國曰西遼後復滅

於蒙古別部小者曰泰赤烏曰塔塔兒曰克列各據分地俱為蒙古所併遂入中國代宋稱號曰元八傳而天下大乱

四明黃溥著閑中今古編云北狄稱銀曰蒙古胡元之先國號蒙古者因女真號國曰金乃以銀號其國也後歷世祖方改號元此說恐非

國朝受命肅清江南傳檄中原命大將軍徐達常遇春等北伐凡齊魯河洛悉還中國洪武元年八月我兵至通州取元都元主率三宮后妃太子開建德門北奔開平達自齊化門入執其監國宗室淮王帖木兒等戮之獲玉印二玉璽二封其宮殿及府庫圖籍寶物遣使獻捷奉宮人妃主令其宦寺護侍奉平胡表至京

表曰五百年而王者興仰聖人之在御大一統而天下治際景
命之惟新長驅胡虜之腥羶誕布幅員之聲教乾坤肅清日月
光明欽惟皇帝陛下天賦聖神德全勇智握赤符而啓運伏黃
鉞以興師造攻滁陽黎庶有來蘇之望開基建業英雄識真主
之歸顧豺狼之噬八正蛇龍之起陸爰飭徒旅肅將天威江漢
徂征友諒身殲於彭蠡荆吳薄伐士誠面縛於姑蘇逋逃驅而
閩越安僭偽平而交廣定立綱陳紀治具畢張發政施仁民心
大悅東南已樂於生遂西北尚困於劻勷推其所由厥有攸緒
惟彼元氏始自窮荒乘宋祚之告終突胡群而崛起以夷狄而
於天紀以犬羊而乱華風崇編髮而章縫是遺紊族姓而彝倫

攸數逮平後嗣尤為不君耽逸樂於荒亡昧乎兢業作奇技而淫巧溺於驕奢天變警而靡常河流蕩而橫決罔知修者惟務畋遊朝廷之政下移英雄之志斯奮兵連寰宇禍結中原是用矛伐以極顛連誕舉安攘而靖亂畧事非獲已謀乃僉同顧惟一介之菲才忝受總戎之重任臨軒授鉞俾救民於水火之中分閫握機幸折衝於尊俎之外旌旗揮而淮沂下金鼓震而青兗平濟水盡曳其兵萊陽競崩厥角風驅雷勵直擣大梁電掣星馳旋收西洛濟師以略衛相卷甲而趨邯鄲率樓艣發臨清先聲動如破竹策貔貅克通潞大勢疾若燎毛鎮戍潰而土崩禁衛墮而瓦解君臣相顧於窮迫父子乃謀於遁逃朝集內殿

之嬪妃夜走北門之車馬臣興遇春等已於八月初二日勒兵入其都城壺漿以迎去戴盆而追白日室家相慶廓氛祲以覩青天宣德咸以安黔黎收圖籍而封府庫列郡之謳歌四集百年之污染一新驅馳雖效於微勞方略實遵乎成算所以聿彰鴻烈肴定武功東滄海而西崑崙南雕題而北窮髮無有遠迩莫不尊親玉帛會車書同興太平之禮樂人紀修風俗變正萬年之綱常

按至正十二三年杭潮常不波十九年帝都子規啼至二十二年順帝夢猪哄大都城覆遂禁軍民畜猪天兵未至京一月有鵜鶘鳴端明殿作滅胡之聲帝命善射者射之終莫能中天兵

既至柳林遲明帝召百官議戰守之計忽有二狐自内殿出帝嘆且泣曰宮禁嚴密此物何得以至非天之所以告朕哉即命開建德門北去實二十七年九月也明年太祖聞其居應昌馳書示以禍福因答詩曰金陵使者渡江来漠漠風烟一道開王氣有時還自息皇恩何處不昭回信知海内皆王土亦喜江南有俊才歸去誠心煩為説春風先到鳳凰臺嗚呼杜鵑啼汴人謂地氣自南而北尚知乱將作矣況至於燕乎抗潮三日不至宋社墟矣況迄二年之不波平後乃歷歷多怪豈非猪乃朱姓而孤乃胡人哉觀其嘆泣長往答詩知道謚以順帝不亦宜乎野史説為忠山王執而縱之非也

程學士敏政衷緝宋遺民

録一書末卷辯宋瀛國公之事亦既明矣惜所引陶九成輟耕録西江月詞尚未解明其詞云九九乾坤已定清明節後開花米田天下乱如麻直待龍蛇繼馬依舊中華福地古月一陣還家當初指望甕生涯死在西江月下陶以為真武之降筆程以為劉秉忠作此姑置之其初二句乃言元世祖滅宋德祐封為瀛國公時至順帝至正十五年我太祖三月起兵和陽正當九九八十一年之數是知乾坤已定九九而三三月清明時也米田言畨八也直待龍蛇繼馬是太祖至正辰建國即位乙巳伐元至丙午元亡豈非龍蛇繼馬耶古月一陣還家乃言胡人皆去此矣當初指望甕生涯此寧宗之後甕吉剌氏不立已子而取

順帝是無生涯矣程注云元主皆取甕吉剌氏為後而此云指望甕生涯蓋陰寓順帝非甕吉剌氏所出之意也然考之元惟七主娶弘吉剌氏餘皆他姓且弘吉非甕吉不知程何所據死在西江月下獨言順帝北徂於應昌取西江寺梁為棺之驗耳

元主之北奔也命擴廓帖木兒犯燕京至是擴廓出雁門欲冠保安攻居庸時大將軍達將發北平定太原人或止之達曰擴廓遠出太原必虛我乘其不備直傾巢穴所謂批吭擣虛也彼若還救則已為我牽制進退失利無不成擒且彼縣軍遠道雖至北平孫都督足能禦之矣諸將曰善遂引兵進擴廓聞之遒還後為大將軍所破孫都督名興祖時守北平 二年春正月參將傅有德及

元脱列伯戰於宣德敗之詔吏民内徙以元主雖奔遺孽數出没且斥堠未立保聚為難故也擴廓即王保保

或問徙民戶耕曰尹畊宣大人頗諳邊務後多採其論述焉皇祖不得已也邊土為虜巢穴者垂三百年矣一旦空之何得無懷是故宋人不能有其地則生口是俘國初不能已其害則吏民内徙正一時之權也然則光武之徙民何以為失策曰光武之時四郡未廢經畧猶存為屬梗者盧芳而已一戰勝之比跡西京矣而不尋遠畧輕自蹙境故論者憾之乃若國初山川之淪棄既深州郡之紀綱掃盡遺胡殘虜遍于郊原已去而復來既離而復合擴廓通適列伯之戰旋闢開平雖定驢兒之居自若何可與建武並論

也皇祖始則急其害而犹民既則圖其成以置鎮時宜之道存而不得已之意見矣

先是元主在開平詔留兵三萬分隸都督孫興祖守燕達及副將軍常遇春督諸將西下太原達乃遣右丞薛顯參政傅友德陸聚取大同禽元喬右丞等三十四人以歸擴廓冠保安聞王師搗太原遒還大將軍達遣傅友德擊之兵未及陣擴廓以萬騎突至友德率敢死士戰却之副將軍遇春曰我步彼騎戰懼不利不若伺夜斫其營達曰善會擴廓將豁鼻馬遣人約降請為內應於是選騎夜襲之擴廓方燃燭坐帳中聞兵至不知所為納靴未竟跣一足踰帳後乘驏馬從十八騎以遁北奔大同遇春以兵追之至忻

州不及而還遇春復率諸將郭英湯和耿炳文汪興祖陳德謝成郭子興北伐擴廓奔甘肅其守將竹真亦棄城遁遂取大同

按大同自石晉割棄之後至是四百餘年始復歸於中國其淪没之久亦可悲哉

二月都督汪興祖來守大同將宣武振武崑山三衛兵兩敗元兵斬獲其衆此本朝將臣守大同之始鎮命都指揮常守往屯寧武駐兵寧化此經理寧武之始三月都督興祖取武朔州禽元知院馬廣等六百三十四人詔以興祖為晉王武傅兼山西行都督府事元也速寇通州征虜將軍常遇春與將軍達破擴廓西平秦隴乃詔遇春率諸將李文忠湯勝等東拒也速遇春乃擣永平過惠州收江文清士馬進

次大寧也速聞之北走遇春遂北取開平元主奔於應昌追至北河併其宗王三人及平章鼎位軍士數萬置開平衛初大史劉基奏立軍衛自京師達於郡縣大率以五十六百名為一衛一千一百二十名為一所一百十二名為一百戶所每一百戶下設總旗二名小旗十名通以指揮使等官領之至是置衛於開平　秋八月元脫列伯寇大同偏將軍李文忠右丞趙庸擊破之副將軍遇春之北伐還也次柳河川而卒僅年四十報至上為之悲慟詔文忠代將其軍援大將軍達於慶陽文忠至太原聞達已下慶陽而脫列伯攻大同甚急文忠與庸謀曰吾等節將閫外之事有利於國專之可也今大同受圍若俟進止恐失機會於是率諸將譚濟

6

馮勝等出雁門過馬邑抵梅峪口遇元邏騎數千與戰敗之禽其平章劉帖木進次白楊門又禽所謂四大王者時雨雪文忠疑有伏自率數騎入山覘之會前軍去大同四十里止壁文忠至驚曰此豈駐兵地耶虜来敗矣麾之令前五里阻水而壁密遣人間行達城中興都督興祖期是夜脱列伯悉衆来攻文忠令將士秣馬蓐食堅壁不動以二營委敵督令死戰不之救自寅至辰度其饑疲乃分軍為兩翼鼓行疾馳薄其陣聲撼林木城中亦開門出戰腹背奮擊大破之追至炭窑禽脱列伯降其衆萬餘輜重無筭遂進兵東勝州至莽哥倉而還

遣使致書元主曰朕本布衣因海内鼎沸不能自寧靜觀群雄割據荼毒生靈於心不忍君又不能

控禦致諸將各懷不軌外為元臣內實自謀靡有戡定禍亂以安生民者乃親率諸將西平胡湘漢沔南取交廣東定吳越八閩兩江皆入版圖朕欲息兵以觀君之為計而君之將臣張思道李思齊王保保三八者不為國謀分據秦晉互相讐殺民遭塗炭朕乃命大將軍自前歲出由齊魯經河洛次燕趙我師未至君已棄宗社未朕謂君自知胡無百年之運能順天道歸我中國故土上策也未幾邊將來報君率殘兵留連開平朕思君前日宗社莫安國用富實尚不能削平群盜今遠寄沙漠欲效漢之匈奴唐之突厥出沒不常以為邊患是君之計不審也方今中國封疆盡為我有華夏已平外夷咸附若命將出師直抵陰山之北則君雖有百萬

之衆亦不過死灰之餘燼涸轍之朽鮒耳何能為哉比時君即遁逃亦不將無所往矣朕以誠心待人明示機策改圖易慮安分順天以存宗祀不亦善乎君其圖之　初元主北奔命脫列伯孔興以重兵攻大同規恢復及是脫列伯就禽孔興走綏德為其下斬以降元主知事不濟乃絶意北竄都督汪興祖時守大同而興和訪處俱未下元孽時出沒興祖乃以大同兵來收興和　三年春二月參政華雲龍率諸將廖美孫恭攻雲州萬戶譚濟出居庸夾擊之取其城獲元平章火兒忽荅右丞哈海指揮金朝興來取東勝禽元平章荊麟等十八人平章湯和來取宣德追元兵至察罕惱兒獲其將虎陳故元將王保保即擴廓帖木兒知大軍南還自定西引

兵圍蘭州指揮張温堅守不興戰以待援兵時鷹揚衛指揮于光守鞏昌將兵來援至蘭州之馬蘭灘卒遇保保兵戰敗被執至蘭州城下使喚張温出降光大呼曰我不幸被執公等堅守徐總兵將大軍至矣敵怒殺之城中聞光言守益固保保進攻不利且懼大軍至乃引去光字大用南康都昌人自少磊落有大志徐壽輝初起畧湖口陷都昌署光為江東宣慰陳友諒弒壽輝光乃輕騎謁上于龍江授行樞密院判官從上征九江下黃梅戰鄱陽降武昌皆預有功歷遷鷹揚衛指揮使從徐達平淮東浙西擒張士誠取汴梁克陝洛下潼關同都督郭興守之後移守鞏昌士保保屢引兵來攻光輒擊却之至是被執而死上聞之遣官諭祭尋命配

享功臣廟

按左傳宣公十五年晉使解揚如宋使無降楚鄭人執解揚而獻諸楚楚子厚賂之使反其言而解揚呼宋人卒致晉君之命楚子舍之是楚雖夷狄猶知信義若王保保者乃赦于光眞獸類矣顧猶爲亡元致力焉何哉

上問諸將曰王保保爲患今欲出師往沙漠當何先諸將曰保保冦邊以元主在若出師直取元主則保保失勢不戰而可降也上曰忘近而取遠失緩急之宜吾意欲分兵爲二道一令大將軍遠出潼關自安定擣定西以擒王保保一令副將軍文忠出居庸入沙漠以追元主使其彼此自救不暇應援取之必矣諸將皆曰善

受命而行尋遣使賫書諭元主曰前者二次遣使致書久而未還豈彼留而然乎以予計之殆君之失謀也君之意必曰吾嘗為天下主以四海為家彼昔吾之民耳豈可與通問乎自常情言之固宜如此以理勢論之則大不然君者天下之義主顧天命人心何如耳蓋天命之去留由人心之向背古語云民猶水也君猶舟也水能載舟亦能覆舟君豈不知此而乃固執不回乎今日之事非予所欲實以四方兵爭所在紛擾予當其時不能自寧於鄉里豈有意於天下乎群雄無所成而予兵力日以強盛勢不容已故有今日此誠天命非人力也君又何致怨於其間邪君其奉天道順人事遣使通好庶幾得牧養於近塞藉我之威號令其部落尚可

為一方之主以奉其宗祀若計不出此猶欲以殘兵出没為邊詆患則予大舉六師深入沙漠君將悔之無及矣近北平守將以雲州所獲平章火兒忽荅右丞哈海等八人至京詢之皆君倚任之人是用待以不死今再令賫書諭前惟君其審圖之

徐達率師出安定駐沉兒峪口與王保保隔深溝而壘日數交戰王保保發兵千餘人由間道從東山下潛劫東南壘左丞胡德濟倉卒不知所措我師敗績達親率兵急擊之敵乃退遂斬東南壘指揮及將校數人以狥軍中股栗明日整衆出戰諸將爭奮莫敢不力遂大敗保保保兵於川北乱塚間保保幾被擒僅與其妻子數人從古城北遁去上遣書諭元太子愛猷識理達剌曰君之將擴廓帖木兒

自太原奔潰後以烏合之衆犯我蘭州大軍進討追及定西今年四月七日大敗其衆斬馘無算生擒嚴奉先韓禮兒李察罕不花等惟擴廓帖木兒遁去已命將追捕旦夕必就擒近綏德衛擒送平章徹里帖木兒問知為君舊用之人特命賫書致意事進退之宜適元史告成朕以今先君各三十餘年之主不可無謚謚以垂後世用謚曰順已著于史君之子買的八剌亦封崇礼侯歲給食祿及其來者興之同居無恙但不知君之為況何如君其審之　李文忠由開平進兵復取應昌時元主已殂其子愛猷識理達剌聞兵遁去文忠追至北慶州不及而還獲元主孫買的里八剌及后妃宮女并諸官屬朔庭遂空是役也裨將孫虎戰沒贈恤有加文

忠奏捷上乃皮弁服御奉天殿百官具朝服侍班侍儀使引買的里八剌其本俗冠服朝見行五拜礼至東宮見皇太子四拜其母及妃朝見坤寧宮命婦具冠服侍班朝畢俱賜以中國冠服并賜第宅於龍廣山命優廩餼封買的里八剌為崇礼侯誥曰昔帝王之有天下必封前代子孫使作賓王家其来尚矣曩因元失其政四海分爭朕以武功削平群雄混一區宇為天下主而買的里八剌實為元之宗孫比者遣將北征爾祖已殂既克應昌爾乃来歸朕念帝王之後爰稽古制錫以侯封爾其夙夜恭稱朕優礼之意

上謂省臣曰朕見前代帝王革命之際獲亡國后妃往往不以礼遇欺孤虐寡非盛德所為朕甚不敢今元后脱忽思氏在此北狄

但知食肉飲酪且不耐暑熱飲食居第務適其宜焉若其欲歸當遣還沙漠上擢元臣危素為大學士與劉基胡鉉等同侍弘文館素字大朴金谿人元時為侍講至右丞徐達收燕今故臣投告身素與編修黄殹誓同死殹竟死而素為報國寺僧所阻達以素歸授侍講學士特備顧問上以素老賜小車免朝謁一日上御東閣聞履聲橐橐……上方詰之而素適至乃謂之曰是汝吾以為文天祥耶未幾御史王著等劾素亡國之臣不宜居侍從乃謫居和州之含山又有張昶者仕元為户部尚書以奉使来朝上因見其才敏留用之累授參政昶外示誠欵内懷陰計與楊憲胡惟庸皆相善昶有才辯知識明决熟於前代典故凡國家建置制度多出昶

手裁決如流事無停滯祖恒自以元臣失節謂不能無議己者心
常怏怏時摘廓帖木兒共尚強元都未下祖竊語其所親曰吾若
得歸元是所願也間使人上書頌功德勸上及時娛樂……上以語
太史令劉基曰是欲為趙高也基曰誠如聖見必有使之者……上
不欲窮治斥焚其書復勸……上嚴刑法重賦役多陳厲民之術欲
上失人心陰為元計……上皆不從祖不自安時元主謂祖已死贈
祖官謚擢用其子會平章李文忠下杭州以元平章長壽丑的奉
至京師上釋之遣歸元祖乃陰托長壽丑的奉表于元且寓書其
子詢存亡會祖臥病憲往候偶于祖臥內得書表遂奏之上命大
都督府按問祖書八字于牘曰身在江南心思塞北……上始惜其

才猶欲存之及得其所書牘詞曰彼意叛矣是何赦焉遂誅之……
初李文忠捷奏至時百官方奏事奉天門闕元主殂遂相率稱賀
上曰元主守位三十餘年荒淫自恣遂至於此因謂治書侍御史
劉炳曰爾本元臣今日之捷爾不當賀因命礼書部榜示凡北方捷
至嘗仕元者不許稱賀……文忠遣送買的里八刺等至京師省臣
楊憲等請獻俘于廟上曰古者雖有獻俘之礼武王伐殷曾用之
乎憲曰武王事不可知唐太宗嘗行之上曰太宗是待王世充若
遇隋之子孫恐不行此礼元雖夷狄入主中國百年之內生齒浩
繁家給人足朕之祖父亦預享其太平雖古有獻俘之礼不忍加
之只令服本俗衣以朝朝畢賜以中國衣冠就令謝恩復謂憲曰

故國之妃朝于君者原有此理不必效之但今衣本俗服於中宮朝見見畢賜之中國服亦令就謝

按我祖開基雖延攬英雄不問其類而於節義所在特加之意故干戈未定而余闕李黼之死建祠肖像唯恐或後北方捷至則嘗仕元者不許稱賀其扶植綱常培養節氣而為萬世人臣立極奚暇顧一時左右之難堪哉既而建文之朝遂多死難之士感應之機真捷若影響矣

按李文忠之入燕也仁恩著市肆之不易威聲播于擴廓之竄奔分友德以西巡付興祖以留後其制置可謂周矣若夫開平之于上都岐陽之於應昌也捷奏朝馳隼旟夕返留兵置將俱

所未聞卒之燕京磐石兩二地淪夷則識者不能無憾焉

遣使往紹興葬宋理宗頂骨先是上與侍講學士危素論宋元興替素因言元世祖至元間胡僧嗣古妙高欲毀宋會稽諸陵時夏人楊輦真伽為江南總攝奏請如二僧言遂發諸陵取其金寶以諸帝遺骨瘞於杭之故宮築浮屠於其上以厭之又截理宗頂骨為西僧飲器天下聞之莫不傷心　上嘆息久之謂素曰宋南渡諸君無大失德與元又非世仇元既乘其弱取之何乃復肆酷如是耶即命北平守將吳勉訪索頂骨所在果得諸西僧廬中命有司厝於京城之南至是紹興府以永穆陵圖來獻遂敕瘞于故陵

山西行省言大同糧儲路遠費重若令商人於大同倉入米一石

太原倉入米一石三斗給長蘆淮鹽各一引引二百斤則轉輸之費省而軍儲之用充矣從之……徐達李文忠等班師還至龍江車駕出勞於江上達等奉車駕還宮明日上御奉天殿達等上平沙漢表稱賀……詔議賞征討將士……大封功臣李善長韓國公徐達魏國公常遇春之子茂鄭國公李文忠曹國公馮勝宋國公鄧愈衛國公湯和中山侯其諸唐勝宗陸仲亨等二十六人皆封侯食祿有差並賜誥券世襲惟善長稱守正文臣余皆宣力武臣封汪廣洋忠勤伯劉基誠意伯亦稱守正文臣子孫不世襲上大宴諸功臣宴畢因諭之曰天下大業以艱難得之必當以艱難守之卿等今皆安享爵位不可忘艱難之時人之常情每謹於憂患而忽

於宴安不知愛患之來常始於燕安也今日與卿等宴飲極歡恐久而忘其艱難故相戒勉明日徐達率諸將詣闕謝上退御華蓋殿賜達等坐從容語之曰曩者與卿等初起鄉土本圖自全非有意於天下及渡江以來觀群雄所為無救民之心徒為生民之患若張士誠陳友諒尤為巨蠹士誠恃其財富侈而無節友諒恃其兵强暴而無恩朕獨無所恃所恃者卿等一心共濟艱危初與二寇相持人有勸朕先擊士誠以為士誠切近友諒稍遠若先擊友諒則士誠必乘我後此亦一計然不知友諒剽而輕士誠狡而懦友諒之志驕士誠之器小志驕則好生事器小則無遠圖故友諒鄱陽之役與戰宜速吾知士誠必不能越姑蘇一步以為之援也

向若先攻士誠則姑蘇之城并力堅守友諒必空國而來我將徹姑蘇之師以禦之則疲於應敵事有難為朕之所以取二冦者固自有先後也二寇既除兵力有餘鼓行中原宜無不下或勸朕盪平群冦乃取元都若等又欲直走元都兼舉隴蜀皆未合朕意朕所以命卿等先取山東次及河洛者先聲既震幽薊自傾且朕親駐大梁止潼關之兵者知張思道李思齊王保保皆百戰之餘未肯遽降急之非北走元都則西走隴蜀并力一隅未易定也故出其不意反旆而北元衆膽落不戰而奔然後西征張李二人望絶勢窮不勞而克惟王保保猶力戰以拒朕師向使若等未平元都而先與之角力彼人望未絶困獸猶鬬聲勢相聞勝負未可知也

事勢興友誅士誠又正相反至於閩廣傳檄而定區區巴蜀恃其險遠此特餘事耳若等可以少解甲胄之勞矣於是達等皆頓首謝上已大封功臣思存者得膺爵賞死者不及一見乃設壇親祭之且撫其子孫俾食其祿又設壇祭戰歿軍士養其父母妻子復命礼部凡武官有還塋者皆官備祭物道里遠者給其費礼部以品秩次第定給有差

四年二月元臣驢兒有衆万余歲窺伺識外至是入居常峪夏四月詔招降比虜仍以

璽書諭驢兒曰三月間罕帖木兒火者歸言將軍駐常峪又將移營東去將軍能事幼主自是世、間美事但恐幼主失所群臣中強者自立弱者從之將軍能忘軍以事雖平驅兵向之又恐力有不膽何若通使于我

卷十六　十八　海學山房

結大丈夫之知他日遇難相托為依庶進退有據也秋八月虜平章僧家奴北牙頭以兵寇雲州華雲龍偵知之潛以精兵迎襲突入其營禽僧家奴并獲駝馬四百餘遂分遣裨將趙端等追擊至開平大石崖比分攻劉學士諸寨克之端中飛石傷左腿右臂甚重督戰不置復追驢兒破其軍遂取開平諸寨歸前所徙吏議復立故州縣

故元遼陽行省平章劉益以遼東州郡地圖并籍其兵馬錢糧數遣使奉表來降詔置遼東衛指揮使司以益為指揮同知遼東衛遣人奏言元將納哈出據金山擾邊為遼陽患乞益兵以備乃遣黃儔齎書諭納哈出曰前者萬戶黃儔回聞將軍威震遼左英資如是足以保定一方然既往不復君子當察昔在趙

宋君主天下立綱陳紀黎庶奠安逮至末年權綱解紐故元太祖興於朔方世祖入統中國此皆天道非人力也元之疆宇非不廣人民非不多甲兵非不衆城郭非不堅及紅巾起于汝潁群盜徧于中原名僭號者継出小明王稱帝於亳徐真一稱帝于蘄地陳友諒稱帝於九江張士誠稱王於姑蘇明昇稱帝於西蜀彼四帝一王皆擁兵數萬割據中夏踰二十年朕本淮民為群雄所逼因集衆禦乱遂渡江興將軍會於太平比待他俘特加礼遇且知將軍為名家故縱北歸今又十七年矣朕見群雄無成調兵四出北定中原南定閩越東取方氏西收巴蜀四帝一王皆為俘虜惟元君奔北自亡華夷悉定天下大安此天命非人力也近聞將軍居

金山大張威令吾兵亦守遼左興將軍旌旗相望將軍若能遣使通問貢献姑容就彼順其水草猶可自逞一方不然胡無百年之運大厦既傾非一木可支變之後先惟將軍自思之傳至金山吶哈出拘留不遣

五年春正月上御武樓與諸將臣籌邊徐達曰今天下大定惟王保保逋居和林出沒邊境臣願率將勦絕之上曰卿等必欲征之須兵幾何達曰得兵十萬足矣上曰兵須十五萬分三道以進於是命達出雁門李文忠出應昌馮勝出金蘭達至嶺北戰不利而還延安侯唐勝宗往築寧化城率千戶唐成等勦野寇四達子等部落指揮謝彥來守朔州秋七月時諸將北征指揮章存道從中山侯湯和守合墺不利營至斷頭山遇虜力戰

死之斷頭山在陽和北境外

按此和林之偏師也我軍鮮利高皇蓋數悔之抑聞之長老曰存道驍將其死可惜又曰斷頭名惡兵家忌焉時有勸存道移軍者不從卒敗噫武王以甲子興豈有是邪雖然栢人彭亡落鳳狼牙在古亦有是說矣將宜數有適會與

都督藍玉兵至土刺河遇王保保擊敗之保保適去　馮勝傅友德率師至甘肅故元將上都驢降李文忠追虜至土刺河虜將哈剌章悉騎渡河文忠督兵搏戰宣寧侯曹良臣指揮周顯常榮張耀俱戰歿文忠馬中流矢指揮李榮以所乘馬授文忠自奪虜騎乘之文忠麾衆更進士卒皆殊死戰虜遂敗走獲人馬以萬計曹

良臣等死事聞上命恤其家遣官祭葬各樹碑於墓道表之　征西將軍馮勝自甘肅班師至京　靖海侯吳禎還京師先是禎督餉定遼盡收遼東未附之地至是還上曰海内悉歸版圖固可喜亦可懼禎曰陛下威德加於四海復何憂　上曰君天下者在德不在地今之天下即元之天下地非不廣而元主荒淫國祚隨滅可不懼乎禎對曰聖慮深遠臣愚不及此命賞征甘肅京衛軍士一十萬四百三十五人白金四十萬四千兩時公侯都督指揮千百户以匿所獲馬騾牛羊者不賞上因諭之曰為將者不私其身況於物乎昔漢祭遵為將憂國奉公宋曹彬平南唐所載惟圖書汝等能法古人則令名無窮今之不賞汝等當自省之諸將皆叩頭謝

罪而退

遣使與元幼主書曰：朕觀前代獲亡國子孫必獻俘廟社，誇示中國。其有陽示優待者，不久非鴆即殺。君家待宋幼主至削髮為僧，終不免於一死。朕則不然，君之子至京今已三年，優待有加。君宜遣使取歸。朕本布衣，生長君朝，混於民間，豈有志於今日？自辛卯盜起汝、潁、蘄、黃間，君家天運已去，人心已離，四海土崩，民罹荼毒。朕始議興師保身救民，一時僭稱名號者盡為俘虜。君之父子亦不守宗社，北遁沙漠，此天運非人力也。故特致書以達朕意，君宜察焉。

又與元臣劉仲德、宋孝德二生書曰：朕觀二生乃閫氣所鍾，古今如二生者絕少。何也？至正之君蒙塵而崩，幼主孤弱，大臣無不叛去，獨二生竭力守護，誠可喜尚。今特遣使文諭爾君令取其子買的里八刺歸二生宜察之毋教人絶父子之倫爾君之宗祀不絶二生之家族亦可長保如其不然中國六軍出討旌旗數百里綿亘於陰山二生若忠於君自當草野名垂千載亦奇男子事也或不能狥國偷生苟免將何面目與朕相見惟熟慮之

太僕寺丞梁埜僊帖木兒言黄河迤北寧夏所轄境内及四川西南至船城東北至塔灘相去八百里土田膏沃舟楫通行宜命重將鎮之俾招集流亡務農屯田什一取税兼行中鹽之法可使軍民足食從之（此經畧寧夏之始）

淮安侯華雲龍鎮守北平遣使言塞上諸關東自永平薊州密雲西至五灰嶺外隘口通一百二十一處相去約二千二百里其王平口至官坐嶺口關隘有九約去

五百餘里俱繁擾衝要之地並宜設兵守之若紫荆關及蘆花山嶺尤為要路宜設千戸所守禦從之此經略薊州紫荆關之始及詔以大同極邊且去太遠特置山西行都指揮使統之六年上命魏國公徐達曹國公李文忠往山西北平等處備邊諭曰創業之初君臣固艱難事平之後豈不欲少興之休息但居安慮危不可不慎今聞胡人窺塞有入寇之意再命卿等總率大軍往鎮邊陲然夷狄豺狼出沒無常但欲保障清野使來無所得俟其隋歸率精鋭擊之必擒群而獲卿等皆老將臨機制勝熟矣非朕所能遥度者至邊宜先圖上方畧使朕覽之

夏四月北虜寇武朔時大將軍達屯臨清聞報即遣臨江侯陳德鞏昌侯郭子興禦之師至虜夜遁

秋

八月北虜寇朔州指揮謝彥破之禽其將知樞密院張寶院使哈
喇叭都參政高息并其部衆　冬十月副將軍李文忠出塞擊北
虜破之出朔州禽其太尉伯顏不花　十一月文忠已退師虜酋
王保保復寇大同達乃與文忠馮勝復去大同至猫兒庄遇雪退
壁于雁路堡邏騎獲其平章鄧孛羅帖木兒達詰之知懷柔有伏
兵分兵掩擊禽其將康同僉保保夜遁　上以徐達等久出師遣
使齎勑諭之曰卿等與朕平定天下勳業已成而瑣瑣殘胡不能
盡討致連年出師勞民擾衆孰任其咎昔田單攻狄久之不下問
計於魯仲連仲連曰將軍在即墨時飲食起居與士卒同其苦身
先士卒所以致勝今將軍東有夏邑之奉西有淄上之娛黃金橫

帶馳騁乎淄澠之間有生之樂無死之心所以不勝也卿等皆起布衣一旦至此遂忘昔日之艱難豈不犯仲連之誚乎卿等宜益懋其功以副朕懷上遣宦者戚礼表卜花帖木兒送崇礼侯買的里八剌北還厚賜之復遣其父愛猷識理達剌織金文綺弊行上諭之曰爾本元君子孫國亡就俘曩欲即遣爾歸以爾年幼道理遼遠恐不能達今既長成朕不忍令爾久客於此故特遣歸見爾父母親戚以全骨肉之愛又諭二宦者曰此爾君之嗣不幸至此長途跋涉爾善視之因致書於愛猷識理達剌曰昔君在應昌所遺幼子南來朕待以殊礼已經五年念君流離沙漠後嗣未有故特遣咸礼表等護其歸庶不絶元之嗣君其審之王保保定西之

敗走和林元君復任以事後從徙金山之北而死其妻毛氏亦自縊保保驍勇絕倫致之不得上嘗問諸將曰當今孰為好漢或對曰常遇春所向無前可謂好漢　上曰是奚足哉當今好漢只一王保保耳諸將或有以功相誇者　上曰汝豈能擒王保保耶上意蓋欲倡勇敢如此命中山侯湯和潁川侯傅友德往延安防邊上諭曰自古中國無事則四夷可以坐制今延安地與胡虜接境虜入聚散無常若防之不嚴即入為寇待其入寇而後逐之則塞上之民受苦矣特命卿等率衆至邊常存戒心雖不見若臨敵則不至有患矣

七年春正月虜數出没北境詔副將軍文忠北伐時文忠駐代縣乃分遣景指揮先發景出白登遇虜敗之禽其

國公孛羅帖木兒初設雁門關置守備仍置守禦所隸代州振武衛守備初駐代州後嘉靖二十三年移駐廣玉城文忠以七月攻大寧克大石崖八月至豊州擊虜破之斬其魯王及司徒答海俊平章把都知院忽都得魯王妃蒙顏及金印玉圖書之類

北虜乃兒不花遣人欵大同塞言欲降虜以前犯塞獲罪手詔諭之曰爾遣人自大同来言於平地駐牧意在臣順却以前日犯塞之故懼不相容是何言也古之為天下者在安民而已無傷物心且爾元之故臣幼君流離沙漠餘息尚存有所干犯為其主也亦何慮哉去就之機在柔識時能上觀天象下察人情趨吉避凶斯智者矣

初元改雲州為大同路隸山西行中書省國初因之至是改行省為布政司大改同路

為大同府又于府置分巡按察司歲差按察司官一員分巡號冀
北道後專除　八年春正月征虜大將軍馮勝出大同塞擊虜定
未下散不刺地蹹月還　十年城蔚州指揮周房董其役規制極
壯麗基石甃磚障隗樓櫓之類甲於諸邊元君愛猷識理達刺殂
命遣使致祭礼部以道遠難至上曰帝王以天下為一家彼不出
覆載之外何遠之有自為文祭之曰生死廢興非一時之偶然乃
天地之定數古之聖賢於是四者一或臨之不為之變何也蓋知
天命而不惑者也君之祖宗昔起沙漠彎弧矢入我中國横行天
下九夷八蠻盡皆歸之非天命不至是也及至君父子正當垂衣
守成之時而盜生汝潁華夏騷然號令不行以至失國此人事歟

天命歟朕於其時非有三軍六師以威天下乃代君家而為民主亦莫非天命也最者惟君主沙漠朕主中國君與群臣乃固執不移致邊警數興今聞君殯於沙漠朕用惻然特遣人致弔奠以牲醴爾其監之

按野史載太祖既有天下建廟以祀歷代帝王自伏羲以下像皆易成惟元世祖其面屢為涸痕所汙塑工頻加修飾越宿則又如故也太祖聞知幸廟以手指曰癡達子癡達子汝何人入主中國可謂幸矣今不革去者以爾亦一代之王朕今天命人歸奄有天下於汝子孫不加殺戮但驅還北則朕之待勝國亦可謂有恩矣汝何恨耶毋再啼哭於是塑工明日遂奏世祖面

無洎矣

勅送故元官蔡子英歸塞北子英河南永寧人元季舉進士為擴廓帖木兒所知薦用是累遷顯官王師征定西擴廓帖木兒兵敗子英單騎走關中入終南山有司以形求得之械送京師至江濱亡去至是陝西又捕得之械過洛陽過湯和不為礼和怒焚其鬚懾之終不屈其妻適過洛陽聞子英至欲與相見子英避不肯見至京上命釋之授以官英不受退而上書曰伏惟皇帝陛下乘時而起提三尺劍削平群雄混一四海九夷八蠻莫不賓貢英全魚漏網假息南山曩見獲河南拘送京師垂及渡江復得脫亡七年之久勤劳有司既違陛下又忤大臣揆之常情雖死罪不足以擬

英而陛下以萬乘之尊全匹夫之節不降天誅反療其疾易以冠裳賜以酒饌授以名爵陛下之量包乎天地之外矣英感恩無極非不欲竭犬馬之勞以效覆載之仁但以名義所在不敢改其初志自惟家本韋布遭值亂離操戈行伍智識粗殘過蒙主將知薦仕至七命躍馬食肉十有五年愧無尺寸之功以報國士之遇及國家板蕩又復失節何面目見天下士所以寧死不敢有他志蓋臣之事君猶女之適人一與之醮終身不改事君之道一食其祿終身無二昔馮道歷仕五朝司馬光曰不正之女中人羞以為室不正之士中君羞以為臣偉哉言乎管子曰礼義廉恥國之四維四維不張國乃滅亡陛下金城湯池兵極其精器極其利府庫充

實米粟紅腐國家之盛古來有也猶以為未足於是興學校明人
倫襃死節獎忠義蓋謂治天下之本莫大於礼義廉恥也夫以今
天下之廣人民之衆既不以英以人而加少又豈以英一人而加
多揆英以官何益於國舍英不用何損於事陛下創業垂統正當
提挈大經大法以昭示聖子神孫功臣賢士不宜以無礼義廉恥
之俘虜而廁於維新之朝賢士大夫之列也英自被獲以來日夜
所思惟追咎昔之不死以為今日惟死可以塞責陛下逈待英以
礼沐英以恩臣固不敢賣死以示名然亦不敢全身以苟祿若察
英之愚全英之志禁錮海南以終薤露之命則雖死於炎瘴亦感
恩極矣陛下之威加於海内而奔走四夷不患不行於匹夫之賤

16

然英聞仁者不中道而改節義者不苟生以圖榮勇者不見幾而不作故王蠋閉門以自縊李芾闔門以自屠彼非惡安逸而樂危亡顧義之所在雖湯鑊有所不避也馭馬之驄仰止古人死有餘恨冒瀆天顏伏俟鈇鉞不知所言上覽奏而益重之命館於儀曹忽一夜大哭不止人問其故子英曰思舊主耳語聞上知其志不可奪勅有司送之出塞

按武王釋箕子之囚復商容之位此其為再見矣培養元氣以固國家靈長之命脈非與天地合德者其孰能與於此

十四年夏四月北虜寇開平指揮使丁忠擊敗之戰於鐵帽山斬獲數百　十八年大學士宋納上守邊策畧曰今守內又安蠻夷

奉貢獨沙漠未遭聲教若置之弗治恐邊圉漸荒歲久滋患若窮追遠擊恐士馬疲費餽餉艱難陛下為聖子神孫萬世計莫若求守邊之策耳蓋守邊固先手足食足食又先乎屯田今諸將豈皆借才於異代哉宜選智勇謀略者數人每將以東西五百里為制隨其遠近高下分屯所領衛兵斟酌損益率五百里為一屯彼此相望首尾相應耕作以時訓練有法遇敵則戰寇去則耕此長久守邊之策也上善其言

命馮勝為征虜大將軍傅友德藍玉為左右副將軍趙庸王弼胡定郭英為左右參將商暠參贊軍事率師二十萬討納哈出又命李景隆鄧鎮吳良等皆隨征師行納哈出棄金山巢穴營於新泰州去遼陽千八百里

初納哈出分兵為

三營一曰榆林深處一曰養鵞莊一曰龍安一禿河輜重富盛畜牧蕃息虜主數掐之不往及是大軍將逼之納哈出計無所出乃刺吾因勸之降納哈出猶豫未決勝遣指揮往諭之納哈出乃遣使至勝營陽為納欵而覘兵勢勝遂遣玉往一禿河受其降虜使見勝還報納哈出聞之指天嘖嘖曰天不復與我有此衆矣遂率數百騎自詣玉納降玉大喜出酒與之飲甚相歡納哈出顧其下咄咄興將脫去時鄭國公常茂在座其麾下有解胡語者以告茂茂直前縛之納哈出大驚起欲就馬茂拔刀砍之傷臂不得去耿忠遂以衆擁之見勝納哈出所部妻子將士凡十余萬在松花河北聞納哈出被傷遂驚潰勝遣前降將觀童往諭之於是其衆

悉降勝以礼遇納哈出復加慰諭令耿忠與同寢食遣使奏捷於京遂班師悉以納哈出來降卒妻子及其輜重俱南行仍以都督濮英等將騎兵三千為殿納哈出之衆有竄匿未降者恨大將軍以其降衆俱南乃設伏途候大軍過而邀之英等後至伏發英猝為所乘衆寡不敵遂見執英絶食不言乘間自剖腹而死英廬州人少以勇敢聞累功陞中軍都督僉事至是没於虜上聞之驚悼追封金山侯謚忠襄上聞馮勝等在軍事多不利遣使勅諭勝及傅友德等曰古之名將為國効忠勲名千載在我朝若徐達常遇春平定夷夏未嘗行一不義所以功成名遂近以沙漠未清命爾等率師何馮勝膺大將軍之任而乃專為己私播惡胡中降虜致

恨古之名將豈如是耶及施師之際部伍無法致使濮英等人馬三千陷没於虜又不聽朕命擅發留守大寧軍卒遂遺殘胡後患凡若此者論以國法皆在不宥朕以將軍嘗有戰功姑容自新若改行易慮庶可保全以圖後功往来八言頗多舉其大概於將軍亦赧哉

常茂勝之婿也勝每於衆中卑折之茂不堪出不遜語勝啣之及濮英死勝欲自解故歸咎於茂而奏其警潰虜衆詬械以既至茂陳其故上曰如爾所言勝亦不能無罪命收其總兵官印召勝還令藍玉行總兵官事納哈出等赴京入見上賜納哈出以一品服封為海西侯其所部官屬悉賜衣服冠帶授以指揮千百户有差俾各食禄不任事分隸雲南兩廣福建各都司處之納哈

出尋卒其子察罕襲封瀋陽侯茂坐前犯當誅上念其父遇春之
功釋之安置于廣西之龍州　建北平行都指揮使司於大寧勝
至京上以其勲舊不加譴命建第鳳陽奉朝請　故元四大王來
降上以其元之子孫憫而宥之且厚賜賚命隨西平侯沐英戍守
雲南　大將軍藍玉送降胡寡婦一百六十二人至京命以文綺
帛衣四百八十余襲鈔一千二百三十錠給賜之　二十年冬聞
漠北復立脫古思帖木兒為主遣永昌侯藍玉討之玉得降人脫
脫等言故元丞相哈剌章等適入和林乞進兵共勦　二十一年
春遣定遠侯王弼等七將軍從征四月聞虜主在捕兒海兼程進
至百服井哨不見虜將還弼曰吾等深入徒勞師旅將何以復命

哉復進偵知虜營在海東八十里直薄其營始虜以我軍乏水草必不深入大軍忽至其酋大尉蠻子率衆拒戰被殺虜主與其子天保奴知院捏怯來等遁去獲其次子地保奴妃子等六十人及故太子妃公主吳王代王等三千六十八軍士男女八萬得寶璽金銀印圖書牌面百五十三車三千輛馬駝牛羊十餘萬又破哈剌章營六月献俘京師命有司給第餼養方大軍之度嶺也進次遊魂南道無水將士渴甚至一小山忽聞有聲如礮使人視之則四泉湧出上馬就飲得不困之餘流溢出成溪先是上嘗夢殿西北隅有小泉流出至御足下至是適與夢符玉等還上大喜擬封梁國公既而有言玉逼私元主妃者上怒謂玉曰爾北征功大但

虜主妃降不能遇之以礼又恃勞遣人入朝覘伺此豈人臣之道哉今屈法宥爾爾其率德改行以慎厥終改封凉國公仍鐫其過於券宴征北諸將於奉天殿上賦平胡師二章命群臣和之　元主妃愧玉事自殺地保奴由是有怨言乃遣使護送琉球安住

二十二年六月捏怯来等遣人降知虜主至和林為也速失兒所害　藍玉定遠人其姊歸常遇春胡陳之黨玉嘗預焉上以開平之功宥而不問征陝西取獲月魯帖木兒還意覬陸太師爵命為太傅玉怒退語所親曰上疑我矣時鶴慶侯張翼侍郎傅友德等及諸武臣嘗為玉部將者晨夜會玉私第為錦衣衛指揮蔣瓛告變命群臣訊狀皆伏誅

按野史載玉住見鐵冠道人鐵冠草鞋出迎之玉遽云著草鞋以迎賓足下無履言無礼也玉偶持椰盃勸酒鐵冠即云執椰盃而勸酒尊前不鍾言不終也未幾玉果就戮鐵冠固前知耶又聞太祖克金華召一星者劉日新推命答曰將軍當極富極貴又推諸將校則言或為公或為侯太祖怒其不言官職劉請屏去左右曰極富者富有四海極貴者貴為天子太祖大喜洪武四年召至問欲貴乎曰不願欲富乎曰不願問何欲曰臣所欲者求一符可以遍遊天下耳太祖曰閒以手所揮白扇題曰江南一老叟腹內羅星斗許朕作君王果應神仙口賜官官不要賜金金不受持此一握扇橫行天下走識以御寶劉持此遍遊十二年

回家忽對妻子言我當死於非命放歸欲作別去遊京師妻留曰既當死死於家耳答言當死於京遂至南京都市中但講命而已蓋先被旨不許與人算故也藍玉平雲南回因詣劉言將軍將星見梁地當封梁國然七日必有一險我當與將軍同死後果封為梁國公侍朝穿紅袍在西班時日照映上目之曰此將軍不獨外邦人畏之朕亦膽寒矣有張尚書者同往雲南興玉不睦對曰此人陛下前不妨但恐非少主臣也上由是欲誅之因潛令科道糾玉科道問張尚書何以為罪張第言軍還不交軍欲乘此作亂耳玉臨刑時嘆曰神乎劉先生之言上聞因逮劉至問汝與玉算命對曰曾算又問汝命盡幾時曰盡今日

因殺之今其家子孫猶在賜扇尚存

二十四年春三月傅友德北伐駐師開平因命齊王以護衛兵至

開平閱獵勅曰山東都司各衛騎士皆從友德調發軍政爾毋有

興遇戰可自為隊或在其左或在其右有膽畧則當前無膽畧則

繼後奏凱之時勿自矜伐與諸將分功八月秋高可以師旋

按此因山東騎士悉發北征因命齊府以護衛至也夫齊稱東

秦人急功利故北征賴之親藩身將護衛悉行所以均勞逸習

地利也今河南班軍猶存此意而練習之政漸弛技擊之長靡

效失本意矣

二十五年春三月安慶侯仇政西凉侯濮璵來宣府理武備以沿

邊諸州武備漸弛分遣重臣理之政理振武朔州興理岢嵐蔚州都督劉真指揮使李彬來宣府行障塞歷宣德興和靈州大興保安龍慶懷來諸處度量城隍增設險隘上諭宋國公馮勝隸國傅友德曰屯田守邊今之良法然寓兵於農亦古之制今興其養兵以困民曷若使民力耕而自衛爾等宜從山西布政使司集守令耆老以朕意諭之乃分命開國公常昇定遠侯王弼全寧侯孫恪鳳翔侯張龍等往平陽等府安慶侯仇正懷遠侯曹興等往太原等府閱民戶田丁以上者抽其一為軍蠲其身徭隸各衛赴大同等處開墾荒田東勝興大同城中各立衛五大同北境立衛六戒其屯耕所在毋擾於民遣都督周興總兵討故元逆臣也速迭兒

228

先是藍玉北征元主脫古思帖木兒適至也速迭兒部為其所弒其衆悉奔散來附是歲興等進討追至徹徹兒山大敗之自是虜不敢近邊者十餘年二十六年置宣府前左右衛於宣德府萬全左右衛於宣德縣懷安衛於懷安民戶不足調山西諸處餘丁實之二十七年春三月初谷王封於宣府以舊城隘至是命增大之都督真指揮使彬役所統展築今城及德勝口二十八年春三月城懷來役北平都司燕山諸衛軍

按十五年以後宣府之經畧置衛戍城大抵皆劉李二公之畫也夫不急其工舉恒春暮無妨畎畆役以部兵斯其為國初人物也歟

卷十六　三三　海學山房

三十年夜有星大如鷄子尾跡有光自天厨入紫微垣有二小星隨之至游氣中没上勅戍祖時為燕王上第四子及晋代遼寧谷六王曰稽之歷代天象若此者邊戍不寧往往必驗今天示象與往昔正同不可不慎也其應雖非今歲然二三歲灼有冦邊者宜令軍馬東西布列各守其地兵法云致人不致於人多算勝少算不勝况無算乎吾今老矣精力衰微難於運籌爾等受封朔土藩屏朝廷若不深思遠慮倘或失機悞事非惟貽憂朕躬爾等安危亦係於是可不慎哉吾今畧與爾謀倘遇胡騎十數萬冦邊不宜與戰收入壁壘或據山谷險隘之處夾以步兵深伏以待彼見吾不與戰必四出抄掠俟其驕怠分散我以馬步邀截破之必矣若一見胡馬輒

以三五千或一二萬輕與之戰豈特不能勝必至於失利成祖時為燕邸及代邊寧谷王率都督楊文武定侯郭英來備北虜時塞下屢警詔成祖曰聞烽火警數此胡虜之詐欲誘我師出縱伏兵也可西涼名莊德張文傑二指揮開平召劉真宋晟二都督遼東召武定侯郭英會兵一處步軍須十五萬布陣以待武定侯與劉宋翼於左莊張興指揮陳用翼於右爾與代遼寧谷五王居其中彼此相護首尾相救無不勝矣復敕都督楊文以北平都司行都司燕谷寧護衛精銳從成祖敕武定侯郭英以遼東都司遼護衛精銳從遼王悉至開平相擇險要屯備一切號令悉聽成祖節制三十一年城陽和天城衛上不豫賜敕成祖曰朕觀成周之時天下治

矣周王猶告戒王曰諮爾戒兵安不忘危之道也今雖四海無事然天象示戒夷狄之患豈可不防朕之諸子汝獨才智克堪其任秦晉已薨汝實為長攘外安內非汝而誰已命楊文郭英并遼府護衛悉聽爾節制爾其總率諸王相機度勢用防邊患又安黎民以荅上天之心以副吾付托之意其敬慎之勿怠上進齊泰為兵部尚書嘗召齊泰問邊將姓名泰歷數無遺又問諸圖籍泰出袖中手冊進簡要詳密上大奇之　閏五月　乙酉召齊泰受顧命輔皇太孫上崩於西宮壽七十一遺詔皇太孫嗣位

按聖祖之攘胡元也既逐之出境矣然於父子生則有書諭之使死則有弔祭之礼焉俾其孫復封之既封之後復歸之所以

待亡國其恩甚厚至於邊防則屢添衛增戍以定兵屯田以足食數遣功臣視師而邊將警惰命親王出塞而武備揚威凡可以慎固封守者無不曲盡雖在彌留而未嘗倦勤所謂一息尚存此志不怠若是者盖其得之也艱故其防之也切慮之也遠故其謀之也深使世守其成規不愆不忘則瀚海永清幕南永空矣安有所謂烽火通其泉也哉

又按是時建六王於邊地而末命獨委重於燕邸盖聖祖知燕王雄畧神武足以係單于之頸而宿將重兵遂得藉以為龍飛之資豈非天命攸在假之羽翼哉史載聖祖嘗欲易儲立……燕王為太子問……高后后曰幸無洩又密問侍臣曰太子卒皇

孫弱立燕儲可乎學士劉三吾曰皇孫尚富春秋徐俟其成立嫡孫礼也乃止及疾亟遣使持符召……燕王来至淮安用事者矯詔却回臨終問曰四子来未聖祖之屬意有在矣事雖中阻其如天命何

三十二年成祖由紫荊歷廣昌蔚州進幸大同諸將張玉朱能薛禄陳亨一子懋皆以兵從

按此靖難之師也蓋自河南畫後顧之謀而東催薊門之師東平奔鄭村之陣而西收雲中之助由是鼓行以南遂下鎮定也於戲薊寧者燕都之左藩宣大者燕都之右翼即成祖開創之規模非後世培植之大較乎今宣大雖重鎮而士馬日耗薊寧

雖近地而經略漸廢，且朶顔漸倔强，雲中數反側，則杞人者何能無戚戚也。

三十三年，北虜國公趙脫列干、司徒劉哈剌帖木兒等率衆至北平，助請難兵。成祖太加賞賚。既而諜報胡寇將侵邊，成祖以書諭韃靼可汗坤帖木兒（繼脫古思帖木兒立者），并諭瓦剌王（別韃靼部）猛哥帖木兒等以禍福。

按：太祖初封諸王，各以一高僧相之。時姚廣孝預語成祖曰：「殿下能討臣輔佐，當使戴一白帽（王字加白字上）。」于是奏討之。及至藩，又告曰：「浙東袁珙（即柳莊），天下相法第一，乞假以其名隸（民籍）勾取到燕使相之。」珙至，見上，因極道天表之盛，曰：「鬚過臍，必登大寶。」

為二十年太平天子後建文間朝廷多大防燕燕亦逡巡未舉指揮張玉進曰安可束手待縛遂奪九門殺三司一鼓而兵出矣是知成祖之有天下始于姚定于袁成于張也然非姚則不萌非袁則不決非張則不聚豈非天意有右而致此三八之言耶

寓圃雜記曰自五代以來北虜侵我疆土索我金帛以宋太祖太宗之繼興終不能制下至靖康之變尤不忍言蓋由都非形勢之地也胡元據有中國垂九十載無復天理之可言天生我太祖除之推戴之初即欲宅形勢以臨中夏禦夷狄故嘗幸汴華關陝而還斯時中原之地久為胡馬所踐繼以寇盜民不料生六騑所過率皆空城於是定鼎江南以資兵食而都北

之志未嘗一日忘也且以燕城為元舊都形勢可以制虜因以封我成祖焉及……上登極即廣舊邸為皇城頻年駐蹕當時群臣不知睿意所向屢請南還因出令曰敢有復謀遷者論以妖言於是河南布政使周文褒等皆遭重罰自此基命始定遂成萬世之業雖殽函之固莫能及矣永樂壬辰之後頻征沙漠搜剿遺孽屢抵巢穴而歸是則都燕之志……太祖實啓之……成祖克成之祖宗之功德盛矣

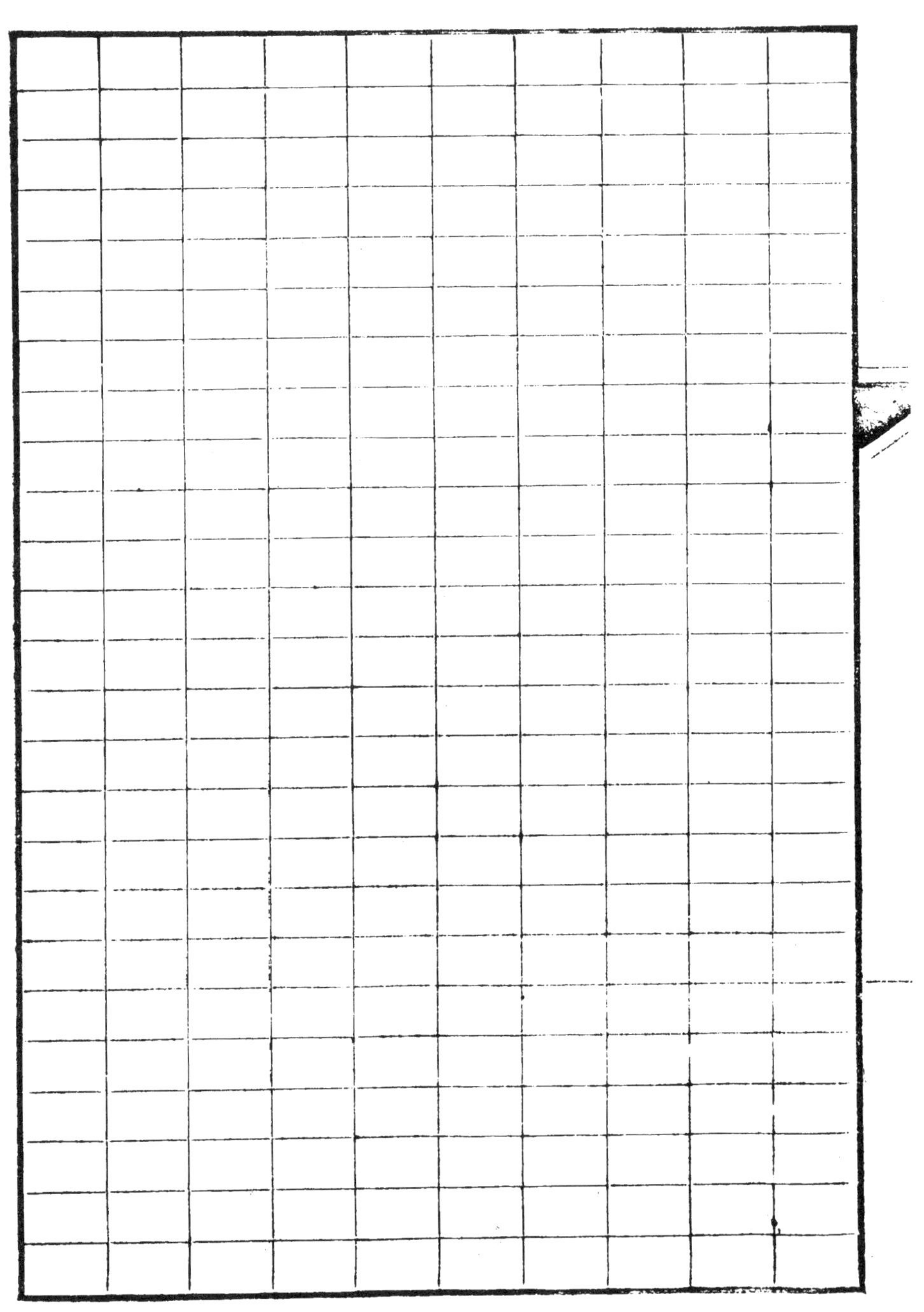

殊域周咨錄卷之十七

行人司行人刑科右給事中嘉禾嚴從簡輯

揚州府學訓導長洲彭天翔　侄嚴巽

江都縣學訓導華容王三汲校　嚴肅仝校

韃靼上

永樂元年棄興和洪武末調大興衛左所來守興和是為興和所

至是以興和無援置移宣府鎮城

或問興和之所以棄曰余聞之土人云國初有新興伯譚某者鎮守興和嘗出獵守備王渙候之郊中酒為伏虜所縛因脅其從人乘昏呼門守者不察納之城遂陷今考成祖北征每駐興

和而所卒不復豈以其孤絕難守盤渙事邪然自是遂失興和

矣

上遣使諭韃靼可汗鬼力赤繼坤帖木兒立者曰元運既衰皇考太祖皇

帝受天明命撫有天下朕太祖嫡子奉藩于燕恭承天眷入繼太

統嘉與萬邦同臻安樂比聞比地推奉可汗正位特差指揮朶兒

恍惚等賫織金文綺四端往致朕意今天下大定薄海内外皆來

朝貢可汗能遣使往來通好同為一家使邊城烽堠無警彼此熙

然共享太平之福豈不美哉并遣勑賜虜太師右丞相馬哈兒暨

太傅左丞相也孫台太保樞密知院阿魯台等諭以遣使往來之

意虜寇遼東三萬衛遼東都指揮沈永匿不以聞上以欺蔽誅之

命兵部榜諭天下鎮戍武臣凡有盜賊及虜寇聲息不奏者罪如之國初治邊臣欺蔽其法甚嚴如此諭寧夏總兵官都督何福等曰寧夏多屯所虜猝至時恐各屯先受掠可於四五屯內擇一屯有水草者四圍浚濠廣一丈五尺深如廣之半築土城高二丈開八門以便出入旁近四五屯輜重糧草皆聚於內無事則各居本屯耕牧有警則驅牛羊入城固守以待援兵至則寇無所掠其攻取戰守之策爾輩其深思之此即堅壁清野之策近日邊卿屯聚皆當遵此近御史有言甘肅總兵官宋晟擅竊威權事多專制上諭侍臣曰任人不專則不能成功况大將受邊寄豈可盡拘文法今當明與晟言使之釋疑勅晟曰前者御史言卿專擅此言官欲舉其職夫為將不專則功不立朕既付卿以

閫外之寄事有便宜即行而後聞自古明君任將率用此道忠臣事君亦在推誠朕知卿有素委以重任彼雖有言卿勿置意但盡心邊務以副朕懷

陳瑛等劾奏駙馬都尉梅殷畜養亡命出入其家者八十餘人又私匿韃靼人又與女秀才劉氏造為邪謀乞正其罪上曰梅殷朕自處之因命戶部考定公侯駙馬伯應得儀仗戶及從人數以聞命錦衣衛執殷所匿韃靼人送遼東後殷被盜所殺

甘肅總兵官宋晟奏以急之邊儲乞不為常例無分官民全於甘肅衛倉中納淮浙鹽無邊儲易充從之上以天下屯田積穀寧夏最多皆總兵何福勤於用心所致又以福請更定屯田賞罰為經久之計降勅獎諭之

遣書諭趙王高燧曰朕居北京

二十餘年每有邊報但令謹守地方未嘗遣人輕出昔中山武寧王開國元勳亦惟嚴守邊境防慎出入故無敗失凡遇警急但令嚴固守備勿輕出兵　遣忽都帖木兒荅剌罕齎勅諭鬼力赤部下阿魯台曰曩者丑閭回言爾聰明識天命有歸誠之心近忽都帖木兒至又言爾母子同心自古名世之臣懷先見之明者能審時宜識去就如王陵陳平去楚歸漢尉遲敬德李靖舍隋歸唐曹彬潘美安身事宋此數人者皆知天命去留之幾是以成功名遂福及子孫況爾明達不下古人既知天命所在則當決之趋吉避凶就安去危在此一舉他日進退而難雖悔莫追爾宜審之仍賜阿魯台織金文綺二端改此平行都司隸後軍都督府徙于保定　命

郡王高煦往開平操備後太白出昴北遺書諭高煦曰仰觀乾象當知所省占書云金星出昴北北軍勝金星出昴南南軍勝今欽天監奏金星出昴北而我軍在南宜益加慎不可忽畧

按太祖因天廚入紫微而有邉寇之勑成祖因金星出昴北而有加慎之諭蓋二祖之備胡每以天象為占其留意周密如此今之邉將其果有知天文者乎宜其制勝之不如昔也然成祖之命高煦往開平操備亦因其前在燕有功故重委之耳而不虞高煦乃因有奪嫡之志也

二年移萬全右衛于德勝口　三年置鎮守總兵官佩鎮朔將軍印駐宣府専總兵事于是宣府稱鎮六年置巡撫大同都御史仲

成始任……故元宗室本雅失里立初虜主坤帖木兒被弒鬼力赤立以非元裔部下叛殺之阿魯台為太師代領其衆至是迎立本雅失里瓦剌三酋馬哈木等不附與阿魯台相讐殺乃皆來貢詔封馬哈木為順寧王太平為賢義王把禿孛羅為安樂王後馬哈木死命其子脫歡襲封順寧王　七年遣給事中郭驥齎書諭虜主本雅失里通好為所殺　置鎮守大同總兵官珮征西前將軍印駐大同江陰侯吳高始任于是大同稱鎮命淇國公丘福為征虜大將軍武城侯王聰同安侯火真為左右副將軍靖安侯王忠安平侯李遠為左右參將率師征本雅失理　甘肅總兵何福奏韃靼脫脫卜花等各率所部來歸今止於亦集乃上遣楊榮齎勅

諭福曰脫脫卜花等既來而止於亦集乃遲囬日久或致生變爾可與楊榮計度從長行事須斟酌權宜處之務在得當　八月丘福等率將校尉千餘人至臚朐河獲虜一人福飲勞而詢之言本雅失里知大兵至惶懼欲北遁去此可三十餘里福喜曰當疾馳禽之是時官軍未集諸將皆曰恐虜遣此人誘我且駐兵俟諸軍俱至而後擊之毋墮虜計福不從令所獲者為嚮道率衆直薄虜營每戰虜輒佯敗引去福銳意乘之李遠曰孤軍深入虜故示弱詒我進必不利莫若結營自固以待我軍畢至王聰亦力言不可福皆不從謀遣火真使虜營假言求和自率騎繼之火真猶豫未決福厲聲曰不從命者斬乃先馳馬麾士卒行控馬者皆泣下諸

將不得已與之俱行虜奄至李遠王聰率五百騎突虜陣聰戰死遠馬蹶被執罵不絶口而死福與火真王忠為虜所執俱死之

九月遣書諭皇太子曰比遣丘福等率兵北征皆没於虜辱國如此若不再舉殄滅之邊禍未已來春決意親征凡國家之事爾當慎重不可忽也時太子留守南京

上親征虜酋本雅失里詔告天下命湖廣楊榮金幼孜扈從命夏原吉輔皇長孫留守北京車駕發北京

三月駐蹕鳴鑾戍厄刺順寧王馬哈木遣使貢馬謝恩賜綵幣襲衣上大閱誓師次凌霄峯登絶頂望漠北顧胡廣等曰元盛時此地皆民居今萬里蕭條尚敢倔强果何所恃哉進至清水源其地水皆鹹苦不可飲人馬皆渴忽有清泉湧出上命取嘗之人馬給

足賜名神應泉　進次玄石坡製銘勒于立馬峯之石銘曰惟日月明惟天地壽玄石勒銘與之悠久進至斡難河元太祖始興之地也本雅失里率衆拒戰一鼓敗之本雅失里棄輜重牲畜遁去下令班師至靖虜鎮阿魯台復來戰上親率鐵騎敗之次擒胡山勒銘曰瀚海為鐔天山為鍔一掃胡塵永清沙漠又次清流泉勒銘曰於鑠六師用殲醜虜山高水清永彰我武上在軍中每日暮中官請進膳上曰軍士未食朕何忍先飽乎次開平宴勞諸將士上曰朕久素食非乏肉也但在塞外念士卒艱苦豈能甘味故寧已之　車駕至北京何福懼罪自殺

按北征録曰六月九日發飛雲壑虜列陣以待上勑諸將嚴行

陣虜偽乞降上命取招降勅授之俄而左哨接戰至為龍口虜擁衆犯御營都督譚廣以神機营兵直衝其陣敗之追奔十餘里上親逐虜于山谷間復大敗之虜棄輜重彌望牛羊狗馬遍滿山谷廣驍將也每用為前鋒此北伐之初駕也此時虜尚能師所謂列陣詐降是已

九年阿魯台遣使來納欵且請諭女直吐蕃諸部屬其約束上問黄淮淮曰虜使各心則易制若併為一則難圖此實其姦謀不可聽乃詔却之勅阿魯台無以丘福事懷慮漢呼韓邪唐阿史那社爾受享顯爵福及子孫爾宜效焉特賜爾母子金幣諭意瓦剌三酋兵共廢本雅失里而立答里巴貢使亦不至

十二年議親征

兀刺命安遠侯柳升將中軍武安侯鄭亨寧陽侯陳懋領左右哨
成山侯王通都督譚清領左右掖都督劉江朱榮等為前鋒　三
月設隆慶州并永安縣隸北京行部隆慶古縉雲氏所都之地金
置縉山縣元仁宗生於縣東改為隆慶州國初移其民入關內州
遂廢至是以其路當要衝土宜稼穡改為隆慶州又設永寧縣隸
焉以有罪當遷謫者實之　庚寅車駕發北京皇太孫從行上謂
侍臣曰朕長孫聰明英睿勇智過人今令躬歷行陣知兵之法且
見將士勞苦征伐不易又謂胡廣等曰每日營中間暇爾即與講
說經史文事武備不可偏廢車駕至撒里怯兒之地虜酋荅里巴
及馬哈木三酋率衆逆戰上麾柳升等發神機銃砲斃賊數百人

親率鐵騎擊之虜大敗殺其王子十餘人斬虜首数十級餘衆敗走上還帳中皇太孫入見叩首稱賀上曰此虜尚未還夜中尤須慎防遲明追撲之必盡殲乃已太孫對曰天威所加虜衆破膽矣請不須窮追宜及時班師從之班師駐蹕三峯山之西南阿魯台遣所部都督来朝命中官王安齎勅往勞之賜米百石驢羊各百頭馬哈木亦遣使貢馬謝罪

勅寧夏顧守陳懋曰瓦剌使者言馬哈木慮阿魯台與中國和好將為已害擬今冬襲之斯言雖未可信然吾邊境須有備無患大抵禦寇之法勿輕與戰但堅壁清野此最上策也勅大同開平遼東守將皆如之

按北征錄曰六月七日發倉崖峡次急蘭忽失溫虜酋答里巴

同馬哈木太平把禿孛羅掃境來戰四集高山可三萬餘上躬
環甲冑帥官軍精銳者擊之諸軍繼進火銃四發寇潰棄馬走
奔集山巔將暮復命精銳前突繼以火銃虜大敗號慟宵遁遂
名其地曰殺胡鎮十一日出峽餘虜復聚峽口諸軍仍以火銃
擊走之十七日阿魯台遣頭目數十人詣軍門朝見賜勞回大沙
城即元中都也北伐之再駕也蓋此時虜尚能陣所謂四集山
巔是也聞之土人是役也我兵每以火銃取勝由此中國益重
神器云
焉次里山峪勅太孫以班師告天地宗廟社稷遂頒詔天下　秋
七月駐蹕宣府至沙河皇太子遣兵部尚書金忠指揮使楊義奉表

迎鑾迎使來緩且奏書失辭曰此輔導者之不職遂徵黄淮等淮先至下獄後二日楊士奇及司經局正字金問至上曰士奇姑宥之朕未嘗識金問何以得侍東宮命法司鞫之已而親召士奇問東宮事士奇叩首言殿下孝敬誠至凡所稽遲臣等之罪上悦而罷於是行在部院諸司交章奏士奇罪不宜獨宥乃下錦衣衛繫之未幾特宥復職上至北京御奉天殿受賀大宴群臣及從征將士詔禮部議功賞

二十年阿魯台數寇邊時議北征廷臣方賓等以為宜先養民賓復言糧儲不支遂召問户部尚書夏原吉對曰僅及將士之費不足以供大軍即命原吉至開平稽視軍餉至則其奏與賓同且言聖體多疾不宜出塞上怒急召原吉還賓懼

自殺原吉繫內官監籍其家大理寺丞鄒師顏嘗署戶部并繫之

命英國公張輔等同六部官議北征餽運先是阿魯台為瓦剌馬哈木等所敗窮蹙日甚以其部落奔竄而南奉表稱臣貢駝馬上曰虜性黠詐勢窮來歸非其本心然天地之仁發育而已豈有所擇哉遂納貢使詔封阿魯台為和寧王母妻皆為夫人賜金帛俾仍居漠北阿魯台感恩遣其子來朝貢馬數年生聚蕃富復萌兇悖其貢使歸往往就途劫掠朝使至彼或恣慢侮拘留之至是大寇興和守禦都指揮王祥戰沒親征之議遂決告於天地宗廟社稷遣官祭旗纛太歲風雲雷雨等神及祭居庸山川　辛巳駐蹕雞鳴山虜聞親征遂夜遁諸將請急追之上曰虜非有他計能譬

諸狼貪一得所欲急走追之徒勞少俟草青馬肥道開乎踰應昌出其不意直抵窟穴破之未晚次龍門戍卒言虜遣二千餘匹於洗馬嶺勅宣府指揮王禮盡収入城次雲州閱兵顧謂侍臣曰今從征之士若不閑習何以禦敵兵法以虞待不虞者勝又曰設備於已失之後者非上策朕所以慎重而不敢忽也　五月端午節次獨石賜隨征文武群臣宴度偏嶺命將士獵於道傍山下上顧從臣曰朕非好獵士卒隨朕征討道中惟畋獵可以馳馬揮戈振揚武事作其驍勇之氣耳

金幼孜扈獵詩曰羽士如林亦壯哉長風萬里蹴飛埃琱弓射鴈雲中落錦臂韝鷹馬上來絶壁重重圍網近高峯獵騎旗開

從臣載筆長揚裏謭薄慙無獻賦才

上大閱謂諸將曰兵行如水水因地而順流兵因敵而作勢水無常行兵無常勢能因敵變化取勝者謂之神今先使之習熟行陣猝遇寇至麾之左則左右則右無往不中節矣　戊辰觀士卒射一小旗旗三發皆中賜牛羊各一鈔二錠銀碗二上曰賞重則勸人是日上親製平虜三曲俾將士歌以自勵召英國公張輔安遠侯柳升寧陽侯陳懋隆平侯張信應城伯孫亨等今就營中馳射上親觀之惟輔升懋連中餘或半中孫亨不中被罰罷其領兵之任張信托病不至降充辦事官發隰寧次西掠乃故元往來巡遊之所上望其頹垣遺址樹木鬱然曰元氏創此將遺子孫為不朽

之圖豈計有今日可以為殷鑒矣因下令禁軍士斬伐樹木次閏安下令軍中牧放樵採皆不得出長圍之外時大營居中營外分駐五軍建左哨右哨左掖右掖以總之步卒居内騎卒居外神機營在騎卒之外長圍又在神機營之外圍各周二十里上諭諸將曰卿等嘗從朕征討百戰成功試言今日驅除此寇之策諸將叩頭言臣等淺陋惟成筭是命上曰兵法云多筭勝少筭不勝蓋用兵之際智在勇先不可忽也馭衆之道固須部伍整肅進退以律然必將帥撫士卒如父兄於子弟則士卒附將帥亦如手足之捍頭目上下一心乃克有濟至於同列尤須和協一隊當敵則各隊策應左右前後莫不皆然譬如同舟遇風齊力以奮波濤雖險

靡不獲濟爾等勉之　發威鎮次行州命戶部以山西河南山東
所運糧六萬餘石儲於山海次威遠川開平報虜復攻萬全諸將
皆請分兵還擊上曰不然此詐謀也虜慮大軍經搗其巢穴故為
此牽制之術不足慮也次殺胡原前鋒都督朱榮等獲阿魯台部
屬送御營備言車駕親征阿魯台舉家惴慄其母及妻罵曰　大
明皇帝何負爾必欲為逆天負恩事阿魯台盡棄其馬駝牛羊輜
重於濶灤海與其家屬直北遁矣上曰此黠虜或挾詭謀示弱以
誤我不可不嚴備前哨繼獲虜部曲驗其果遁乃召都督朱榮等
還發盡收虜所棄牛羊駝馬焚其輜重上曰朕非欲窮兵黷武虜
為邊患驅之足矣將士遠來亦宜休息遂命旋師　阿魯台栽其

主本雅失理自稱可汗　乇剌脫觀攻阿魯台敗之　虜中有來
降者言阿魯台將犯邊上召諸將諭曰去秋此寇犯興和朕率師
搗其巢穴其窮甚矣今以朕既得志必不復出故萌妄念朕當率
兵先馳塞外待之虜不覺吾兵已出虜輕肆妄動我因其勞而擊
之破之必矣諸將皆曰善是日命柳升陳英將中軍鄭亨張輔等
將左右軍陳懋等將前鋒先馳攻之　車駕發宣府次沙嶺賜諸
將內廐馬次萬全兵民有進馬牛瓜等物者命倍時值酬之　虜
中阿失帖木兒古納台等率其妻子來降言阿魯台今夏為脫歡
所敗部落潰散無所屬今若聞天兵復出必疾走遠避豈復南向
命賜酒饌衣服以二人為正千戶　陳懋等以韃靼王子及其部

名王也先土干來降陳懋引見土干遙望天顏尚有懼色上命稍前曰華夷本一家豈有彼此封為忠勇王賜姓名金忠并誥命鐵券玉帶又以其甥把台罕贊土干歸順封為都督賜冠帶織金襲衣左右皆贊上功德之盛上曰昔唐突厥頡利入朝太宗有矜大自得之意朕所不取惟天下之人皆遂其生邊境無虜兵甲不用斯朕志也

初金忠來歸屢請討阿魯台願為前鋒自效上曰兵豈堪數動朕固厭之矣忠曰雖天地大德無物不容其如邊人荼毒何特可已上曰卿意甚善但事須有名姑待之是日邊報阿魯台入寇召公侯大臣計之且告以金忠之意群臣奏曰忠言不可拒逆賊不可縱邊患不可坐視用兵之名不得避也惟上決之上

可其奏即日勅緣邊諸將整兵以俟　駕次開平上召大學士楊榮金幼孜至幄中諭之曰朕昨夕三鼓夢有若世所畫神人者者告朕曰上帝好生如是者再此何祥也豈天有意此寇屬乎榮對曰陛下好生惡殺誠格於天此舉固在除暴安民然火炎崐岡玉石俱燬惟陛下留意上曰卿言合朕意豈以一人有罪罰及無辜即命草勅遣中官伯力歌及所獲胡寇齎往虜中諭其部落曰往者阿魯台窮極歸朕朕待之甚厚朕何負於彼而寇掠不止朕體上帝好生之仁亦猶冀其或改過自新也今王師之來罪止阿魯台一人其所部頭目以下悉無所問有能敬順天道輸誠來朝悉待以至誠優與恩養毋懷二三以貽後悔　次長樂鎮楊榮金幼孜

侍上曰漢高祖過栢人慮迫於人今朕至長樂思於天下同樂何
時而廃戭也榮等對曰陛下聖志如此天必助順矣　次清厧即
元之應昌路是日兩重車皆在後上諭諸將曰輜重者六軍所恃
以為命兵法無輜重無糧食無委積皆危道曹操所以屈袁紹者
先盡其輜重今諸軍皆至而重車在後爾等獨不遠慮耶遂命分
兵接之　次天馬峯復行數十里陳懋等遣人奏臣等曰已至荅蘭
納本兒河彌望荒塵野草虜隻影不見疑其遁已久矣上遣張輔
王通等分兵山谷大索仍命懋及金忠前行覘賊　次連秀坡陳
懋金忠引兵抵白邛山咸無所遇以糧盡還張輔奏曰願假臣等一
月糧率騎深入罪人必得上曰今出塞已久人馬俱勞虜地早寒

一旦有風雪之變歸途尚遠不可不慮楊榮金幼孜言是卿等且休矣　次清水源道傍有石崖高數十丈命楊榮金幼孜刻石紀行曰使後世知朕親征過此也　次翠微岡上御幄殿憑几而坐上顧問内侍海壽曰計程何日至北京對曰八月中可至上頷之既而諭榮幼孜曰東宮歷涉年久政務已熟還京後軍國事悉付之朕惟優游暮年享安和之福榮幼孜對曰殿下孝友仁厚天下屬心允稱皇上付託上喜顧太監馬雲賜榮幼孜羊酒　次蒼崖戍上不豫下令大營五軍將士嚴部伍謹哨瞭毋忽　次榆木川上大漸遺命傳位皇太子上崩太監馬雲等以六師在遠外秘不發喪密與楊榮金幼孜議喪事一遵古禮含斂畢載以龍轝所至

御幄朝夕上食如常儀　遺詔赦夏原吉給還其家

此北伐之三駕也帝出塞已久尚未抵賊巢而士卒多艱楊榮金幼孜夙夜私慮奏言虜已遠遁遂獲班師之命而龍馭上賓矣尹耕曰二祖之禦北虜緩急不同戰守各異何也太祖之時北虜初遁邊境未安王保保等盤據於西土蠻子沙不丁輩覬伺於東方而中山開平掃除岐陽穎國之經略日不暇給良亦勞止矣太祖知窮寇之難盡兵威之不可不戢也懲和林之憤抑請將之請實開平之戍城德勝之關按甲息兵以須邊人之和諜烽廣僨以伺犬羊之隙此與漢高白登解圍絕口兵士之意同而漢高失之於驕盛之時得之於圍困之後且奉春之策

宗女就行金繒歲費視此為胥擾也成祖之時邊土又安虜亦漸熾兵不可以忘戰將不可以忘兵成祖知一勞之永逸牿牛之不可不豫也集諸路之師興三駕之役寒突厥之膽空漠北之穴張皇六師以示威招來阿魯以示德此與漢武下詔復讐鞭撻四夷之意同而漢武不顧海內之虛耗萬事西南之不急且委任將校李陵敗降二師覆沒視此為胥擾也夫太祖之休息正所以為今日三駕之師資成祖之三駕正所以成前日休養之績其旨固無不同也太祖末年整飭邊兵聯絡布陣步兵調集必十五萬以上此何意也蓋將以有為也成祖班師至翠微岡謂楊榮等曰東宮歷涉年久政務已熟還京以政付之朕惟

優游暮年此何意也蓋将以少息也於戲弛張文武之道二祖備之矣後聖繼嗣值閭閻之困乏則生養以保民當士馬之盛强則詰戎以警備具在成憲也夫

洪熙元年復前户部尚書官原吉在獄時喪母未克成服乞賜歸塋終制賜原吉米十石鈔一萬貫胡椒一百斤命有司治塋事

宣德三年永平及山西民張簡等自虜中逸歸上謂户部曰此皆身陷虜中數年艱苦多矣今獲來歸可憫也其令充御馬監勇士給衣粮以優之仍免其原籍之家差役著為令上御奉天門召公侯伯五軍都督府諭之曰胡虜每歲秋高馬肥必擾邊比來邊備不審何似東北諸關隘皆在畿内今農務將畢朕將親歷諸關整

飭兵備鄉等整齊士馬以俟　命蹇義夏原吉楊士奇等各率其職扈從勅附馬都尉袁容都御史顧佐等居守車駕發京師度潞河駐蹕虹橋召諸將諭曰朕深居九重豈不自樂但朝夕思念保民故為此行今日渡河道路所經皆水潦之後秋田無穫朕懃念民艱憫焉於心爾將士敢有一毫侵擾民者必殺不赦遂命錦衣衛遣官巡察　入薊州境內上覽郊原平遠山川明秀田疇刈穫之後頗有遺秉滯穗上甚喜歎曰使他處皆若此朕何憂焉　次薊州西之五里文武官吏耆老朝見上進其州官諭之曰此漢漁陽郡也昔張堪為政民有樂不可支之歌流聞至今古今人材性不相遠爾曹勉之又進其耆老諭曰今歲斯郡獨豐稔無他虐善訓

勵子孫務禮義廉恥之行毋安於溫飽而自棄也衆叩首而退總兵官畢廣奏和寧王阿魯台遣使來朝貢馬已至宣府命中官王貴馳往宣府勞之　時兀良哈入寇大寧及寬河上親擊走之詳具兀良哈傳中　詔班師　兵科給事中載弁奏自山海至薊州守開軍萬人列營二十二所操練之外無他差遣若稍屯種亦可實邊請取勘營所附近荒田斟酌分給且屯且守實為兩便上嘉納之命戶部同兵部各遣官與都督陳景先經理　四年置鎮守偏頭及鴈門寧武三關總兵官駐偏頭

按國初建將屯兵首先偏頭以其極邊耳故偏頭當與宣大較不當與鴈寧較也

陽武侯薛祿至宣府護軍餉于是定開平每歲運糧四萬石自京師至獨石五十一堡每堡屯軍千名各具牛車轉運以六十日達獨石其開平備運官運則於獨石轉運祿往來督運所護蓋道里險難胡馬出沒故耳開平不易守以此

五年春二月比虜寇開平陽武侯祿擊敗之戰于奇黃山斬獲頗多

此護餉之戰也故開平之棄祿持議甚決

城獨石雲州鵰鶚赤城葛峪常峪青邊口大白陽小白陽設隆門關諸處成城設守及前趙川張家口城俱陽武侯祿建議

棄開平洪武二十三年北虜來降者衆詔于潢水北兀良哈之地置朵顏大寧福餘三衛命其酋長為都督使為東北外藩成祖征伐三

衛從戰甚力乃徙封寧府移大寧都司營州衛於內地盡以大寧之地與三衛由是宣遼隔絕開平失援虜時出沒餉道艱難至是陽武侯祿上疏極言其狀以為宜棄開平特議難之祿至京面陳其詳遂徙開平衛于獨石棄地蓋三百里

尹畊曰開平元之上都也灤水遶南龍岡奠北蓋形勝之地也元人以之肇基成祖北伐往来由之東路有凉亭沈河塞峰黃崖四驛以接大寧西路有恒州威虜明安隘寧四驛以接獨石巨鎮隱然屏我山後遇有警急則宣遼有首尾之援居常戍防則京師得封殖之固夫國家定鼎北平不患于帶几之無憑而患于肩背之失特大寧既委三衛開平復移獨石遂使京師之

北僅存籓籬犬豕遊魂籍聲黄内所關豈細微哉究而論之則屯田便宜于轉輸一勞可以永利大寧要害于開平易置亦頗非難夫五原在豐勝之外沙磧之間昔人且猶開渠營田以規全利何龍岡之沃灤水之澗開平獨不可田耶又失開平則後背雖空尚有宣府獨石之固失大寧則左肩全弱宣遼隔絶矣故嘗為薛禄計曰開平可田屯田可也不可田則易置大寧可也夫劉秉忠諸人皆于開平樹藝卜隱則開平無不可田之理開平為元故都山水明秀壞城郭宮闕而留其民居以與三衛則三衛亦無不樂從之理二策無不可就也土人稱禄馳驅邊塞悉心經營然禄知謹于封疆之小利而昧于處夏之大防知變

乎目前之紛擾而滯乎繼世之權變開平孤遠不易守矣而北門单弱之不恤餉道難不易致矣而屯田開墾之不求割棄境土三百餘里不之惜矣而易置三衛之不講此所以效成于一時而禍伏于異日恩加于近塞而謀失於遠猷智者窮源不能無慨也

七年春正月虜由段家村入冦偏頭總兵官李謙設伏于黃草梁禽其酋隱克力等置協守大同副總兵官國初以都督方昭鎮東勝稱副總兵至是定為協守　初兵部尚書張本奏甘肅寧夏大同宣府糧餉皆出民力運輸所費浩大近數年來各處邊隅無警田禾豐稔軍士一切用度多以穀粟易換請遣人與總兵鎮守官

會議彼處應用布帛等物戶部差人運去依價收糴每處穀粟或十萬石三十萬石歲以為常儲為糧餉則民力可省邊儲可充上今遣官馳驛與各處守將計議以聞至是武安侯鄭亨寧陽侯陳懋都督譚廣劉廣言甘肅寧夏缺絲綿布絹綿花大同宣府缺布絹綿花茶鹽及農器犂鋤等物如運至彼時易換為便戶部遂請以折糧絲綿布絹綿花及收買農器支在官茶鹽遣人運送陝西委參政陳琰山西委參政樊鎮口外委戶部郎中王良等專理其事從之。

按此事今亦宜因邊地有收之時間一行之亦可積粟

遣兵部侍郎柴車往山東經理屯田時巡按御史張鼒言大同地

平疆所種粟麥有收多為軍官據占小民日困乞遣官按視占耕者分與軍民為便乃命車及御史一人往理之

九年行在戶部員外郎羅通奏今運糧赴開平每軍運米一石又當以騎士護送計人馬資費率以二石七斗致一石今令軍民人等有自願運米至開平中納鹽糧者乞將舊例二斗五升減作一斗五升若商一人納米五百石可當五百軍所運且省行糧二百石從之

瓦剌脫歡攻阿魯台殺之欲領部落人心不服乃立元之後脫脫不花為主居沙漠之北比哈喇嗔等部皆應之

脫歡使臣昂克等朝貢陛辭命指揮康能等送之還并齎勅諭脫歡曰王克紹爾先王之志遣人來朝進馬具見勤誠聞殺阿魯台尤見王之克復世讐所

云已得玉璽欲獻亦悉王意然觀前代傳世之久歷年之多皆不繫此王既得之可自留用仍賜脫歡紵綵五十表裏以荅其獻云

車駕巡邊幸宣府鎮城

十年始置鎮守監鎗宦官宣大各二員鴈門關一員駐太原各路仍置分守守備幾遍邊境說者謂三楊論思之失

北虜入寇偏寧由七里溝入指揮江海千户包讓百户赤盞勝死之

按宣廟在位十年巡邊者四故虜不敢窺隙其振揚威武後世莫繼是時宣府為朝廷北門陽武侯薛禄都督譚廣相繼守之為各邊最侍郎劉璉參謀軍事凡所措畫得邊人心一時君臣之盛如此

正統元年上命兵部左侍郎柴車叅贊陜西軍務先是虜酋朵兒只伯擁衆入寇鎮番副總兵劉廣往援遇虜而退虜隨逼涼州廣閉門不出虜大掠而去廣奏功徼賞車劾其罔上不法諸事請寘之法又劾奏寧夏守將失律詔各械繫至京下獄朝廷以車公嚴執法可當師帥之任故有是命仍以白金文綺賜之　鎮守平涼等處都御史羅亨信命都督趙安率岷洮等衛兵巡邊遇虜安與都督蔣貴聽都指揮安敬議逗留不行亨信至其營責之貴等以芻粮不繼為解亨信劾貴敬等老師玩寇侵尅軍餉乞正罪以振軍法上乃勅兵部尚書王驥巡邊許以便宜行事驥至甘肅稽閱邊備見莊浪永昌山舟路俱廢烽堠卑無紀律大會諸將于轅門

問先年大軍遇虜畏敵不畏軍令者誰最甚咸曰都指揮安敬命引出斬之徇於衆曰自今遇敵畏縮者視此三軍股慄因大閱士伍謹斥堠嚴部伍勤訓練利器械軍容肅然虜入甘肅王驥督諸軍禦之，贊理陝西軍務侍郎柴車盡心邊務每糾劾將佐欺玩章前後凡數十上或怵以後患車曰吾敢愛身以誤國乎同事者多躭宴樂忽大計車遂斷酒肉澹泊自處凡燕會皆不與而持論益堅據理守正每有功賞雖勳下必覆驗而後行設有詐冒必糾正之岷州土官都指揮后能以家人冒功陞賞車奏罷所陞官能復請上省之車反覆論其不可曰詐冒如能者非一人臣方次第按覈今省能如餘人何若無功而得官則捐軀死敵者何以待之詔嘉車忠誠遣使賜白金四十兩文綺四表裏仍進從二品祿　虜酋阿台朶兒只伯入寇王驥選精兵二千遣都督蔣貴將之瀕行戒曰兵精氣銳遇賊不能勦殺無復相見貴父子感奮繼遣趙安率兵由東涼州逾白鵝狐口北抵寺林鐵門諸關為犄角之勢貴遇虜於石城兒泉破走之驥與太監曹安都督任禮帥馬步出鎮夷關與貴期以狼心山舉火為號貴襲虜巢穴與任禮等縱兵夾攻于梧桐林擒其驍賊虎都丹等三十餘人復進兵攻野狐川青羊山轉戰二千餘里俘賊男婦二千餘口馬駝畜產不可勝計虜酋率數十騎遠竄尋死　驥以甘州官軍冗濫徒費糧餉不堪用乃選留壯卒二萬五千餘遣還本衛更番代上於是兵得休息且減轉

与下不屬疑有錯簡

已補

輸之勞驥遂還京貴起于行伍之微陞至大將能與部下同甘苦凡出境擣虜衣粮器械皆自賫不役一人臨陣則挺身奮擊子弟士卒如蟻附以死向敵敵皆披靡用是立功惟不知書短於謀略必得軍師而後成功然能忘己之勢聽人指揮略不較守河西以功封為定西伯亦名將也　令大同宣府遼東陝西沿邊空閑田地許官軍户下人丁儘力耕種免納子粒　三年宣府置巡撫都御史李儀首任儀素持正至鎮行伍肅然　七年以遼東守將數失機命都御史王翺提督軍務至鎮守將以下庭叅翺詰責玩寇之故將斬之再三祈哀乃釋於是三軍莫敢不用命踰月行邊自山海關真抵開原高墙垣深溝塹五里為堡十里為屯烽燧斥堠

珠連綦布千里相望仍簡閱戍卒更其老弱謂邊境不可以法律治凡詞訟無問輕重以布絹穀粟量罪準贖雖人命亦許贖之曰償命無益死者之家財或足以濟其用行之不疑在遼數年措置粮銀馬疋數萬邊用充足器械鮮明八年兀剌順寧王脱歡死子也先嗣也先同普花可汗遣人貢馬自脱歡殺阿魯台併吞諸部勢浸强盛至也先益横北邊自此多事矣　十二年羅亨信在宣府上言也先窺伺釁端圖謀入寇宜豫於直北要害增備不然恐貽天患中官王振專國議寢不行　以楊洪為宣府總兵官洪初破虜阿台於塞下封昌平伯　十四年秋七月北虜寇獨石馬營楊洪之子俊為獨石馬營守備懼不敢戰乃棄城而遁虜遂臨其

注意 此頁應接再二十一頁

營

按天順多事昌平馳驅然而土水之變根於此路之不守由於

楊俊之失機　故楊氏有餘誅也

虜寇雲州永寧守備孫剛谷春率兵來援戰不利入城縊死城遂

陷剛齊東人春官官時官軍死義者更九十餘人　先是有二使

至虜通事馬清馬雲其一人將還時也先作番樂舉宴餞之謂也先曰公

等惟識此箏知中國歌唱婦人笙簫細樂之美我日來乞一班以

賜汝也先聞而喜其一人因也先命其子勸之酒謂也先曰好與

中國結親吾歸與朝廷言贊成之也先喜附進馬三疋為儀然二

人實誑之先後歸皆不敢奏也先缺望深怨朝廷乃欲託他事以

起邊釁至是年例進馬也先遣使則多報人數以窺朝廷王振怒其詐拘留其使減去馬價也先益怒合諸部大舉及臨獨石勢益急王振擅命跋扈歲久至此不復與大臣議挾天子親征廷臣大小上章論利害懇留不從次日即行扈從臣僚皆忙迫失措人情洶洶駕出居庸關連日風雨至宣府會暮有黑雲如繖罩其營雷雨大作人馬滿營皆驚隨駕大臣連疏請還宮振益怒俱令略陣吏部郎中李賢與三五御史約謂今天子蒙塵六軍喪氣無不切齒於振若用一武士之力執振捽其首於上前數其誤國請遣將率師往救大同而後駕可回也欲謀於張輔不得間而止至大同振出欲塞未已會偏將西寧侯宋瑛武進伯朱冕出禦全軍皆覆

○○○注意
此頁應
接第廿
二頁之前

没車駕幸王振故宅鎮守中官郭敬密言於振車駕勢决不可行
振始有回意明日下令旋師至晚雷雨滿營又連日皆雷雨大同
副總兵郭登請學士曹鼐張益謂車駕宜從紫荊關入可以避虜
鼐益入奏既而令下入紫荊人情大安行四十里忽折而東蓋振
聞輜重被虜所遮乃麾軍復由故道耳遂遣張輔率兵五萬迎虜
冒入鷂兒嶺爲虜擊死車駕至狼山土墓日尚未晡去懷來城二
十里欲入保懷來振輜重千餘輛尚在後未至駐土墓以待之駙
馬都尉井源成國公朱勇復前敗身師居喪營中將領不識地利
遠絶水路人馬饑渴掘井深二丈無泉虜四面薄擊兵士爭先奔
走行列大亂勢不能止上與親兵乘馬突圍不得出虜擁以去扈

卷十七
再
二一
勵耘書屋

從臣僚死者尚書鄺埜王佐曹鼐及行人司司正尹昌行人羅如

墉等百餘人虜獲輜重無筭自謂出望外

按英公歷事四朝為元老上將自王振盜權專横與三楊皆避

禍不以國家安危自任言於皇太后請誅之由是國命皆歸於振已巳親征心知

不可而從之出不免於難若早與三楊謀而去振則禍不待避節不須折何至臨老身膏草野乎

又按王振山西大同人永樂末詔許學官考滿乏功績者審有子嗣願自淨身令入宮中訓女官輩時有十餘人後獨王振官至太監世莫知其由教職也英宗登極即侍左右言無不從正統初太皇太后張氏同聽政元老楊士奇楊榮楊溥居輔弼凡朝廷大事皆自三公處分數年間政治清明為本朝之極盛振每承命至文淵閣二公與之言振必立受自聖母上僊楊榮繼死士奇以子稷之故堅卧不出溥惟一人當事年老勢孤繼登庸者皆不能自奮於是內閣之柄悉為振所攘生殺與奪盡在其

手遂殺諫官劉球去大臣之不輔己者舉朝皆以翁父呼之一日振召兵科給事中蔣性中至一處有門南向甚宏麗蔣自東横行詣門遥見都御史陳鎰王文跪門外俛首向北性中以為駕在步稍緩微聞二人連諾而起急趨而東性中遇之問曰上在那二人曰王太監也性中既見乃是索遼東地圖言畢性中邊出圖乃成祖朝所畫久藏兵科後來圖籍堆壓其上甚多尋之數日方得送去不知其何用也後有御史因見振不跪坐事送錦衣衛獄捶楚幾死發極邊充軍振之作威如此

也先奉上居伯顔帖木兒也先弟營報至京師大震皇太后遣使齎黄金珠玉段疋等物詣也先營請還車駕命郕王權總萬幾於午

注意：此頁應接在第二十三頁前半頁第五行第三字「隨」字之下「上」字之上。

擁入太監金英傳令旨且退衆奮欲捽英英懼復傳旨言籍沒王振等家英脫身入錦衣衛指揮馬順從旁叱各官且去給事中王竑憤起捽順首曰順平昔助振為惡禍延生靈衆爭毆蹴踏項刻斃血流庭中復索振所親信長隨王毛二人亦毆殺之都御史陳鎰奉令旨籍振宅并其黨執振姪錦衣衛指揮王山至反接跽於庭衆共唾罵諠譁班行雜亂無復朝儀王亦疑懼屢起欲退還宮兵部侍郎于謙直前扶掖勸止之且請降令旨馬順罪惡應死勿論獎諭百官各歸蒞事磔王山于市族屬無少長皆斬皇太后命命以于謙為兵部尚書治兵備虜以各營精銳盡沒軍資器械亡失一空乃議奏遣官分投招募武士舍餘義勇及起倩民兵替出

緣河漕軍赴京訓練移文工部督内外局廠晝夜併工造修戰具

近京城鎮戍所在各戒嚴　甲戌虜擁上至大同城下索金幣約

賂至即歸駕都督郭登閉門不納上城謝曰賴宗廟社稷神靈天

下有君矣

17

門南面見百官啟事施行詔立皇長子見深為皇太子時年二歲仍命郕王為輔代總國政撫安天下九卿科道交章劾王振擅權誤國之罪郕王諭以朝廷自有處置百官言振罪惡滔天傾危宗社今日若不速正典刑何以慰安人心圍慟哭聲徹中外王起入内衆隨上傳旨曰朕與登有姻婭何外朕若此登曰臣奉命守城不敢擅啟閉隨侍校尉袁彬以頭觸門大呼於是廣寧伯劉安孫祥翟瑄等括公私金銀共萬餘兩出迎駕既獻虜矣不饜竟擁駕去初謀劫營奪駕選壯士七十餘人與之盟激以忠義約事成高爵厚賞士皆奮躍用命會有以危言沮者既淹久虜驚擾而去也先虜欲謀害上一夜忽大雷雨震死也先所乘馬由是恐怖益加

敬禮錦衣校尉袁彬為虜所擄得侍上左右頗知書識字百凡警敏又有哈銘者先隨使臣吳良羈留在虜至是同侍駕留虜庭維持調護二人之力居多又有衛士沙狐狸者在虜中汲水取薪備及勞苦也先問之亦善於應對云皇太后詔皇太子幼冲未能踐祚郕王年長宜早正大位以安國家於是群臣勸進擇日登極上在虜營也先遣使來言欲送上還京師使回以金百兩銀二百兩絲段二百疋賜也先也先乃復遣使致書辭甚悖慢于謙曰虜賊不道氣滿志得將有長驅深入之勢不可不預為計京師九門宜令都督孫鏜衛穎等統領軍士出城守護列營操練以振軍威選給事中御史如王竑輩分投巡視勿致蹂躪從郭外居民於城內隨地

安插毋為虜所掠棄東勝國初置東勝諸衛然多事草創什伍虛耗至是虜寇擁逼詔徙諸衛內地遂棄東勝

此我朝不復四郡之實也蓋嘗論之有二失焉洪熙宣德之間玩常而不思其變景泰天順之際守近而不謀其遠由是偏頭隣于犬羊而全晉以北單矣豈惟全晉五原雲中趙武靈所欲下甲咸陽者也此而不守則右臂斷全陝危矣可惜甚哉少保公極力於獨石而不注懷于東勝其意何也

也先以送駕為名與可汗脫脫不花入寇紫荊關京師戒嚴先是太監喜寧者胡種也少給事掖庭性惠黠得上皇心及北狩寧隨之降于也先盡以中國虛實告之為彼嚮導虜破紫荊關入救指

揮韓清等都御史孫祥走死朝野洶洶人無固志太監金英召廷臣問計侍講徐珵自以為通曉天文倡言上白天象京師必不可守必須南遷語瑣瑣不已英叱之令人扶出鄉進士練綱長州人上勤王急務疏曰虜勢猖獗非直要求金帛而已未必不欲效金人以汴宋待我也我國家富強固非宋比然求其人如种師道李綱亦未多見乞遴選武臣授以方略俟其深入乃奮擊之及勅邊將勤兵內向邀其歸路設有倡為和議緩於武備且請南遷以圖偷安者即為奸臣宜即加誅以為衆戒上奇其才擢為御史明日于謙上疏言京師天下根本宗廟社稷咸在若一動則大事勢盡去宋南渡之事可鑒矣大監金英宣言於衆曰有以遷都為言者必誅

之乃出榜曉諭固守之議始決虜焚長陵獻陵景陵喜寧唆也先遣使議和索大臣出迎駕衆知其詐以通政司參議王復為禮部侍郎中書舍人趙榮為鴻臚寺卿出朝上皇見也先也先謂爾等皆小官可令胡濙王直于謙石亨楊善等來復辭歸上皇諭二人曰彼無善意爾等宜急去二人方同而虜復縱騎四面剽掠攻城益急先是都督石亨協守大同坐不救駕下吏或言亨勇略者上出之於獄以為大將命于謙總督軍務亨議欲盡閉九門堅壁待虜謙不聽未幾也先入關長驅直前謙與亨分軍德勝安定二門外亨衆雖新集號令嚴明虜先至者四散前突堅不為動虜知之有備稍自引却也先次至城下謙促亨與戰亨挺刀單馬進獨殺數

十人從子指揮彪持斧率諸親信子弟從之諸軍由是歡呼踴躍聲震天地虜却而西亨追至城西復戰虜復却而向南亨命彪率精兵千人至彰義門虜見彪軍少易而逼之亨統大軍邊棄之譙盡諜知虜移車駕離其壘漸遠乃礮擊其壘虜死礮下者萬計潰而南奔是特分守各門諸將都督孫鏜衛穎范廣張義雷通各率兵追之凡三日過於清風店時朝廷又召宣府遼東兵入援募將士能擒也先者封國公予萬金虜懼將由紫荊倒馬關北出虜官軍後躡弗利亨令諜者紿虜謂亨未至在陣者假亨名耳虜信之率衆來攻亨領彪與精銳数十騎奔擊大呼直貫虜陣刀斧齊下殺虜數百人虜之其為亨也驚駭[illegible]亂自相蹂踐官軍乘之復斬

首無筭積屍十數里也先潛從數騎夜遁走所掠羊馬貨物盡遺
如丘陵虜號而奔蹶枕藉得歸者纔十之二三脫脫不花聞之亦
北遁
崆峒李副使夢陽石將軍戰場歌曰清風店南逢父老告我己
巳年間事店北猶存古戰場遺鏃尚帶勤王字憶昔蒙塵實慘
怛反覆勢如風雨至紫荊關頭晝吹角殺氣軍聲滿幽朔胡兒
飲馬彰義門烽火夜照燕山雲內有于尚書外有石將軍石家
官軍若雷電天清野曠來酣戰朝廷既失紫荊關吾民豈保清
風店牽爺負子無處逃哭聲震天風怒號兒女床頭伏鼓角野
人屋上看旌旄將軍此時挺戈出殺胡不異草與蒿追北歸來

血染刀白日不動蒼天高萬里煙塵一劍父子英雄古來少天
生李晟為社稷周之方叔今元老單于痛哭倒馬閼羯奴半死
飛狐道處處歡聲操鼓旗家家牛酒勞王師休誇漢室嫖姚將
豈說唐朝郭子儀況吟此事六十春此地經過淚滿巾黃雲落
日枯骨白沙礫慘淡愁行人行人來折戰場柳下馬坐望居庸
口卻憶千官迎駕初千乘萬騎下皇都乾坤得見中興主日月
重開再造圖梟雄不數雲臺將石家善戰天下無嗚呼石家今
已無安得再生此輩西備胡華宗滦已北征詩曰曉日都城
動鼓鼙五雲高捧六龍飛虜邦負固當聲罪戎幄興師未決機
車駕北巡沙漠杳兵戈南隔信音稀聖朝威德非炎宋未必胡

由也先起，頂格另起行

塵涴衮衣其一黄沙白草路漫漫蹀血轅門戰未殘部落風霜兵騎勇行宮雨雪翠華寒五朝臣庶懷忠憤萬國山河望治安寄語旃裘須讋服承恩未受漢衣冠其二萬乘如雲擁陣圖闕城笳鼓應山呼本期突厥歸唐室誰信單于襲漢符戰士亡身皆效死元戎討賊尚彎弧皇明踐祚天威重擒虜何當一獻俘也先復以上皇北去也先出居庸伯顏帖木兒營上皇出紫荊關連日雨雪上下艱難遇險則袁彬執控哈銘隨之既入虜境也先來見宰馬披刀割肉燎以進云勿憂終當送還食訖辭去

脫脫不花遣使來獻馬議和朝廷却之胡濙王直言不花也先君臣素不睦宜受其獻以間之上從其言使人入見賜衣服酒饌

20

金帛視常年有加初報也先逼朱謙於關子口又明日報追石亨於鴈門關言者謂宜急發京軍往援于謙料虜不能持久奏上方略密授朱謙等仍令各營設伏兵為遥援先聲待報虜果出境

授自土木陷駕邊報絡繹訛言萬端事情百出謙攝兵部先事預防折衝制變京師復安者謙之力也可謂不動聲色而措天下于太山者矣

初邊城多陷宣府孤危朝議復召宣府總兵官入衛京師人心皇皇或欲遂棄其城衆紛然就道都御史羅亨信不可伏劍坐當門拒之下令曰敢有出城者首斬之衆始定城中老稚懽呼曰吾屬

生矣因設策捍御督將士誓死以守虜知有備不敢攻賴以保全亨信之力

初先府總兵楊洪生長在邊起于行伍歷陞都督掛印紀律頗嚴士卒用命為人機警有權畧兵行出詭道善于劫營自宣德以後虜人與中國和好未常大舉擾邊或有出臘行劫者多不過百餘騎少則數十騎而已洪每出其不意擣其虛取勝虜人畏之呼為楊王至已巳也先大入經宣府洪莫知為計閉門不出朝廷聞遠洪係獄至是釋之使自効洪乃與孫鏜萬廣等擊餘虜于涿州等處至固安大捷捕虜阿歸等四十八人斬首四百餘級邀還俘掠人萬計

按虜犯統幕洪能自後銜之必無是敗洪竟不顧英皇至城下

呼之亦不出及虜逼都城始與遼東守將曹義被召同赴闕適虜退終不能挫賊鋒朝廷念其宿將與石亨偕受賜賞爵洪昌平侯亨武清侯亨既敗虜名動四方後虜衆見邊人必稱曰石爺爺洪子俊以禽喜寧功進秩都督改東路參將延哨懷來擅調永寧官軍于懷來守備永寧西城門砌塞于謙劾其方命專擅作威福詔宥不問又以私怒杖殺都指揮陶忠洪懼禍奏取俊還京隨營操練既至謙併劾其獨石棄城喪師懷私擅死邊將之罪請非誅俊無以示戒將來兵科給事中葉盛等亦劾之于是逮繫法司議罪斬于市

又按初文皇時有皇甫仲和者精天文推步之學與袁忠徹俱

從親征至漠北不見虜至上意疑欲還師召仲和占之曰今日未申間虜至自東南方王師始卻終必勝召忠徹問之皆如仲和言上怒二人朋欺戒之曰虜今日不至皆死伺之日中復召二人上對如初頃之虜大至上登高望之東南我師已卻總兵譚廣率精兵舞牌斫其馬足虜敗去至是已巳仲和老矣大學士曹鼐與鄰居以親征事謀之曰胡王兩尚書率百官諫可止乎仲和曰不能止也紫微垣諸星皆動矣以老夫計之當先治内而後行曰已有旨某監國某從仲和曰不如立儲君曰東宮尚幼仲和曰恐終不免于患及虜逼城下城中人皆哭仲和登高望謂家人曰雲頭不向南乎大將氣至虜將還矣明日楊洪

注意 此頁連接第廿八頁

[illegible]等入援虜遂遁觀是雖其術之神妙亦可見國家安危胡虜盛衰自有定數非人力所能為但在君相則不可言命耳內修外攘人定勝天強為善而已

初喜寧既道也先入關復嗾六七大臣議和索金帛以萬萬計禮部使往問于謙謙曰今日止知有

軍旅他非所敢聞對壘七日竟不議和而虜自退初議者欲燒通州倉以絶虜望于謙曰國之命脉民之膏脂顧不惜耶傳示城中有力者悉取之數日粟盡入城兵人謂謙材過李綱謙謝之不敢當大同參將許貴奏欲與虜和暫示休兵俟人馬强壯密定討伐之許下其議于謙駁之謂當去年秋冬之間正虜勢方張之際……朝廷亦嘗賞金帛徃使虜庭賄賂纔入於窮廬虜騎已至於關口切惟今日之事理與勢皆不可和何也中國與寇有不共戴天之仇和則背君父而忘大義此理有所不可和也且醜虜貪而多詐萬一和議既行而彼有無厭之求非分之望從之則不可違之則速變此勢有所不可和也苟以為虜强難制姑謀和以緩其兵臣

等請負之前代宋真宗澶淵之役契丹之衆累被宋兵摧阻既盟之後朝廷尚歲輸銀絹徽欽北狩中國名將韓岳之輩屢敗金師及奸臣秦檜主和則朝廷既割境土以與之復輸歲帛以賄之甚至降黜尊號屈己從虜含垢忍恥冀免其侵然而國勢陵夷無救成敗援古証今和議之不足恃也明矣莫若選將練兵養威蓄銳賊若來侵則相機而往勦賊若遠遁不貪利以窮追萬一復有大擧入寇之謀則我兵訓習有素加以將帥恩奮臣等當盡死効力而雪國恥必不出犬羊之下其或皇天厭亂列聖有靈黠虜自知數寇不利遣使入貢則我亦不拒絕量與賞賜遣回若欲朝廷先遣使臣往彼通好則示彼以弱適啓其輕侮之心萬萬不可也

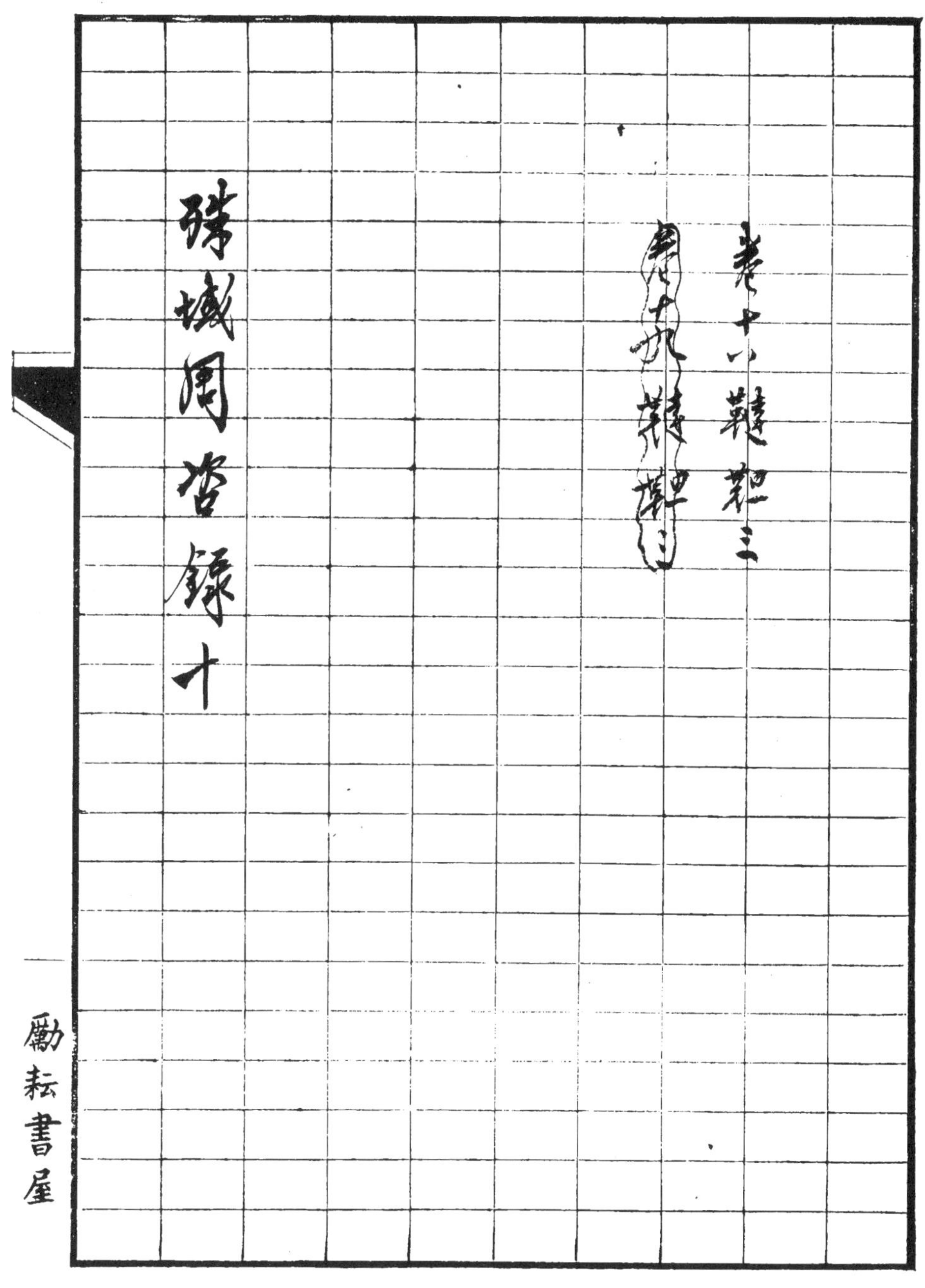
殊域周咨録十
卷十八韃靼三
卷十九韃靼四
勵耘書屋

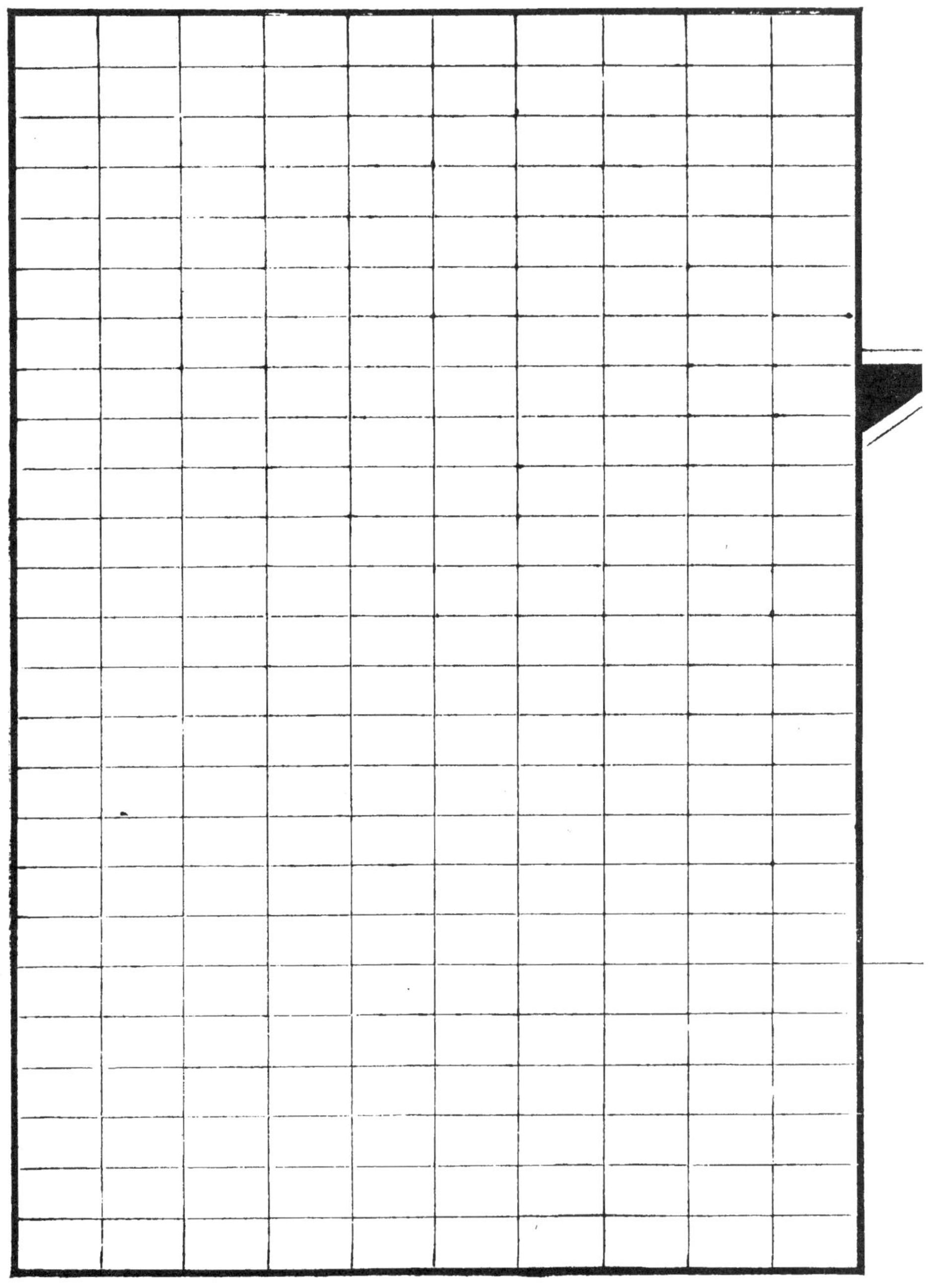

殊域周咨録卷之十八

刑科右給事中行人司行人嘉禾嚴從簡輯

揚州府學訓導彭大翊

江都縣學訓導王[illegible]汝[illegible]校

韃靼

景泰元年正月朔上皇在虜營寫表祝天行禮也先迎上皇幸其帳宰馬設宴上皇書至索大臣來迎命公卿集議廷臣因奏請遣官使北賀節進冬衣上謂必能識太上者始可行群臣懼謝罪繳納原奏事遂寢　先是獨石等八城為虜所據邊將皆走還京者亦有被徵入衛者及虜自居　關出京師解嚴被徵者當遣還大

臣有奏留邊將守京師者兵科給事中葉盛言今日之事邊關為急徃者獨石馬營不棄則六師何以陷土木紫荊白羊不破則虜騎何以薄都城即此而觀邊關不固京師雖守不過僅保九門無事而已其知如陵寢何其知郊社壇址何其如田野之民荼毒何宜急遣回邊將固守宣府居庸為便朝廷從之命昌平侯楊洪至宣府行理障塞

北虜入朔州大同守將郭登敗之於栲栳山初賊入境登率兵躡其踪行七十里至水頭日已暮休兵以覘之夜二鼓東西沙窩賊營自朔州掠回登召將士問計或言賊衆我寡莫若全軍而返登曰我軍去城已百里若一退避人馬疲倦賊以鐵騎來追難以自全即按劍起曰敢言退者斬於是徑薄賊營天漸

明賊以數百騎迎戰登奮勇先驅畢後繼呼聲震山谷登射中二人手刃一人遂大破其衆追奔四十餘里至栲栳山斬首虜二百餘奪回被擄人口牛馬弓刀器械以萬計捷聞賜勅褒美進封定襄伯食禄千一百石與世券　登武定侯子興之諸孫也初以舍人從侍郎金問學先夕金夢一緣虎拜其前怖寤翊日登往拜之衣綠金書留卒業門下記誦詞章勝逢掖之流騎射無不精馭軍行師一祖兵法廉而尚謀有古良將風文武全材為本朝之冠及己巳之變登欲自大同率兵勤王以蠟書馳奏有曰忠誠功已敢忘報國之心成敗在天不負為臣之節奏至賊已退識者壯之及是果有是捷正統以來為邊將戰功第一　叛臣喜寧伏誅寧陰

懷二心上皇深患之時校尉袁彬久被眷倚寧甚忌因誘彬出營舉刀欲殺之上皇急救乃止至是四月彬與上皇謀將遣寧傳命入京講好先使軍士高鑾導路賫書繫鑾髀間令至宣府與帥臣為禽計守備萬全都指揮江福得書因厚賂鑾且與盟曰功成歸汝汝第毋泄姑待益兵至乃可為也隨請於參將楊俊俊遣騎兵伏野狐嶺關旁鑾迎寧及所隨百餘騎至福令指揮胡觀孫素率壯士裹甲執鐵且自出關見之因紿寧下馬寧難之福再三懇請乃下馬福又為畏懼狀請退兵隊寧揮少卻福目壯士禽之關內兵鼓譟而出虜騎馳適併禽數人以獻也先謀始漸懈

按喜寧之禽土人皆謂出自江福而本兵故牘率以為楊俊功

蓋福會請兵於倭而倭之氣勢又能掩而有之耳功成倭受上賞不以及福而福亦不以自明非得事上之忠保身之哲者曷足以語此

也先遣知樞密院阿剌為書及參政完者脫歡齎書文赴京講和是特韃靼政事皆也先專之其兵最多脫脫不花雖為可汗兵稍少知院阿剌兵又少衆虜鼎立外親內忌其合兵南侵利多歸也先而弊則均受反欲和恥屈意而陰使阿剌等來言於是禮部會奏議和事議亦勸答使盡禮可紓邊患耳乃陞都給事中李實為禮部左侍郎羅綺為大理右少卿充正副使以行勅書既下惟言報禮不及迎復實驚訝詣內閣白之遇太監興安被詰曰爾奉黃

紙幹事他何與焉寶等遂偕虜使北行時上皇在虜音問不通者一載也先以下見上皇皆行臣禮每二日供一羊七日供一牛為御膳薦女弟侍寢上皇不納寶綺往首至伯顏帖木兒營見上皇次見也先與議迎復也先許之

李實詩曰萬里窮荒極遠遊風凉露冷正高秋山川野宿渾忘險飲腹腥羶自解愁駝馬連營勞饋餉犬羊夾道喜歌謳虜酋悔過重朝貢早奉鑾輿復帝州

重整衣冠拜上皇偶聞天語甚凄凉腥羶充腹非天祿草野為居異帝鄉始信奸臣移國柄終教胡虜叛天常只今天使通和好翠輦南旋省建章

貿騎還未入關而脫脫不花亦遣使通好邀人偕往朝廷復議遣使迎駕諸人皆憚往鴻臚寺卿楊善慨然請行曰此為臣效命之秋也命為左都御史往報也先聞其至密遣一人若接伴者私來見善問向日土墓王師何以不戰而潰善語以故且曰汝勇幸而得勝未見其福也因語以嗣君聰明英武納諫如流盡集群策所以勝虜者歷道之其人辭去潛告也先次日善至其營也先問往日拘留使臣減馬價之故善曰汝尾刺使臣進馬前者不過三十人今多至三千餘人我朝各賜織金襲衣為欲思享于汝也臨行又加賞宴可謂拘留之者若是乎間有在中國為奸為盜懼其歸而得罪故亡去耳豈中國拘留之耶若馬價之減亦自有說汝

前日以書與中國使臣王喜寄送其宮誤投吳良遂進之朝後其
宮懼究乃結權臣言所進馬非正貢故減其價又竊語汝使臣曰
事出吳良蓋欲汝仇害良也豈謂汝果中其計乎也先曰然此事
果為小人所搆善曰汝為大將聽小人之言忘大明厚恩擾害我
中國虐殘我人民上帝好生汝何好殺恐得罪於天耳今日和好
如前早出號令收回蓄軍則上天可不發怒降災也也先笑曰善因
問上皇回時可再登極否善曰天位已定難再更易也先曰此堯
舜何如答曰堯禪位於舜今日上皇傳位於皇帝古今一道也伯
顏請留善更遣人往問須上皇復位則歸之也先曰向我邀中國
大臣來迎今至而不與迎失信在我不可平章昂克問善汝來迎

駕用何物善曰苟用物來是公等貪利非美名也若徒手迎回非公等平日有仁義順天道何以能然是古今好男子他日吾書之史册萬世稱述矣也先大悅曰為我好書之次日也先宴上皇為餞自彈琵琶妻妾奉酒善侍立於側也先言於御前請善坐上皇命之對曰雖居草野不敢廢君臣禮也先顧羨曰中國好禮數明日宴使臣伯顏餞上皇宴使臣如其兄次日駕行也先率衆酋羅拜而别伯顏領眷兵送至野狐嶺痛哭别去仍令五百騎送還宫道中昂克因朧田亦追至獻一麞

李文達公曰此事雖由也先累受國恩一念之善不可過向非使臣負忠義之氣發於言詞應對不窮聳動觀聽陰折凶頑開

其向善之心則彼未必不猶豫遲留要索重利往復再三安得一旦慨然無疑以出　乘輿於不測之境哉若宋屢使奉迎徽欽不得祇見其辱耳嗚呼使臣若此千載一人而已

按上皇回鑾固天命有在亦人謀之善也當時苟無于少保折衝禦侮力引社稷為重君為輕之義主戰不主和則送駕之日已先墮虜彀中和而不就始戰戰而不勝則危矣國事已去安望其回鑾也且夫宋二帝之不歸由於祈請之不已漢太公之得返由於分羹之一言譬如仇敵執大家之質而索之贖大家竟欲弃之待訟而取期於訟之必勝而不期於質之倖還則仇人知留質無益不若不待訟而歸之之為思此也先一隙之明也

上皇至懷來將抵居庸群臣同禮部議迎復儀注王文忽厲聲曰黠虜豈誠直彼不索金帛必索土地有許多事衆素畏文皆相顧無復有言者胡濙獨具儀注送內閣上皇至唐家嶺遣使回京詔諭避位百官迎於安定門

按建文時節義之士相踵視死如歸至正統景泰間未五十年也土木之難未聞皎然死節如所謂南朝李侍郎者豈亦建文末年摧抑太過而士氣不無少挫邪噫此事士氣之所以當培植也

工部尚書石璞來督宣大軍務勑曰鎮守以下悉聽節制

此文臣總督各邊軍務之始又以都御史鎮守鴈門偏頭寧武

關後用山西巡撫萬之蓋度支責之户曹贊理歸之巡撫而復以機宜進退付諸一人所以置諸將之發蹤合兩鎮之機權也

冬十二月楊洪至宣府上言獨石八城俱宜修復然須責委任事之臣專督其事事下會議禮部尚書王寧以為宜且棄置以俟餘日專力永寧懷來以通宣大少保謙抗疏曰獨石諸城外為邊境之藩籬內為京師之屏蔽不可自委以資仇敵尺寸進退之機安危治亂之所係也且當干戈擾攘之時尚宜慎守封疆況于平居無事之際而可自蹙土地耶上意大決乃詔都督董斌提督獨石馬營雲州鵰鶚赤城龍門長安領李家莊諸城工役

此所謂口外八城堡也失之于楊俊而復之于董斌內而肅懋

文壯之執議外而楊洪朱謙之圖畫不可誣也今八城為宣府北路雖稱孤縣而所以屏蔽鎮城聲援京國者實重且大矣於戲由是而及開平而大寧固不有深思乎善哉少保之言曰尺寸進退之機安危治亂之所繫也

初都督孫安久廢薦起之議授方畧令率兵度龍閼且戰且守以復八城由是八城完固如初

三年有被虜女子回言在虜營時聞虜議南侵女子涞水縣人少保謙曰是必也先去歲也先入寇抵涞水而此女子被虜今言營也乃請命遊擊將軍石彪雷通屯宣大且言事如少急請身至懷來相度方畧

按先輩慎于機宜且身請行軍不恤勞悴如此

京營兵來輸宣府餉十萬石給脚價以右僉都御史李秉參贊宣府軍務
總督邊儲僉都李秉請銀三萬兩買牛給貧之軍民耕種秋成償
其價軍民樂業邊餉克足時北虜以剽掠男婦易米朝議每大口
米一石小口米五斗虜不從秉曰重物而輕人也每口與米一石
總兵官以為礙例秉曰何忍使我赤子為夷人耶專擅之咎吾任
之悉如數與之後聞上以秉為是　城白陽常峪青邊張家口李
秉上議曰獨石諸城可以無患白陽青邊諸處內近宣府外通沿河
十八村實為要地宜增築城堡總兵官紀廣堅執以為非宜詔責
讓廣從秉議於是悉城秉上言尚書石璞總督時揀選鎮兵分為
三撥以次接戰然分數不明强弱間置欲行再閱付其名實仍為

三撥以備調遣上從之

按兵莫善于奇正之相生而莫不善于應援之無繼夫鷙鳥之擊也必伏其形蜂蠆之螫也不盡其毒古人因敗以為功始却而終勝者其機皆在此也是故連營七百里伏終不行百萬壓淮淝一敗塗地何者勢露于悉陳力止于一擊也三撥之說余于是乎有取焉

詔參政葉盛贊理獨石軍務獨石諸城屢事修復未見安輯盛乃上興革事宜八條行之軍民大便盛復請官銀五千兩買牛千餘頭簡戍卒不任戰者俾事耕稼歲課餘糧于官凡立社學以教子弟置醫藥以濟疾病立義塚以瘞死亡設煖舖以便行旅均疏圖

以給將士皆于餘粮取給制度品式纖悉具備由是獨石雖懸遠屹然巨鎮矣

按克是以為開平謀亦何不可是故陽武之見武人也

又按宣府督餉自主事王良之後繼者卒不得人後雖遣重臣亦不能為邊人信服如良至是衆議舉盛來督軍餉盛來而鎮始鎮也

置分守大同西路參將駐平虜城屬以平虜朔州二坪三城　秋七月謫罪人來實獨石少保謙議發罪因充軍者於獨石諸城逃者覺察之併罪居庸紫荊提督官

募罪人來宣大輸粟雜犯死罪二十石三流徒三年十六石餘遞減有差　召大同總兵定襄伯

此篇接第八頁第二行接第卅頁　上

北段另卷重出，已見前葉之末

田此行起至後半頁第四行一段應在上頁「居庸紫荊提督官」句之下「募罪人」之上

郭登還朝先是登上疏曰往者承平日久人心驕逸官無廉恥惟肆貪婪釀成汚濁之風致有夷狄之禍又曰虜勢雖云請和變態豈能預度倘或渝盟則大同一鎮首先受敵及今無事之時若不早為措置一旦賊至又似前日手足無措中國受侮已深邊事豈容再壞正欲大興屯田以病召還後天順中以前在大同對虜言中國已有主謫居甘州革伯爵

募罪人輸通倉粟至宣府赤城又募宣府罪人輸隆慶倉粟至龍門兵部侍郎王偉往宣大稽軍餉偉為少保謙所知單分守木

田此「兵部」另起一行，底一格，以接下頁「御史白」

用。

虜犯朔州平坪等城秋七月謫罷

人來寇獨石少保謙議發罪囚免死者於獨石諸城逃者歸寨之

四年北虜也先弒其主脫脫不花併其

此段原本亦書上

部落遣使入貢自稱大元田盛大可汗朝廷欲答詔而疑所以稱之者命群臣議禮部郎中章綸言可汗乃夷狄極尊之號今以稱也先則非宜若止稱太師恐虜酋慚忿宜因其部落舊號稱為瓦剌王庶幾得體從之

召大同總兵定襄伯郭登還朝先是登上疏曰往者承平日久人心驕逸富無廉恥惟興金帛釀成污濁之風致有夷狄之禍又因虜勢雖去請和變態豈能預度倘或渝盟則大同十鎮首先受敵及今無事之時若不早為措置一旦賊至必似前日手足無措中國受侮已深邊事豈容再壞臣欲大興屯田以病召還後天順以前在大同對虜言中國已有主謫居甘州革伯爵

募罪人輸運倉粟至宣府赤城又募宣府罪人輸隆慶倉粟至龍門

兵部侍郎王偉

往軍大稽軍餉僃為少保讓所[illegible]以御史遷兵部職方司郎中一時奏牘多所草定讓引使佐己至是擢侍郎出視軍餉偵察訪夷情審度形勢碍具方畧付讓所託時議重之

冬十月北虜入貢少保讓曰今次入貢既由甘肅大同復由宣府獨石而來則是各處道塗俱有虜通伺門窺隙可慮為甚請行邊將飭備

按當反覆景泰之事而知少保公之烈也止議以排紛虛已以應變審間以謹微三者定而國勢尊虜情得

中興之基固矣夫禍莫大於主出國危自金人以和愚宋數百年來賢智淹首無能自奮已已之變公獨排和主兵罷遷置守劾失律以警人心倡死節以伸大義故當時中官邊將一言及和則抗章論之

乞正刑書外為有君之辭内寓不和之間是故正議一申而義徒之氣凜然也及夫乘輿既反虜使來廷納馬奏章一切不拒雖邊塵之警日奏于耳而繒幣錫予聊不少靳豈不以兵交使存臨機用間彼狡黠之紛紛固不足弛我之備守是故虛已以待而虜之情偽昭然也乃若察虜口之言策也先之南下因分貢之跡慮窺伺之有謀公豈一日而忘懷哉論者謂公志切于圖存而心懈于返躍勇奮於援戰而智短于紆謀可謂以形似論也

叛賊小田伏誅田邊人降虜也先信用之視喜寧侍郎偉既至邊受少保讓容計圖之至是田隨虜入貢偉親至陽和城納之因其

行獨後伏勇士于道執斬之紿曰彼思其親七去虜不疑邊擾大息

五年置協守宣府副總兵官分守宣府北路參將初諸將列銜不一珮印者稱總兵官亦有稱副總兵者北路初稱鎮守景泰間稱提督至是始定宣府自鎮守總兵官外置副總兵一員統奇兵稱協守北路置參將一員稱分守駐獨石屬以口外八城堡北路後增屬滴水崖青泉鎮安鎮寧金家庄牧馬諸堡置分守宣大布政司歲差山西布政司參議各一員分守後專除

詔鴈門偏寧三關番休戍卒正統末以邊塞多事鴈門戍卒至萬九千人皆振武衛民及大康民壯長役不休時以為苦鎮守都御史朱鑑請分番不許至是虜寇稍寧少保謙乃上啓宜聽其便從之虜雖和議屢

其未革心益為安內攘外之策永樂以來安置降胡於河間東昌境內生聚蕃息驕縱莫馴正統初御吏部主事李賢建議比留五胡欲……國家銷此積久難除之患不從及也先入關果有欲乘機騷動者讀因南征苗寇舉其有位號者以隨事平遂奏留其地都督楊俊議奏悉調撥內外軍馬出塞征虜讀謂如此則京師各還一切空虛若犬羊聞之以重兵迎截我軍牽制分兵從間道剽掠所在城池何以禦之進退之間兩有所礙此豈全勝之道上䟽阻其議

三年也先遣人來獻捷初也先強盛欲為可汗輒又劫勃普化普化正室也先姊也有子不得為太子而以他妻子為太子也先諫之不從顧攻也先也先不得已與戰敗之普化率十餘騎

追去也先盡收其妻妾太子人畜獻良馬二匹奏捷命宴其使賜釦幣十月也先遣人來貢朝馬請命使往來上曰正統中緣使臣往來搆隙幾危宗社令聽虜使朝貢優其賞宴便遂勅邊鎮練兵防虜　宴瓦剌使臣二千九百四十五人於禮部令人得買瓦剌使臣馬瓦剌使臣携昔所虜中國男女百餘人至會同館詔諭人與贖彩幣二表裏使臣初詐言普化并也先令携還中國人已乃匿不發贖絶十二三　少傅王直請答使瓦剌下兵部議言臣職兵戎知戰而已若賊渝盟敢為悖逆當肅將天威往正其罪遣使事不敢預議制曰使勿遣是冬也先及其諸酋乞黃紫織金九龍紵袍綵及金酒器藥材顏料藥器佩刀諸物禮部言龍袍金器非所

宜用但興藥材諸物當是時也先使每至京幾千人出入驕恣毆守衛掠人財物至欲騎入長安門稍稍約束即彎弓持刀奪馬殺人通事都督昌英每好語阻之不聽輙侮罵

四年勅瓦剌太師曰太師求答使朕恐使者交搆彼此懷疑以故不遣太師遣人多二次三千餘人邊將豎請謝絕朕念太師忠義姑聽使人入京自後可少遣太師并各頭目差正副使二十二人陞都督都指揮千户等官賞銀廂犀帶九級花金帶九素金帶三花銀帶一其三千餘人責馬貂鼠皮賞織金綵表紵絲二萬六千四百三十二緞九九萬一百二十七衣靴帽萬諭太師知之

也先攻敗普化奔兀良哈依沙不丹沙不丹殺普化也先遂自立為可汗盡殺故頭目

苗裔敎白馬九黑牛五祭天期八月入西番寇我甘涼十月也先遣哈只貢馬貂鼠銀鼠皮書稱大元田盛大可汗田盛華言天聖也末書添元元年中言往元受天命今得元位盡有其國土人民傳國玉寶宜順天道遣使和好庶兩家共享太平又致殷勤太上皇帝上以書示禮官會議荅書吏科都給事中林聰言也先不敢輒稱可汗使覘中國若輒從其稱長縱逆賊仍其故號激怒犬羊乞勑其來使歸語也先以華夷之分順逆吉凶之道庶不失國體安遠侯柳溥言宜仍稱瓦剌太師否且絕其使彼犯我邊塞即興師致討儀制郎中章綸言可汗二字在中國固為戎狄酋長之常稱在戎狄則為皇帝之位號觀其稱唐太宗為天可汗元世祖為

成吉思可汗可見矣向者脫脫不花為可汗乃其世傳所稱名猶近正也先弑主僭稱名實大舛今若因而稱之彼以為中國天子亦稱我為可汗誇示群酋群酋畏服無復携貳益窺中原後禍未測仍其故稱彼必慚怨益肆侵擾均為不可莫若賜勑封為敬順王或稱為瓦剌王便上曰也先雖桀驁亦能敬順朝廷宜如議稱瓦剌可汗上遣勑文武督兵大臣也先擅易名號其所遣使從大同來或從宣府甘肅來奸計叵測京師備禦不可不嚴爾等其選兵訓練條上長策聽便宜行事并勑沿邊城守戒嚴先是于謙上議京師三營雖各有總兵號令不同一遇調遣湊撥兵將不識或至誤事乃于三營馬步官軍選擇十五萬列為十營團練制度及

此吏部侍郎李賢議請造戰車，參預機務侍郎商輅議請發遣外軍各回守邊守關，給與原舊田土屯耕，皆從之。

李賢疏曰：臣觀今日軍中有拒馬木，止能拒馬，不能避箭；挨牌能避箭，又不能拒馬；惟有所謂戰車者，不但能避弓馬，又有取勝之道，馬火鎗是也。近日乃不能以此取勝者，非火鎗之過，用之者不得其法耳。夫使火鎗者，須要先遮其身，以壯其膽，然後發而中；不然，畏其箭來，手足失措，雖能發鎗，不暇取中矣。臣觀車制，四圍箱板，內藏其人，下留銃眼，上開小窓，長一丈五尺，高六尺五寸，稍後左右橫排鎗眼，每車前後占地五步。若用車一千輛，一面二百五十輛，約長四里，四面共長十六餘里。欲行則

卷十八　十四　海學山房

行欲止則止謂之有脚之城内藏軍馬粮草輜重以此禦敵使其馬不能衝陣箭不能傷人彼若近前則大礮齊發而奇兵继出彼若遠避則我勢自張我威益振中國長策莫善於此

商輅疏曰宣大獨石營等處官軍在邊年久屢經戰陣正統十四年因虜賊侵犯漫散逃奔至京或有軍頭帶領而來者久已偷安内地却令各處調發官軍及河南輪班官軍在彼戍守此屬既無室家可恃又無田土可耕因循度日懸望更替欲為久遠之計難矣若復姑息因循不行發遣則邊境城臣愈見空虚設有賊至將何倚禦臣又訪得永平等關口守禦官軍精壯所在人民皆安業而紫荊倒馬諸關官軍怯弱關内人民不免驚

疑蓋永平等處係本上官軍而紫荊倒馬等處係客兵所在衣食不給畧無顧戀於彼者賊寇若來不過為逃遁之計而已然此事屢有言者而本部未即施行其意蓋謂京師根本之地宜留保定等城精鋭官軍戍守而京軍脆弱可撥遣至彼守關殊不知方今急務守邊為上守關次之若徒守京城此為下策何也蓋邊方失守則關隘警急關隘失守則內地人民將望風流移者縱有京師軍馬虜寇在邊亦何所施臣又訪得關外田地極廣惟屯田軍士地畝已有定額其守關守城軍非但無力耕田雖有餘力亦無可耕之田推原其故蓋附近城堡膏腴者先年在京功臣之家奪作莊田已久空閒者彼處鎮守總兵參將

等官占爲巳業每歲私役軍夫撮借官牛等項耕種獲利夫且耕且守古人如漢趙充國諸葛亮晋羊祜皆巳行之今日守邊之要莫過於此

尾剌使臣進玉石九千九百斤御令自售也先弟遣人貢馬自是稍出入東西塞上為寇不復深入時也先新立恐諸部不從亦欲與中朝通好貢市往來然數年賞賜虜費不下百萬計

八年邊報比虜欲寇京師時上不豫前廢正統長子立巳子見濟後見濟病故儲位未定百官問安太監興安曰徒問不能為社稷計於是科道奏立東宮不允諸衙門又皆會議學士商輅主筆請復立茂陵本具閣下召石亨會本亨曰上病且休激他蓋十

三日亨召至榻前面受代行郊壇之禮故知病重也時亨意以復
立東宮不若請太上皇復位會都督張軏太監曹吉祥合謀同扣
太常卿許彬彬曰此社稷功也雖然彬老矣無能為盍圖之徐元
玉軏亨等從其言是月十四夜會徐有貞有貞曰太上昔日出狩
非以遊畋為赤子故爾今天下無離心謀必在時不知南城知此
意否軏等曰兩日前已陰達有貞曰必伺獲報乃可啟議軏等去
兩日夜復會有貞言報得矣計將安施有貞乃升屋覽步乾象亟
下樹軏等皆曰時在今夕不可失遂相與密語已而軏云今虜騎
薄都城奈何有貞言正宜乘此以備非常為名陰內兵入內誰不
可者軏等首肯之倉皇以出有貞焚香祝天與家人訣曰事成社

禝之福不成家族之禍遂往會軏亨吉祥王驥楊善陳汝言等收諸門鑰夜四鼓開長安門納兵近千人宿衛官軍驚愕不知所為有貞命仍鎖諸門曰萬一內外夾攻事去矣鎖迄有貞取鑰投水竇時天色晦冥軏等惶惑有貞輒行軏顧謂曰事當濟否有貞大言時至矣勿退薄南宮城門鐵錮牢甚扣不應俄聞城中隱然有開門聲有貞等命取巨木架懸之數十人舉撞城門又令勇士踰垣入與外兵合毀垣垣壞門啟城中黯然無燈火軏等入見太上燭出謂軏曰爾等何為俯伏合聲請陛下登位乃呼兵士舉輦來兵驚懼不能舉有貞等助挽以前掖上皇登輦有貞等又自挽以行忽天色照朗星月輝光上皇顧謂有貞等卿為誰各對官名有

貞等前導審通屬東既升奉天殿諸臣猶在輦前武士以推擊有貞上皇叱止之時黼座尚在殿隅諸臣往推之至中上皇升座鍾鼓鳴群臣百官入賀景帝聞鍾鼓聲問左右云于謙耶左右對曰太上皇帝景帝曰歌歌做好上既復辟即日命有貞為副都御史兼翰林學士明日陞兵部尚書掌内閣事三月封武功伯。

誌載錦衣衛指揮盧忠初有南城復辟之言頗洩又嘗屏人請卜者仝寅筮之寅叱曰是大凶兆死不足贖忠懼乃佯狂為風狀學士商輅與太監王誠等言盧忠是箇風子豈可聽信他壞了大體傷骨肉之情後追問忠果謂供養真武得其通報以妄言狀伏誅寅山西安邑人少瞽而性聰警學京房易占斷多奇中

名聞四方正統間客游大同上皇既北狩隂遣使命鎮守太監裴當問寅寅筮得乾之初九附奏曰大吉可以賀矣龍君象也四初之應也龍潛躍必以秋應以壬午浹歲而更龍變化之物也庚者更也庚午中秋車駕其還乎還則必出勿用故也或躍應焉或之者疑之也後七八年必復辟午火德之王也丁者壬之合也其歲丁丑月壬寅日壬午乎自今歲數更九躍則必飛九者乾之用也南面子衝午也其君位乎故曰大吉既而也先復入寇京師戒嚴寅時在石亨幕下亨問休咎寅筮之曰無能為也且彼氣已驕戰之必克虜果敗去踰年也先欲奉上皇南還時率以為詐寅力言于亨曰虜人順天舉義我中國反矢奉

此破頁。上接第十七頁、下接第廿四頁

迎之禮獨不為夷狄笑乎亨遂與于謙協議遣使虜果奉乘輿來歸觀此則曆數所歸有開必先誠不可以人力爭也或謂上北狩時宜奉太子居攝謙非見不及此蓋以社稷為重若太子居攝則父為重是不以金注而以瓦注竟致社稷獲安而上皇得以復辟者寔權輿於是也然城南之錮已昧子臧之節易儲之舉益滋移臂之謀而委任權力之重如于謙者顧獨無一言全牌之禍恐亦不當獨罪徐有貞也

逮巡撫大同副都御史年富下獄尋令致仕時富還京責起于行伍之微陞至大將能與部下同甘苦凡出境擣虜衣粮器械皆自賫不役一人臨陣則挺身奮擊子弟士卒如蟻附以死向敵敵皆

由卷十八第十七頁後半第六行第二字起至至廿三頁後半頁第四行第廿字止。版本多。

披靡用是立功惟不知書短於謀畧必得軍師而後成功然能忘已之勢聽人指揮畧不較守河西以功封為定西伯亦名將也令大同宣府遼東陜西沿邊空閑田地許官軍戶下人丁儘力耕種免納子粒

三年宣府置巡撫都御史李儀首任儀素持正至鎮行伍肅然

七年以遼東守將數失機命都御史王翺提督軍務至鎮守將以下庭叅翺詰責玩寇之故將斬之再三祈哀乃釋於是三軍莫敢不用命踰月行邊自山海關直抵開原高墻垣深溝塹五里為堡十里為屯烽燧斥堠珠連基布千里相望仍簡閱戍卒更其老弱謂邊境不可以法律治凡詞訟無問輕重以布絹穀粟量罪準贖雖人命亦許贖之曰償命無益死者之家財或足

卷八十 由前半頁第一行第一字起 至後半頁第三行第二十三字止

以濟其用行之不疑在邊數年措置粮銀馬足數萬邊用充足器械鮮明八年乜剌順寧王脫歡死子也先嗣也先同普花可汗遣人貢馬自脫歡殺阿魯台併吞諸部勢浸强盛至也先益横北邊自此多事矣　十二年羅亨信在宣府上言也先窺伺釁端圖謀入寇宜豫於直北要害增俻不然恐貽天患中官王振專國議寢不行　以楊洪為宣府總兵官洪初破虜阿台於塞下封昌平伯　十四年秋七月北虜寇獨石馬營楊洪之子俊為獨石馬營守俻懼不敢戰乃棄城而道虜遂陷其營

按天順多事昌平馳驅然而土水之變根於此路之不守由於楊俊之失機　故楊氏有餘誅也

虜寇雲州永寧守備孫剛谷春率兵來援戰不利入城縊死城遂
陷剛齊東人春宣官時官軍死義者吏九十餘人　先是有二使
至虜通事馬清馬雲其一人將還時也先作番樂舉宴餞之謂也先曰公
等惟識此寧知中國歌唱婦人笙簫細樂之美我他日來乞一班
以賜汝也先聞而喜其一人因也先

先雲擁陣圖闕城笳鼓應山呼本朝冥厥歸唐室誰信單于襲
漢符戰士忘身皆效死元戎討賊尚鸞張
皇明踐祚天威重擒虜何當一獻俘也先復以上皇北去也先出
居庸伯顏帖木兒營上皇出紫荊關連日雨雪上下艱難遇險則
袁彬執控哈銘隨之既入虜境也先來見宰馬披刀割肉燎以進

云勿憂終當送還食訖辭去　脫脫不花遣使來獻馬議和朝廷却之胡濙王直言不花也先君臣素不睦宜受其獻以間之上從其言使人入見賜衣服酒饌金帛視常年有加　初報也先逼朱謙於關子口又明日報追石亨於鴈門關言者謂宜急發京軍往援于謙料虜不能持久奏上方畧密授朱謙等仍令各营設伏兵為邊援先聲待報虜果出境

按自土木陷駕邊報絡繹訛言萬端事情百出謙攝兵部先事預防折衝制變京師復安者謙之力也可謂不動聲色而措天下于太山者矣

初邊城多陷宣府孤危朝議復召宣府總兵官入衛京師人心皇

皇或欲遂棄其城衆紛然就道都御史羅亨信不可伏劍坐當門拒之下令曰敢有出城者首斬之衆始定城中老稚懽呼曰吾屬生矣因設策捍禦督將士誓死以守虜知有備不敢攻賴以保全亨信之力也

初先府總兵楊洪生長在邊起于行伍歷陞都督掛印紀律頗嚴士卒用命為人機警有權畧兵行出詭道善于刼营自宣德以後虜人與中國和好未常大舉擾邊或有出臘行刼者多不過百餘騎少則數十騎而已洪每出其不意擣其虛取勝虜人畏之呼為楊王至己巳也先大入經宣府洪莫知為計閉門不出朝廷聞逮洪係獄至是釋之使自効洪乃與孫鏜萬廣等擊餘虜于涿州等處至固安大捷捕虜阿歸等四十八人斬首四百

以下爲原鈔本一頁止處與下葉不屬

餘級邀還俘掠人萬計

按虜犯統幕洪能自後衝之必無是敗洪竟不顧英皇至城下呼之亦不出及虜逼都城始與遼東守將曹義被召同赴闕適虜退終不能挫賊鋒朝廷念其宿將與右亨偕受賜賞爵洪昌平侯亨武清侯亨既敗虜名動四方後虜衆見邊人必稱曰石爺爺洪子俊以翁喜寧功進秩都督改東路叅將巡哨懷來擅調示寧官軍千懷來守備示寧西城門砌塞于讒劾其方命專擅作威福詔宥不問又以私怨杖殺都指揮陶忠洪懼禍奏取俊還京隨營操練既至讒併劾其獨石棄城喪師懷私捶死邊將之罪請非誅俊無以示戒將奏來兵科給事中葉盛等亦劾

之於是逮繫法司議罪斬于市

又按初文皇時有皇甫仲和者精天文推步之學與袁忠徹俱從親征至漠北不見虜至上意疑欲還師召仲和占之曰今日未申間虜至自東南方王師始却終必勝召忠徹問之皆如仲和言上怒二人朋欺戒之曰虜今日不至皆死伺之日中復召二人上對如初頃之虜大至上登高望之東南我師已却總兵譚廣率精兵舞牌斫其馬足虜敗去至是己巳仲和老矣大學士曹鼐與鄰居以親征事謀之曰胡王兩尚書率百官諫可止乎仲和曰不能止也紫微垣諸星皆動矣以老夫計之當先治內而後行曰已有旨其監國其從仲和曰不如立儲君曰東宮

自下為原抄本一葉止處與下葉文不屬

尚　仲和曰恐終不免于患及虜逼城下城中人皆哭仲和登高望謂家人曰雲頭不向南予大將氣至虜將還矣明日楊洪等入援虜遂遁觀是雖其術之神妙亦可見國家安危胡虜盛衰自有定數非人力所能為但在君相則不可言命耳内脩外攘人定勝天強為善而已

初喜寧既道也先入關復嗾六七大臣議和索金帛以萬萬計禮部使往問于謙謙曰今日止知有命其子勸之酒謂也先曰好與中國結親吾歸與朝廷言贊成之也先喜附進馬三疋為儀然二人實誑之先後歸皆不敢奏也先缺望深怨朝廷乃欲託他事以起邊釁至是年例進馬也先遣使則多報人數以窺朝廷王振怒

其詐拘留其使減去馬價也先益怒合諸部大舉及陷獨石勢益急王振擅命跋扈歲久至此不復與大臣議挾天子親征廷臣大小上章論利害懇留不從次日即行扈從臣僚皆忙迫失措人情洶洶駕出居庸關連日風雨至宣府會暮有黑雲如繖罩其營雷雨大作人馬滿營皆驚隨駕大臣連疏請還宮振益怒俱令略陣吏部郎中李賢與三五御史約謂令天子蒙塵六軍喪氣無不切齒於振若用一武士之力執振捽其首於上前數其誤國請遣將率師往救大同而後駕可回也欲謀於張輔不得間而止至大同振欲出塞未已會偏將西寧侯宋瑛武進伯朱冕出禦全軍皆覆没車駕幸王振故宅鎮守中官郭敬密言於振車駕勢決不可行

振始有回意明日下令旋師至晚雷雨滿營又連日皆雷雨大同副總兵郭登請於學士曹鼐張益謂車駕宜從紫荆關入可以避虜鼐益入奏既而令下入紫荆人情大安行四十里忽折而東蓋振聞輜重被虜所遮乃麾軍復由故道耳遂遣張輔率兵五萬迎虜冒入鷂兒嶺為虜擊死車駕至狼山土墓日尚未晡去懷來城二十里欲入保懷來振輜重千餘輛尚在後未至駐土墓以待之駙馬都尉井源成國公朱勇復前敗身師居喪營中將領不識地利遠絕水路人馬饑渴掘井深二丈無泉虜四面薄擊兵士爭先奔走行列大亂勢不能止上與親兵棄馬突圍不得出虜擁以去扈從臣僚死者尚書鄺埜王佐曹鼐及行人司司正尹昌行人羅

知下為原抄本一葉末處與下葉文不屬

如墉等百餘人虜獲輜重無筭自謂出望外
按英公歷事四朝為元老上將自王振盜權專橫與三楊皆避
禍不以國家安危自任言於
皇太后請誅之由是國命皆歸於振己巳親征心知被參將石彪
奏害遠繫至京上問李賢曰年富何如對曰行事公道在彼能革
宿弊上曰此必石彪憚富不得遂其私耳乃遣官體勘無實狀富
遂致仕亨因與張軏等固請盡罷各邊各省巡撫及提督軍務等
官從之　天順元年戶部郎中分詣各鎮督餉兼理屯田自是郎
中督餉遂為定制初有謂王振陷虜中反為虜用者振族誅第宅
改為師京衛武學至是振黨以聞上大怒曰振為虜所殺朕親見之

追竄言者過實詔復振原官刻木為振形招魂以塟塑像於智化寺北祀之勅額曰旌忠以僧照勝奉其香火

二年夏四月復置巡撫都御史上召大學士李賢諭曰各邊自革巡撫軍官縱肆士卒疲憊朕初即位此皆奉迎之人紛然變更不出朕意今大知其繆卿與吏部王翱舉才能者用之於是賢翱薦白圭王宇等六人倫各邊巡撫

也先荒於酒色又殘忍諸部不悅稍稍散也先益忌哈剌欲攻恐不勝乃召哈剌子飲酒鴆之哈剌子嘔吐覺走出不能行囓指血染箭令其僕持告哈剌哈剌陽不知益敬順也先也先倉皇戰敗走從十數騎遁又恐此數十騎通哈剌半夜又棄此數十騎與二親信走道中饑窘至一婦人所乞漿婦人飲之酪

遂去夫歸婦言狀夫疑其為也先急追及殺之諸部遂分散而孛来㾑王子為雄孛来㾑王子又殺其主小王子入寇陝西　孛来近邊打圍石亨欲領兵巡邊取傳國璽李賢曰連年水旱軍民疲困宜興休息若璽乃秦所造亡國之物實不足為寶乃罷　三年虜寇延綏命忠國公石亨禦之無功而還以罪伏誅亨生方面體長大鬚髯過腹及膝望之若關羽然其姪彪貌亦雄偉鬚長過膝亨彪常貰飲酒肆有相者曰今當平世造化何生此二人亨襲伯父指揮職善騎射提大刀輪舞如飛虎每從征輒敢當先立奇功封侯彪以官舍從亨有功陞大同參將後亨矜奪門功彪恃寵而驕會御史楊瑄劾亨侵佔民田亨疑徐有貞李賢等排陷訴於上

乃詔下賢與有貞并都御史耿九疇等於獄降謫有差有貞仍被亨讚其怨謗發金齒為民由是朝論不平賢再入閣亨與有力而終啣亨矣久之亨干預朝政或乞請大頗上亦厭之賢因發其私言奪門非美名且置陛下於危道而倖其成邀為己功耳非為社稷計也上以為然及亨生子三日命之負見上曰虎兒也佳善撫之朕當與卿結婚姻耳蓋意欲其子為附馬且探亨意淺深也亨不知對曰臣兒無福安敢上笑頷之命賜金鎖繫其項封鎖定侯亨謝負出上由是亦疑亨矣既而彪在大同數侵侮其總兵官總兵官因彪嘗欲城威寧海子遂密言彪潛蓄異志而大同邊人適奏保彪為其鎮總兵官上遂大怒思為殄除計矣無何進彪定遠

俟召令歸為親衛亨覺上疑即令人促彪疾馳入京以解之會北
虜入貢見彪於朝羅拜稱王左右即又密聞而上疑遂不可解密
詔御史按劾即日拿彪棄市籍其家而亨亦逮繫錦衣獄死

南大吉論曰亨雖不學性亦直爽軒豁而無機變之巧當英皇
北狩群胡進圍京城時四方震恐中外戒嚴大將元老束手無
策微亨則國家幾殆然則亨此功雖謂再造社稷可也使其後
無迎
駕奪門之事則威權不赫彪亦何時而驕哉夫何王文
輩希圖富貴頓起異謀遂致亨承內旨率兵迎立功歸臣下威
震朝宁讒媢既作謀孽亦隨當是之時謂亨叔姪特寵驕恣則
固有之若曰大逆不軌蓋亦莫須有耳乃闔門就戮以快仇隙

之心哀哉敢表之以示公論云

又志稱亨門下有瞽目指揮童先手出妖書曰惟有石人不動謂天意有在亨信之乃與其黨盧旺彥敬杜清謀曰大同人馬甲天下我撫之素厚入石彪在彼異日命彪代李文掛鎮朔將軍印北塞紫荊關東出山東據臨清以絕餉道則京城可不戰而疲遂議以盧旺守裏河一帶是年屬冦延綏命亨禦之童先力贊亨成前謀亨曰此事不難天下各處都司除代未週為之未晚也童先曰恐時一失不可復得亨不聽童先私罵曰這廝不足幹大事至是亨死其黨童先等皆坐李賢曰在京武官多出亨門下而亨又握兵權天下精兵無如大同稍有變動内外

14

相應其禍可勝言哉今辨之於早除此大害非上之剛明果斷不能如此而亦祖宗在天之靈有以默相之此論與吉大同正相反蓋賢固亨之仇也但亨與徐有貞共謀殺于謙等亨亦自淪于禍而有貞竟全其首領且有負心術奸憸嗜進無厭首倡南遷之議使當時非謙之定見則社稷不知何如也予謂有負死且有餘辜金齒之行奚足言天道之報哉有負天才絕世尤善天文地理方伎已巳之禍前數月熒惑入南斗丞命妻孥南歸皆重遷公怒曰直欲作達人婦也遂行過臨清數驛而土木敗報至矣其後得寵時常不樂謂所親曰火星甚急俟稍退方可自安未幾竟貶公後居鄉一日語客曰予見天象乎宦官之

禍作矣吾為吉祥所陷今彼之受禍視吾更慘也未旬日而吉祥被誅公初下制獄引鏡自鑑曰面色灰敗吾定不免乃日拱默手請其所奉斗母呪又數日復就鏡曰吾今知免矣迨獄且論決而風雷大作承天門災方瞑晦中或見錦衣堂上有物如豕者七蹲馬蓋斗神所為也公奉斗極誠每日必北向四十九拜初無間寒暑合門不食豕肉沈處士周少被公賞愛嘗從容請其術公笑曰子欲試之乎顧庭中有犬卧馬困取衣珮一人髮圈加於臂以指旋而左犬若被繫輾轉欲絕又旋而右犬安卧如故矣

又公謫金齒過某寺見老僧治果茗遠迎公訝問僧曰吾寺有石羊有異人至則鳴宋時一鳴有蘇相至昨夕復鳴

知為異人來故迓耳

又石亨西征旋師舟次綏陰河中天暝亨獨扣舷而歌忽聞一女子遡流啼哭連呼救人者三亨命拯之絕色也女曰妾姓桂名芳華初許同里尹氏家貧父母逼妾改醮不從故捐生耳亨曰汝欲歸乎為我副室乎女曰願奉箕箒亨納之裁剪烹飪俱妙亨甚嬖幸凡親愛者輒出見于謙時為尚書至其第亨命之出以誇美於公督促相踵女竟不肯出亨怒欲斬之女走入壁中語曰妾非世人實一古桂久竊日月精華故成人類耳于公社稷之器安敢輕詣獨不聞武三思愛妾不見狄梁公之事乎言罷杳然夫于謙有貞忠邪不同而同為鬼物所敬豈非爵與德違尊之驗耶漫紀異聞云

虜孛来寇陜西總兵安遠侯柳溥禦之敗績御史劉濬劾溥溥行賄得釋濬謫官已而虜大熾召溥還奪其太傅

孛来大舉入寇自大同威遠西擁衆南行邊將高陽伯李文素怯懦按兵不敢當其鋒已而虜衆直抵鴈門關代朔忻州一帶四散搶掠砲火徹于京師人民驚疑擁入京師城莫能止上初謂虜不過掠牛羊而去李賢曰京師宜出軍於紫荊倒馬二關駐劄非欲與之對敵一則安撫人民二則使彼知懼不敢深入久停會兵部奏欲遣將統京軍赴大同上曰緩不及事徒勞人馬駐關之説可行於是遣都督顔彪屯紫荊馮宗屯倒馬然虜已有所獲見我軍不動去而復来遂復勅二關之軍赴鴈門人民恃以不恐既而虜亦引去

按魏尚廉范一太守耳能以其民起家人田畝拒匈奴大同自郭登治倫以來號為雄鎮騎卒萬二千餘而李文不能一當其鋒文可誅也賢能叩閽請兵而不能正李文之罪何哉

寧夏總兵都督張太破虜於東壩　虜酋李來寇河西甘涼莊浪等處總兵仇廉敗績虜益猖獗關中震恐遣懷寧伯孫鏜帥師禦之以兵部尚書馬昂總督軍務時太監曹吉祥在正泰間屢出征麾下多達官結以恩惠收為腹心天順初呼召此輩迎駕俱陞峻秩吉祥責官鬻爵漬貨無厭上初不得已而從之後不能堪稍踈抑之吉祥輒懷異志令其姪昭武伯欽糾集所恩謀為不軌會馬昂孫鏜有甘涼之命期七月二日早辭朝欽與吉祥約乘是日殺

昂鐘因擁兵入宮爲亂吉祥居禁中爲內應幸而都指揮完者禿亮風聞異謀時漏下二鼓詣長安門通鐘等潛報于內直先報吉祥將禁門嚴閉欽不知謀洩乃詣錦衣衛指揮逯杲宅前遇杲方出斬首碎屍盖杲亦吉祥所恩之人朝廷委任行志嘗緝欽過惡欽最根故先殺之然後分布諸惡於各禁門待開擁入欽兄弟四五人俱在東長安門李賢四更時到朝房聞搶馬驚亂以爲出征之軍及入房聞呼尋李學士賢方恐未省何事即出至門見甲士數人中一人砍賢一刀適欽至叱退謂賢曰我父子兄弟盡忠迎駕今被逯杲潛毁提杲頭示賢曰誠爲此人激變不得已也賢曰此人生事害人既除之即可請命欽曰就與我寫本進入即令人

挾賢至吏部朝房尚書王翱處就職筆寫成賢拉翱同行於門縫
投進欽見門不開乃舉火焚燒復尋尚書馬昂幸翱等解之及天
明欽上馬呼衆馳往東安門忽孫繼宗孫鏜襲而圍之賢乃得脫
時恭順侯吳瑾左都御史寇深各率軍逆擊俱被殺死至晚大雨
官軍圍欽等於其家盡誅之賢即上疏請急宣旨脅從者固治以
安反側之心是晚吉祥等俱伏誅籍欽等家以賞將士餘黨並流
嶺南追封吳瑾梁國公謚忠莊寇深少保謚莊愍孫繼宗加太保
孫鏜進封懷寧侯馬昂王翱李賢並加太子少保進完者禿亮為
都督餘將士陞賞有差京師有賀三老者欽妻父也先是見欽聲
勢日盛絕不與往來欽嘗欲為求一官力辭不可及欽敗凡姻親

誅竄殆盡三老獲免
按是時有曰萬祺者江西南昌人少遇異人相之曰有仙骨否
亦極貴因留一書與之乃祿命法也於是研精以卜公卿貴人
多奇中景泰間以吏胥辦事吏部衆奇其術授鴻臚序班及召
見有言輒驗賜以白金綵幣既而景泰不豫有議召襄藩者石
亨以問祺祺曰皇帝在宮奚事他求刻期復辟上既復位召見
文華殿即日擢驗封主事累進郎中曹欽反執王翺李賢時祺
在旁欽問之對曰公勿負國家宜以死上謝則自求多福王李
獲免事平
上聞名賜宴勞陞太常卿陝西管粮通政司參議尹旻奏賊退河

開供輸困極請乞罷兵議者懼有後警難之李賢上言兵出在外可暫不可久暫則為壯久則為老莫若令彼處官軍且耕且守調去軍馬俱令回還只留文武官各一員提督彼處城堡庶為允當從之

擢巡撫大同都御史韓雍為兵部右侍郎上諭李賢曰須得似韓雍者方可代李賢以山東按察使王越對及越至陛見上曰越丰姿是武臣之英邁者遂用之

復定襄伯郭登爵鎮守甘肅尋召還提督團營登事母孝有文武才所上章疏皆自為之

成化元年置鴈門兵備道以葉盛為兵備副使自天順以來廢鎮守都院山西巡撫兼提督論者以鴈門隘地恐不專故有是命以山西副使理之盛首任振廢補偏多所裨益

二年盛後巡撫兩廣

議事至京給事中張寧等舉盛堪入內閣或譏於李賢賢沮其進轉盛巡撫宣府興宣大營田正統間……詔墾荒田然塞下尚多棄地又軍中有願耕者苦無耕具于是都御史盛請得五百金買牛千餘摘戍卒不任戰者課之歲畊收餘粮以為買馬賞功之費田既新播歲復屢登所省轉輸甚巨盛復籍畫疆畝自記其畧曰凡墾田七千餘頃歲得米粟七萬四千石有奇又補馬千八百匹修屯堡七百所　禮部言迤北酋奏欲朝廷遣使舊無此例宜令通事申諭來使還語其酋曰爾欲中國遣使往來洪武年間舊無事例正統中嘗一遣之反失和好朕遵祖宗之意不敢有違爾每差人朝貢朝廷如例優賞不得別有希冀　巡撫延綏都御史盧祥

等言營堡兵少而延安慶陽府州縣邊民多驍勇習見胡虜敢與戰鬪若選作土兵練習調用必能奮力各護其家兵部覆奏請勅御史往會官點選於是延安之綏德州葭州慶陽之寧州環縣皆選民丁之壯者編成什伍號為土兵每名量免戶租時得丁壯伍千餘名委官訓練聽調由是土兵盛强而毛里孩連年入寇皆退却矣

按此土兵之法不但可行於延綏若九邊行之則邊民不困於賦役而心皆內向無復北走之人虜雖欲入誰為嚮導此實久安長治之至計竟無有申明此意者今雖延綏此法亦就廢弛而各邊多事兵力財賦日不暇給矣安得如盧祥者當事而力

王此議也

三年虜大入榆林塞殺孤山守將湯徿續

按徿續信國公孫也徐武公李文達當國曲意承奉徐則以為狂生李頗重其文墨每自言大士不脫頴而出何見其才使某獨當邊方一面必有可觀李因薦為參將守邊人稱為湯一面一日與友人正飲聞虜人牧馬城下遂勒兵出語友曰擒此胡来飲不意虜兵大至湯兵寡無援虜直前一箭而斃人遂傳曰湯一箭數月後口外通州驛天色將瞑忽有兵官騶從甚盛来坐中室令免供具但索紙筆燈燭閉户而寢明早驛吏候起寂然無聞開門推見壁間一詩云手提長劍斬渠魁一箭那知中兩

136

腮胡馬踐来頭似粉老鴉啄起骨如柴交游有義空揮淚弟姪無情不擧哀血污遊魂歸不得出冥空築望鄉臺一時哄然人以湯素好佐而死亦有佐馬

延綏紀功兵部郎中楊琚奏延綏慶陽二境東接偏頭關西至寧夏花馬池相去二千餘里營堡迂踈兵備希少以致河套達賊屢為邊患近有百户朱長年七十餘自幼熟遊河套親與臣言套內地廣田腴亦有鹽池海子葭州等民多出墩外種食正統間有寧夏副總兵黃鑑奏欲偏頭關東勝關黃河西岸地名一顆樹起至榆溝速迷都六鎮沙河海子山火石腦兒鹻石海子田田基紅鹽池百眼井甜水井黃沙溝至寧夏黑山嘴馬營等處共立十三城

堡七十三墩臺東西七百餘里實與偏頭關寧夏相接惟隔一黃河耳當時議者以為地土平漫難據已之後總兵官石亨又奏欲將延綏一路營堡移從直道是雖不免暫勞一時軍民之力實為萬世防邊之長策也上曰楊琚所奏移堡防邊甚有證據其言有理兵部即會官議處以聞

按曾銑幾於復套其計蓋不出楊琚之說惜乎垂成而殺身也

兵部奏延安知府王鑑言神木府谷等縣堡以至安邊定邊等營寨相去千有餘里撫按分巡等官罕有至者其邊塞士卒為官旗侵漁虐使以至衣食不給戰馬不暇飼牧器械不得修整豈能禦虜乞行撫按分巡等官時常行邊禁革姦弊詔可

按王鑑斯言真恫切而有餘悲矣邇來邊方撫按既不巡行邊僅而分巡等官又往往參謁撫按往返動一二千里歲月幾何尚有日力及此哉今之當事者宜深體王鑑之言而嚴爲之所也

召大同總兵楊信還京李賢等奏河套與延綏接鏡原非胡虜巢穴今虜酋毛里孩居處其中出沒不常古云不一勞者不永逸今欲安邊必須大舉而後可乞令兵部會官博議進兵搜勦務在盡絕於是兵書王復等集議以爲大舉搜套必主將得人今鎮守大同總兵楊信舊鎮延綏穩知地利宜召還京面受成筭其陝西延寧甘涼宣大鎮巡諸官亦宜敕令整飭兵備候至期調發又信既

召還可以脩武伯沈煜代之上允所擬遂召信還　勅陝西巡撫項忠太監裴當總兵楊信協謀征勦河套　安遠侯教讀戴仲衡上言兩軍交戰生死定於呼吸彼摧堅執銳之士奮不顧身何暇首級之顧此其功最為上也今論功者反以首級生擒驗功陞賞而當先破敵不為上功所以士無鬬志惟圖幸取首級往往坐是而敗乞稽洪武永樂間舊例以當先者為奇功生擒者次之斬首者又次之上令仲衡隨楊信勦賊仍命兵部議王復奏擒斬者有實可驗而當先者無跡可憑不免有濫報之弊上是之既而仲衡考滿停俸妻子在京無贍命以訓導俸給之

按仲衡之論是矣而王復之說亦為有理然當先破敵人所共

見豈盡無憑要當另作一等不與首級並論可也

兵書王復奏臣奉命整飭延寧甘凉邊備東自黃河岸府谷堡西止定邊營接寧夏花馬池東西縈紆二千餘里無有屏障止藉墩臺城堡為守備舊城堡二十五處參差不齊道路不均兵馬屯操反居其內人民耕牧多在其外遇賊入境策應無及及西南直抵慶陽等處相離五六百里烽火不接北面沿邊一帶墩臺疎闊難以瞭望趂今聲應稍寧先行摘撥軍餘採辦木植候春煖土開併力興工府谷堡移出芭州舊城東村堡移出高漢嶺響水堡移出黑河山土門堡移出十頃坪大兔鶻堡移出響鈴塔白落城堡移出甑營兒塞門堡移出務柳莊不推東西對直捷徑而水草亦各

利使內高家堡至雙山堡榆林城寧塞營安邊營定邊營相去隔遠合於各該交界地名厓寺于三眼泉柳樹澗瓦劉梁各添哨堡一座就於鄰近營堡量摘官軍哨守又於安邊營起每二十里築墩臺一座通共二十四座連接慶陽定邊營起每二十里築墩臺一座共十座接連環縣俱於附近官軍量撥守瞭北面沿邊一帶各添墩臺一座共三十四座隨其形勢以為溝墻必須高深足以阻賊來路寬大足以積芻粟容客兵庶幾稠密聯絡而緩急易於策應可以遠振軍威從之

舊例迤北入貢必由大同路其宴賞優於他夷至是瓦剌太師阿失帖兒木遣使哈三帖木兒等貢銀鼠皮及馬乃挾朶顏三衛人從喜峰口入上命只以三衛常禮待之

哈三帖木兒不平通事諭之始悟乃上書書服罪上曰虜使既服罪仍以本等禮待之求討官職者給以冠帶推過分如蟒龍等物不與比辭禮部奏瓦剌兩月之間進貢二次又不經由故道用詭計以結各虜由近徑以窺邊方宜有以破其詐遂勅瓦剌曰自爾祖脱歡以來朝貢有常時道路有定處朝廷亦待之不疑無有敗事爾宜遵守前人家法何乃不依時月既差兀納阿等糾同卜剌罕衛來朝未及兩月又遣哈三帖木兒等同朶顏衛不依故道却從東路來朝二衛朝貢自有常例今糾引而來甚非所宜爾今後當體爾前人所為每年冬月遣使來朝不過三四十人仍由大同舊路進入則事無猜疑朝廷得以專意款待庶幾永享太平之福

總兵楊信等奏虜酋毛里孩近雖北遁然畏逼北强虜復田河套駐劄請更調宣大等處馬隊與臣等原統官軍計有十萬以來春三月初旬會合尅期進兵併力勦絕以除邊患

鎮守開原右監丞韋朗坐失機召還以監丞張鑑代之於是遼東屬衛指揮王綸等詣鎮守太監李良保留良因奏勝敗兵家常事昔武侯失利街亭韓琦喪師西夏自古用人未嘗以一失遽棄今綸等保留常朗乞令帶罪殺賊兵部覆奏謂街亭好水川之敗以馬謖任福違節制非武侯韓琦之過也朗私役軍人圍獵誤事豈得援以為比宜勿許內批朗既為良等保留仍舊開原守備張鑑回李良處監鎗俾各用心禦寇

三年置宣府遊擊將軍選鎮兵精銳者自為

營以遊擊統之前此稱遊擊者所部多京營兵至是始選鎮兵號前鋒云後復增選一營曰新遊兵亦置將統之　初設寧武關置守備巡撫都御史李侃上言寧武北臨雲翔西帶偏保虜入要衝請設關防守從之後弘治閒都御史侯恂復奏置守禦所以王璽為偏頭總兵璽甚有威名乃築長城起老營丫角墩接朔州至老牛灣二百四十里號為二邊　巡撫遼東都御史張峽以挾私生事酷害邊軍為軍士所奏命給事中鄧山刑部員外郎周正方往按之

按巡撫之尊被軍士之訐雖其不職自取而體統亦甚喪矣往勘之命不若取回另查庶不啟上下凌遲之漸耳此亦異事故記之

四年陝西固原土韃滿四反據石城官軍討之尋平滿四者故元平涼萬戶把丹之孫也把丹雄長西陲國初欵附斥平涼固原餘地俾之耕牧入隸版圖垂百餘年生聚日蕃號滿家营有數千人皆驍雄善騎射歲以縱獵山野為利而滿四其酋豪本名俊及是固原守將鑾御失德虜潜蓄異志鳩聚隆德安定內附諸胡種及迫脅鄰土雜居軍民而攘敓其馬驢牛羊財帛不旬月衆至數萬據石城之險客援外虜為應城距故营數十里遂徙為家伐木結柵城上蒙生牛革以為固四面陡崖深溝惟東西門入道仰躋欹仄騎不可成列近城曰砲架山曰照壁山高千仞由葫蘆凹以登焉四守之引置木石其上俟攻至下施飛擊中人必死四常自謂天設

金湯先是四徒掘得前代行元帥府事銅印每以是部署帳下群醜大四大能為腹心馬冀南斗為股肱咬哥為爪牙滿能滿玉為羽翼勢甚猖獗前巡撫陳琰寧遠伯任禮廣義伯吳琮參將劉清發兵三萬薄城屢戰大失利都指揮蔣泰申澄死之遠近騷然事聞上勅項忠為總督太監劉祥為監督平虜將軍都督劉玉為都統副以伏羌伯毛忠等率京師及三邊馬步精兵八萬有奇七道攻進環石城山谷為營陣大小數百戰毛忠都指揮周璽費澄戰死忠曰虜烏合之衆利在速鬭不能持久吾將堅陳以待其斃乃下令深溝高壘不輕與戰是月慧出西方忠曰昔李晟討朱泚瑩惑守歲卒以成功今殆類此乎即以師擾賊水草赭其旁近地賊

22

夜汲者復設伏擒之由是賊人馬饑渴勢日困而撫寧定襄兩侯伯慮賊與沙漠相通連請遣京軍往助忠兵部尚書程信主其議内閣輔相彭時商輅不可程信怨出危言以為必失関中廷臣附信咸尤時輅二人執愈力必保無虞忠亦堅主坐困之策與賊相持三月餘賊芻水俱乏賊將有楊虎貍者驍勇多智四倚為謀主至是官軍攻急虎貍見勢不可為夜潛出詣軍門降忠厚加慰劳示以賞格令擒賊首来獻虎貍請誘彼出戰擒之忠許諾遣虎貍回明日忠伏兵東山口四杲出戰遂為官軍所擒餘黨潰散凡北走者忠命官軍追戮之械滿四赴京伏誅時賊僅平而延綏忽報北虜入河套兵於是諸軍悉撤回原鎮人始服彭時之鎮静能料

敵知也

按項襄毅之困滿韃無愧趙充國之困西羌而彭文憲之主議成功亦不愧於魏相朝廷有人社稷之福也

吏科給事中程萬里言陝西重鎮國初以來安置土達於寧夏甘涼等處種類蕃息往年虜賊侵擾今歲亢旱饑饉有司失於撫恤是以滿四等據險嘯聚今毛里孩去邊不遠兵荒之後民窮盜起乞勅有司存省賑貸仍選大臣二員奉勅往彼與守臣會議招土達中年高有識者宣上恩威諭以禍福使之各率其屬無自疑貳且罷一切苛政庶足歆動其心潛消其患臣又意毛里孩有可敗者三距我邊方幾二三日程彼客我主以客就主一也馳驅不息

人馬疲劳二也散逐水草兵力四分三也為今之計宜選京師騎兵一萬宣府大同各一萬每三千人為一軍驍將十人統之嚴其賞罰密使人探毛里孩所在出其不意晝伏夜行徑擣其壘破之必矣兵宜及其未發早為之所欲戰則圖方畧欲守則飭兵力毋祇憑文移致誤大計詔下兵部廷臣議謂毛里孩自前歲朝貢後不復犯邊今無故興師恐非萬全之計請勅東北邊臣但戒嚴以備上是其議

按成化間程萬里之言不行嘉靖間曾銑之計不竟自是無復敢為復套之議矣惜哉

陝西總督項忠等奏固原地方千里水草豐茂内為土達巢穴外

為北虜出沒守城惟一千戶所軍少勢孤是以滿四陸梁州北有西安廢城相距三百餘里宜於此添設一衛一所以振其要衝從之

五年初孛來稍衰其大酋毛里孩阿羅出少師猛可與孛來相讐殺而立脫思為王虜中言脫思故小王子從兄也於是毛里孩阿羅出孛羅忽三酋始入套爭水草不相能以故不敢深入為寇時遣人貢馬然亦通朶顏諸戎窺邊郡

成化初阿羅出結癿加思蘭孛羅忽結毛里孩各為黨出入河套我漢人被虜去及罪人走塞外者又為之鄉導遂攻堡圍墩深入內郡殺掠人畜癿加思蘭故居哈密北山至是殺阿羅出併其衆而結滿魯都滿魯都僭稱可汗以癿加思蘭為太師住牧河套延綏寧夏之間騷然於

是宣大兵至秋悉赴延綏策應踰春乃還西援至九年方已後不備紀　置分守宣府東路叅將東路舊有將臣駐懷来城或稱鎮守且罷置不常至是定置叅將稱分守駐永寧城屬以隆慶永寧懷来保安保安新城五城堡後增屬四海冶堡置大同遊擊將軍立營選鋒與宣府同陝西巡撫馬文升奏陝西三邊榆林最為要害河套山澤之利足以資虜是以侵犯我邊曾無虚歲請勅該部每歲秋初遣主事一員督軍計辨糧草事竣還京務使常有十數年之積則軍民免轉輸之勞地方無驚疑之患事下戶部議以為陝西歲徵税糧及部運銀布三百十九萬八千三百三十二石被彼處歲支粮料并銀布折支俸粮及冬衣布花折收止用二百一

十六萬六百八十三石尚餘一百三萬一千六百四十九石此外又有開中鹽粮之類以三年計之可足年半之用以十年計之可足四年有餘其所不足者有司不能依期完納耳乞移文巡撫并布按二司總督粮儲官預計各邊所用之數酌其地里遠近量為派撥秋收徵完則足供用不須借撥他省別行措置從之

八年勅都御史王越總閲中軍務議搜河套復東勝越言欲得一爵位崇重威望素著者統制諸軍往圖大舉乃命武靖侯趙輔充總兵官總制各路軍馬搜套未幾輔以疾還搜套亦不復舉又命吏部侍郎葉盛往視歸奏以為套地不可耕種且事勢所難遂止

陝西都指揮董緒失機巡撫馬文升械之至京上曰緒既臨陣先遁本

當處死姑從寬典降三級今當先殺賊今後失機將領監候奏治不必解京着為令　刑部主事張鼎上疏言臣生長陝西比見邊務日殷謹陳事宜以備採擇其一曰陝西八府三邊腹裏俱有鎮守總兵巡撫都御史等官不相統一遇事各為可否有警不相援救宜推文武兼濟者一人總制三邊副將以下悉聽調遣事體歸一其二曰頃年軍法不行為將者縱賊殺掠出入自由後有失機宜從律例科斷其三曰腹裏官軍素係怯弱惟土兵驍勇而邊將多侵奪其功故多畏避宜立法召募特加優卹有功不得隱蔽則土兵効勇而鄉導可得矣其四曰今邊將上下相蒙遇虜入寇閉門不出或有失機多歸罪於下古之為將者與士卒同甘苦而今

注意　下邊　另起行

之為將者每以供饋餉勞人千里之外宜禁絕之　九年虜酋脫脫遣使四十餘人至大同貢馬

十年置分守宣府西路參將舊亦時置將臣稱鎮守至是定置參將駐柴溝堡屬以柴溝萬全左右衛新河新開口懷安洗馬林西陽河張家口九城堡　延綏都御史余子俊上疏言陝西有三邊三邊之中延慶為内地國初逐出殘虜遠遁黃河之外至正統初虜始渡河来犯近邊守將于緣邊立界石創置榆林諸營堡外又築墩臺以瞭望天順以来虜知我東西諸邊各據險難於窺伺惟延慶地無險阻可以馳突屢来犯邊掠我邊人以為嚮道遂知河套所在入屯其中自是虜碩居内而我列屯守反在其外請於緣邊一帶墩臺中築墻建堡其舊

界石一帶多高山宜依山形隨地勢或劃崖或累石或挑塹延引相接以為邊墻於是東起清水營之紫城砦西至寧夏之花馬池延袤二千里每二三里則為敵臺營砦連比不絕又於中空築短墻橫一斜二畧如鋪月狀以為偵敵避箭之所凡為堡十二營砦八百有奇墩九十有五兩月而功畢虜過城下者盡指相顧覴為駱駝城于後又請即榆林堡置衛取逋丁之當勾者及戍南土者之子孫益兵以實之凡內邊曠地悉令墾為屯田歲獲數萬石又奏立衛學以教軍中子弟凡軍中器用皆範銅鐵為之俗初不習藝圃求種教之植自是蔬果與內地等榆林遂為重鎮士馬精壯雄於諸邊子俊之力也

勅邊軍遇賊如曾率衆對敵有衆寡不敵者雖失利不罪其閉門坐視見賊先退者乃坐失機

按我朝達賊所以敢深入無忌者正以損軍之罪重而坐視之罰輕耳今先退之令踶矣然玩愒成習今後不行所以邊患無已也

兵部侍郎馬文升奏遼東地三面受敵中東西路遇有警報彼此應援切見遼陽之西一百六十里廣寧迤東二百里有遼河一道分界遼之東西冰結則人馬可行易於應援或遇冰開賊先據之我兵雖有渡船不能徑濟彼此勢孤悞事非小請造大船十數橫列河中下聯鐵索上加木板以為浮橋遣兵護守以便往來設或

有警則東西聲勢相連不致誤事從之　大同巡撫李敏等奏報大同三路計修墻壕塹墩臺共九萬三千七百七十九丈　十三年二月虜酋滿都魯癿加思蘭遣使桶哈剌阿忽平章等三千餘人至大同貢馬駝詔許一千七百人餘省諭還　虜告饑鎮撫官縻之而去　時虜中相猜癿加思蘭女妻滿魯都欲代滿魯都為可汗恐衆不服又欲殺滿魯都而立斡赤来為可汗滿魯都知之索斡赤来癿加思蘭匿不與遂相仇殺　十五年滿魯都寇榆林山西巡撫何喬新奏緣邊軍民潜出境外伐木捕獸猝遇虜拘執冀得免死遂為鄉道犯邊宜嚴禁防凡守関之人知情故縱俱謫發煙瘴地方充軍有能捕獲者給賞犯人財産從之　十九年鎮

守大同太監汪直奏小王子欲大舉復讐乞將直舊所統達官頭目盧深等兼程赴援下兵部議尚書張鵬等謂大同各邊士馬數及四萬兵亦足用直所請姑勿許宜勅守將合兵禦虜仍令永平山海遼東各邊嚴謹提防且言京師武備所以控制四夷必須養威蓄銳於閒暇之時方能折衝禦侮於有事之日近來困於差役銳氣消沮恐一旦警急難以調用宜悉停其役詔可

虜寇大同總兵許寧巡撫郭鏜鎮守內官蔡新以失機下獄命錦衣衛三法司會鞫具奏詔寧等輕率進兵折損官軍本當處死姑從輕寧降羽林衛帶俸指揮鏜降射洪縣知縣

復命余子俊往宣大等處總督軍務倉場宣府巡撫李岳等奏連歲兵荒恐言者仍以修邊

為事未免動衆妨農乞暫停止以待豊年事下兵部尚書張鵬等以為差官修邊已有成命請自聖裁詔令余子俊至彼酌量處之

二十年置分守宣府南路叅將順聖川舊為牧場其東西城未有官守子俊以其軍匠雜居恐生他變又十九年虜寇二城羅害甚慘乃請招募新軍千餘設分守南路叅將駐西城屬以東西城蔚州衛廣昌所五城堡

二十一年夏四月築宣大長城起大同至偏頭関界六百里尚書子俊上言臣先巡撫延綏時曾築長城或斸山為墻或立墩挑塹西以至今賴之今宣大地勢平漫過于延綏築城為險尤不可緩欲朝廷不惜小費成此大功使兩鎮之間雄峙足備又曰每城二里須墩一座墩設縣樓以施砲石夫砲

石所及不下里餘今以兩墩共擊一空為守不難其脩築工費則一萬人十日可成墩二十為役亦不為久也從之　五月京營兵来助役于俊復言山西荒悍無所須力乞發京營兵助役于是都指揮顧綱率二萬人至于俊分萬三千餘役宣府六千餘役大同城井坪于俊又言威遠至朔州百七十里寇入兵力不相救且山西轉運必經之路數為虜斷宜于適中置所築城以通警急詔從之于俊乃置井坪所調朔州軍百名為十百戶而以諸州縣土兵千人戍之邊塞稱便井坪城而大同之右翼全　二十二年于俊言工役既興必得憲臣二人督理軍餉稽察奸弊乃命副使毛松齡僉事周寧来宣大理軍餉此兩鎮有分巡之漸也　始賦

墾宣大田子俊令慶陽府同知郭智檢校宣大墾田凡二萬三千七十餘頃請每畝賦粮三升得粮六萬一千一百石草二萬七千六百束

按是時邊土盡闢而順聖川馬房復罷是故墾田出而粮額增也於戲塞下粟一石內境數鍾上也塞田墾則邊儲增邊儲增則轉輸省所關非細也然塞田薄每畝粮三升則似過重矣乎

戶科都給事中劉昂等劾奏子俊取民無度用財無節國家賦有定制今則創為預徵邊有常供今則索於額外借漕運而京儲因以不充急捄運而京民為之擾動乞逮至京明正其罪以為大臣妄費邊儲之戒御史朱欽等奏子俊於凋弊之餘輙興城堡之築

事不酌其可否，功惟幸其必成，遂致邊備空虛，群情嗟怨。疏並入

上命工部侍郎杜謙等勘報還奏，以為子俊在邊未及二年，費用

官銀一百五十萬餘兩，糧料二百三十萬石，雖出公用，然亦勞民

傷財，不為無罪。上曰：子俊處置乖方，費用數多，姑置不問，革太子

太保，令致仕去。

按延綏故老咸曰：鎮城舊在綏德，余公遷出榆林，軍民役死不

下萬計。至今榆林孤城懸于荒漠，勞師戍守，歲費萬千，綏德藩

籬竟失鎖鑰，虜騎長驅，直闖內地，其貽謀蓋不審矣。

二十三年，西番王罕慎來貢，言瓦剌有克捨太師、革捨太師，克捨

死，其弟阿沙赤為太師，革捨弟阿力、阿古多兀與阿沙赤相讐殺

遂西走據哈密。時北虜大抵瓦剌為強，小王子次之，二種反復相殘，並陰結朶顏伺我塞下，即貢馬，二種亦相繼往來，恐中國有所左右，以故雖深入，彼有相猜忌，不能久留內地。未幾，滿魯都衰弱，不知所終，而把禿猛可王、太師亦思馬因、知院脫羅干屢遣人貢馬。

弘治初，把禿猛可死，阿歹立其弟伯顏猛可為王。虜中以太師官最尊，王幼，恐太師專權，遂不復設太師。伯顏猛可及其酋長與瓦剌酋亦遣人貢馬。時馬文升在兵部，許進巡撫大同，進數條邊事，戎政修明，中朝大臣知進，進疏至輒允下。進嘗貽書小王子，言通貢之利，小王子、瓦剌二種聞進威名，遣其酋長哈桶察察等少保貢馬。三年三貢，每貢多至三千人，少不下二千，皆猫兒莊入比至塞皆下馬脫弓矢入館進亦嚴兵待之諸虜留塞外者亦時與酒肉華人盜虜馬請斬狗大同宣府河曲皆無虜患四年正月刑部尚書何喬新乞禁胡服胡語

五年毛松齡周寧督理宣府軍餉事竣輒去至是始議置分巡歲差山西僉事一員號口比道後專除

九年虜由羊房堡入寇宣府北至龍王堂總兵莊鑑副總阮興出戰斬七十餘級

十三年虜火篩本小王子部落強盛跋扈又有脫羅干之子大節亦雄黠為部眾所服小王子不能制六月火篩大節分道自大同東西路入西路歷威遠左衛駐營朔州東路歷天城陽和駐營蔚州城西煖泉散掠馬邑懷仁應州廣昌副總兵姚信遊擊陳廣李祥擁眾堅壁不敢戰或曰火篩乃虜別種號鸞掌韃

韃詔督平江伯陳銳、戶部侍郎許進擊賊，亦不敢前。虜縱掠數日引去。巡按御史趙鑑疏論信、廣、祥罪，詔信等立功自贖。

初，兵出，中貴子弟踵故弊，求報效，舊例留之帳前為參謀，待陞賞進至大同，悉編入行陣，中貴子弟皆怨。暨班師，文諸進在軍中作威無狀，語聞於上，進致仕去，時論為之不平。進著《九邊論》甚悉云。

十四年，虜酋火篩復擁大衆寇榆林，命保國公朱暉、都御史史琳調集諸軍，號十萬，分布常州等處。戶部侍郎李鐩總餉，挽八郡之粟隨軍供給。糧之覘虜酋所在，潛師河套，乃急擣其巢穴。會夜大霧，虜聞礮驚遁，僅毀其廬帳，斬老弱百餘首，暉軍歸。以南鴻臚卿陳壽巡撫延綏。時火篩侵犯劇甚，邊堡失事，鎮城晝閉，壽兼程赴任，先

卹陣亡官軍隨易諸路將領兩向間與虜戰三勝虜知有備遂渡
河北追同事者諷壽誣子弟姓名戰籍中當有功賞壽曰我子弟
皆不諳弓馬竟不許時論賢之時虜逼塞下中官苗逵力請出兵
劉大夏議不可上曰永樂間頻年出塞破虜今何不可對曰皇上
聖武固同于太宗奈今將士遠有不逮不若且令各邊料敵戰守
上曰朕幾為人所誤事乃寢　甘肅副總兵魯麟自先世歸附居
莊浪之西其大同部落甚衆麟結納嬖近求為掛印總兵不得遂
棄官歸大同不臣之風漸聞于京師上問劉大夏何以處之對曰
亦聽其歸耳聞麟貪酷失下心去其兵權無能為矣麟家積黃金
數十萬遣人賄大夏願竭貲取掛印大夏曰麟苟篤忠貞且為國

家名將何挂印之足言今歸未自月遠求起用不可麟竟怏怏病死

罷鴈門參將置協守副總兵官行事視鎮守　兵部奏准各邊

應禁林木不許軍民砍伐違者發煙障地面充軍武職降級

按國初建節偏頭屏蔽全晉後來罷置議論不常重虜患則以罷之為非惜戎費則以置之為冗亦彼此殊也夫西北之形勢戰守之便宜有定形有成筭也胡如是其外邪故嘗曰蘇州邊東京師之左翼宣大偏頭京師之右翼宜重其防太原澤潞所以給宣大山東河南所以供遼薊宜寬其力論者曰偏頭倚大同為蔽夫了角之西牛灣之東偏守自為邊也大同何得蔽之晋溪王公曰國家屯兵大同固足為太原之蔽然虜自西北馬

邑而入則大同路遠不能相援意亦謂此也

十五年提督都御史史琳言鴈門樓子营去關七十餘里宜儲餉以備客兵請城之詔可之乃城樓子堡詔陞平凉府開城縣為固原州設大臣總制陝西三邊軍務命尚書或侍郎兼憲職領勅書鎮治于此

固原邊論曰固原開城縣地也成化以前河套虜未熾平華之間得以休息所備者北西黃河一面耳有靖虜衛以陝西巡撫總兵進領北邊興三閫事體相同自弘治十四年大篩入掠之後開城遂為虜衝於是始改州立衛設總制大臣領叅遊等官屯駐屹然一巨鎮矣固原所轄則有黑木鎮戍平虜紅古板井彭陽等城西安州海剌都等營環慶則有走馬川青平山城西水等城堡靖虜蘭州則有乾甜池打

刺赤一條城十字川西古城積積灘等堡處處可以通賊弘治十五年、兵部議設總制于固原、後總兵亦任此城、以固靖蘭四
衛、專隸、嘉靖十八年、命總制鎮花馬池、陝西巡撫總兵移鎮此邊、鎮與寧夏為唇齒花馬池一
路邊人謂之大門若併力堅守花馬池則固原自可無虞而響
石溝至靖虜衛邊墻修築又在所緩蓋力分則勢弱寇已入門
主入難禦若總制不駐花馬池固原未可息肩也靖虜衛側每
歲黃河氷合一望千里皆如平地若賀蘭山後之虜踏氷馳蹂
則蘭靖安會之間便為禍階何者調兵此時為防虜而西鳳臨
鞏之卒多未經戰豈能捍禦然則不添緣河之堡不屯常戍之
兵固原又未可息肩也徵調客兵在他鎮有事則然無事則已
若固原防守之戍則每歲凡四閱月而粮芻不為之預處支給

如之何其不告之乎中鹽池批驗舊在固原蓋欲來商旅納偵賄填實此地而王瓊移置下馬房其見偏矣然此特一隅之論耳若夫任將任官足食足兵之計孰不能言之所以體權盡變則存乎其人焉耳固原在寧夏之南實關中要害之地東向可以顧榆林西向可以顧河西弘治間總制秦紘築內邊墻自饒陽界起至徐斌水三百餘里又自徐武水起至花兒岔長六百餘里至今二八月修築之為內地重險猶室家之有堂奧也有故則總制運籌于中從兵恭遊提兵會各鎮折衝于外處置得宜全陝可恃以無憂矣

十七年小王子遣使求貢意甚懇大同鎮撫以聞詔二千人入貢既而不至諜報虜中說欲搶黃裏謂京城也又云朶顏衛頭目可兒乞蠻通和小王子引誘入寇內閣議戶部侍郎顧佐往宣大督理軍務上御煖閣指佐名曰力量頗弱恐不了此衆舉左侍郎王儼上

曰儼好須掌印又留佐與儼議事次日内批閣仲字赴宣府詳具兀良哈傳

按廷臣之才知之必真督軍之任用之必慎故副使李夢陽謂

上晚年益明習天下事是類也夫

十八年秋七月虜由新開口入寇宣府至虜臺嶺副總兵白玉遊擊張雄合參將李稽及大同副總兵黃鎮遊擊穆榮禦之虜縱數千騎嘗我軍玉置營土阜虜望見指笑曰彼自落乾地可立伺其敗也乃合兵圍我軍數重絕汲道止留隘地一隅時總兵張俊別營在外不知其計以兵來援因與玉合營虜復斷隘道于是内外不相聞粮水俱絕命軍營中掘井深十餘丈不得泉遂大困争飲

馬溲咀馬矢至七日天大雨雹賊乃解去士卒死者八千人馬畜甲伏盡爲虜有

詔楊一清經畧陝西邊務

按此漢虜勝衰之候我國家養兵百年極盛而惜一大變也合宣大之良殲于一旦至今六十餘年而瘡痍之疾呻吟之聲往往在人耳目邊軍緣此逡巡畏敵無復迎戰矣

正德元年改楊一清爲總制一清奏請修築邊墻自寧夏花馬池東至延綏定邊營西至寧夏橫城堡綿亘四百餘里所費纔二三十萬而人民有耕牧之地官軍省往戍之煩報可興役剋期而完中官劉瑾憾一清矯詔沮之僅築四十餘里而罷邊人惜之瑾又逮一清下獄李東陽營救得釋歸其後二十年一清再臨又當軸柄國迄不能再舉也

初

弘治中六年戶部尚書葉淇奏改商人赴邊納米種鹽之法令其納銀運司解戶部分送各邊糴米淇淮人天下鹽課獨淮為盛在淮商人多淇親識欲使之故輕變法自後各邊始有年例銀之送人忘其即種鹽商米折色自各運司轉歸戶部而來者至正德三年戶部奏送各邊年例銀時中官劉瑾擅改詰之尚書顧佐不能答瑾怒命撿舊例佐阿意曰撿無之瑾大怒謂戶部通同邊方共盜內帑悉追問矯詔停送各邊年例銀并禁鹽商報納粮米邊儲遂大匱先因詢　國初如何足餉議者以為國初屯田修故能足餉後屯田為勢家所占故軍食不給耳此亦正論但少分緩急之勢瑾遂遣御史胡汝礪周東楊武顏頤壽等分往各邊丈量屯田侍郎韓福總理

之以增畝數完逋租多寡為功罪於是使者詣各邊行督責之政

增屯田數百餘頃恚令出租人心怨憤後瑾敗汝礪自殺乃罷寧夏鎮將

何錦周昂等遂殺都御史安惟學偽立安化王寘鐇邊地大擾寘

鐇性素放悍多不法見瑾擅政常懷不軌之念至是丈田官奪其

素業地益不忿因衆亂遂為之主移檄數瑾罪興師問罪上聞變

命提督都御史楊一清太監張永會兵討之都指揮仇鉞先被寘

鐇威脅同事及聞天兵將至乃計擒寘鐇及其黨何錦等　八月

張永獻俘瑾不欲一清入朝乃留為陝西總制永與一清定謀與

宦侍張雄等乘間共訴瑾流毒海內激變寧夏陰謀不軌宜早擒

之上猶豫未決永等曰少遲我輩皆虀粉矣陛下安所之乎上乃

親至瑾第觀變時漏三鼓禁兵排闥入瑾驚起曰事可疑矣趨出戶遂被執坐以謀反凌遲三日諸被害者爭取其肉啖之悉誅其家屬論寧夏功封仇鉞為咸寧伯召一清為戶部尚書加太子太保

王恭襄公曰成化間開設榆林衛增置城堡以陝西民供不繼奏送江南折粮銀補其不足然亦依原折銀舊例每銀二錢五分准米一石支與軍士其後大同等邊缺粮亦暫送銀往補然皆不多未有以萬計者至弘治間戶部分送各邊始有年例銀多至數萬兩其實不過以補商人赴邊上納之米耳然送銀各邊糴米而邊方米價湧貴市糴甚艱不如商人報數上納本色

之猶為得實利也今并革罷之邊儲安得不缺乏乎使當時顧佐于瑾問之時答曰昔鹽課在各邊上納米故無送銀之例後改銀解京故不得不分送各邊買米如此則瑾必不怒而反正鹽法邊儲利益矣

寧夏邊論曰寧夏亦朔方地也秦為上郡河西之地即古夏州與甘肅東西相連國初立寧夏府洪武五年廢之徙其民于陝內地九年設寧夏等五衛于此其地有漢唐之二渠引水灌田足稱富庶蓋寧樂土也賀蘭山據其西北黃河環其東南險固可守又漢唐舊渠皆在厥田上上引水可以灌稻人易為生成化以前慮患常及河西自虜據套以來河東三百里乃更為敵衝是故窺平固則直犯花馬池掠環慶則由花馬池東入靈州等處則花馬池西清水營一

路所必經行者至於賀蘭山後虜寇出沒無時而花馬池鹽川東西三百里地勢平漫與興武營靈州一路則又套賊內侵所必由之徑也築墻畫守則始有巡撫徐廷璋此千古卓然之見而總制楊一清王瓊唐龍皆嘗增築更益敵臺足禦竊發矣顧兵寡勢分難當大舉之寇豈人謀地利有未盡耶今之論者以固原為堂奧響石溝至花兒岔比之前門花馬池定邊營一路比之外門謂有重險矣不知賊已入門則堂奧雖隔風雨飄忽之所及內地村聚人畜滿野一聞寇至急欲收保而無由也弘治以前虜住河套不常間有連歲不入者我邊每歲于河凍時候其出入入則戒嚴出即解散至水泮後則不復能出入矣今

虜軍脫飛渡數萬立濟經年住套安為巢穴逋逃教誘盡知我內地虛實此豈可以往日例論哉花馬池東河津適其利涉之境遊騎出沒無日無之宜乎延寧固清終歲不得少息也試嘗籌之若擇花馬池便利之地大建城堡添設參遊移總制居之分屯重兵于清水武興等營使三百里旌旗相望刁斗相聞其有水之處水草大路亦如近日盡建墩堡虜依水草為居花馬池東南一帶惟鐵柱泉有水又東南梁家泉有水又東南甜水紅柳榆樹等泉史巴都韓家長流等處有水總制劉天和奏請築城鐵柱泉堡梁家泉築墻甜水泉史巴都等處一時水各據守殆盡賊無飲馬之處誠百世之利也此不惟得扼吭先制之計東撥榆林西撥寧夏亦常山蛇勢也又洪武以來虜出入河套往來甘涼皆由賀蘭山後取道總兵杭雄敗後遂以山前為

通衢趙瑛周尚文禦虜皆敗由此不已愚不知寧夏所終也或曰舊墩瞭望直出山外有警即聞易於邊絕今皆廢矣或曰赤木黄峽等口舊皆疊石固塞之防守有人今亦不然是以莫之禦虜也夫敗軍法重背水陣同也嘗聞先襄毅云成化中敗軍法重無苟免者是以邊臣知畏地方獲寧弘治中太平邀觴稍已懈弛至正德則一空案虛獄耳今寧夏失機屢矣而舊將晏然無事求之各邊無不然者此不可為邊民痛哭哉鎮城南北僅百里東西止二百餘里耳王瓊廢鎮遠關而築邊城棄地蓋八十里一何易也今虜患愈近而民利益窘善謀者一至是乎若山前作塹以遏西來之寇則得之至於中衛僻在西隅雖地

狹易守，顧山後之虜窺請虜者數數。尋討故事云：自賀蘭山直西至鎮番，內皆洪武舊地，今棄之矣。果如所論，西城守之，則莊涼靖固中衛俱安枕矣。

九年秋七月，北虜由膳房堡野狐嶺入掠宣府及蔚州，復由順聖東西城以出。遊擊將軍張勛、倪鎮出戰，兵敗死之。時復有順聖西城守備康彪、東城守備田倚俱没于戰。虜大入塞，陝西總制尚書才寬親督兵禦之。都督寧夏總兵曹雄倚其子謐連姻劉瑾，不出兵為援，寬敗歿。瑾反庇寬，匿邊臣奏，論功封雄涇陽伯。未幾瑾敗，雄坐誅。

九年，整理陝西糧儲戶部侍郎馮清奏：西安、延綏、慶陽等府糧草皆改徵折色，以銀解邊。

陳建曰輕遑舊法自古所難前此葉尚書既變儲未為送銀於

茲馮侍郎又改糧芻為折色作俑之罪烏可逃乎

十一年七月虜由公道懷來入分兵虜掠東至隆慶永寧西至保

安六日而鎮兵始出陣兵部劾奏總兵官潘浩怯懦詔立功自贖

八月宣官張忠都督劉暉來屯宣府一時軍需至六十餘萬計

按宣官鎮守宣德末事也其出將則正德間事也一則宣皇彌

留之際一則權奸用事之時可慨也夫

揀閱宣大鎮兵總兵朱振以軍中司伍強弱相雜會撫臣檢閱精

壯者為前營次者為後營後營前營出戰後營為援自後前營恒統于

總兵後營則隸于鎮守出戰為援之畫尋失之矣

十二年虜寇

34

洗馬林守備張杲以五百騎禦之至饅頭山虜四面合圍杲一矢
斃其鐵騎畧陣者虜漸引去　十三年二月領宣大應援節度兵
部尚書王瓊建議曰十年虜寇延綏兵調固原分部不明遥制不
審以以致失事乞着令行宣府大同延綏三鎮撫鎮各先整飭奇
遊兵馬虜不渡河則延綏聽宣大調用虜如渡河則宣大聽延綏
調用無得先期以費儲備後騎以失事機從之　江彬蔚州衛指
揮也性權譎儀豐偉騎射優長祖父時嘗調閱鎮城因從家焉正
德壬申歲內流賊劉寵訌甚上詔邊將討之彬從遊擊將軍許泰
戰于淮揚身三矢不退泰以上聞及凱旋引見內殿上迎謂曰
若果强勇爾耶朕用若若必無朕負也即日拜都指揮充大同遊

擊時近幸獻計言京都軍不能戰陳宜調宣大軍各三千衛京都而以京都軍充數出戍歲春秋兩番行如宣德初班操事例上深然之彬遂得留京屢召見論戎事輙當意彬掌宣大邊陝四鎮兵謂之外四家營彬與諸將俱為義子賜姓彬寵特甚上呼曰彬兒進左都督食與聯几寢與聯榻行與聯鑣差後無一時不在左右也歲丁丑六月上微近郊問彬邊計彬指畫山川險易道路直紆狀甚明審上曰信若此朕何難擒黠虜耶即下令出師度居庸歷懷保駐蹕宣府數月大學士楊廷和等疏請回鑾給事中孫懋疏請除奸惡安宗社皆不肖彬又勸上建鎮國府于宣鎮謂之外宅及營安樂堂以居侍從開皇店積貨征商謂之宮市上幸陽和衛

城方獵天雨氷雹軍士有死者其夜又有星隕之異上驚怪久之天甫明即移駕大同鎮城又明日虜衆八萬遂圍陽和轉掠應州上命彬等領諸將往擊虜尋引去閏十二月還京封彬平虜伯賜誥券焉戊寅四月大行太后王氏喪山陵甫畢詔出關幸宣府自稱爲總督天下軍馬威武大元帥國公廷和等再諫不從十月幸榆林三月有旨南狩時宸濠將起兵江藩朝臣懼有不虞俱以死諫彬方糾諸將各獻擒濠策諫者俱被罪譴庚辰正月上在南京彬統邊兵數萬扈從恃恩跋扈獗狠無人臣禮下視公卿潛懷不軌時晋人喬宇爲南京兵部尚書獨任留守機務諸司皆倚爲重宇鎮靜每事稍裁抑之彬亦敬憚不敢肆一日彬遣兵官索各城門

鎖鑰城中驚駭督府徐魏公遣人來與宇謀宇曰守備正以謹非常耳城門鎖鑰孰敢擅取與手敕出天子詔且李何魏公乃以宇言拒之竟寢十月上自南京班師三月晏駕皇太后懿旨族誅彬散各邊兵歸鎮

詹氏濤曰昔司馬光以天地生財止有此數不在官則在民然自今日觀之不在官不在民皆在權貴貪黷之家也如正德末年抄沒江彬家産黃金七十櫃每櫃一千五百兩銀二千二百櫃每櫃二千兩金銀雜首飾一千五百箱此一人已爾況其他輩合計之哉

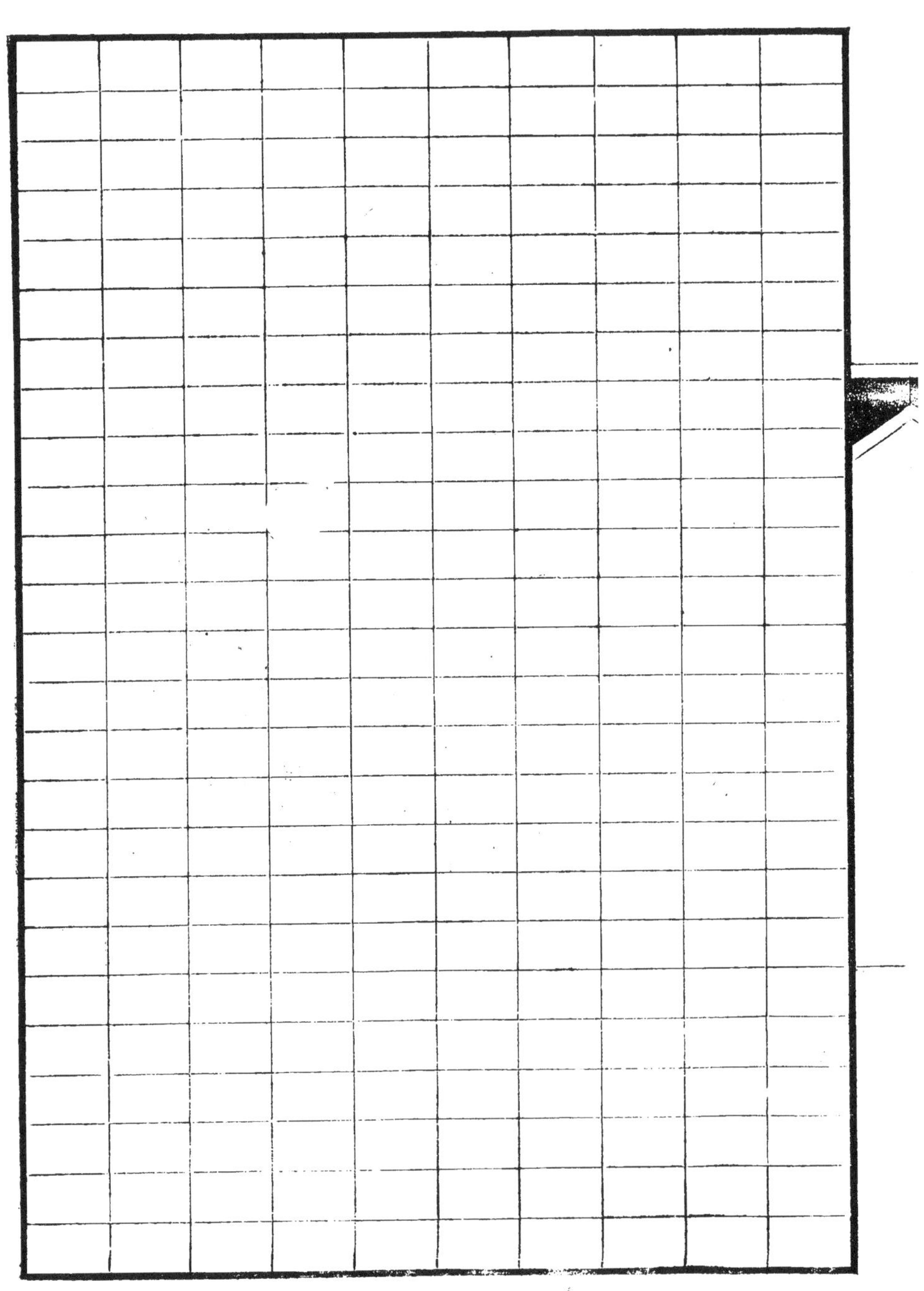

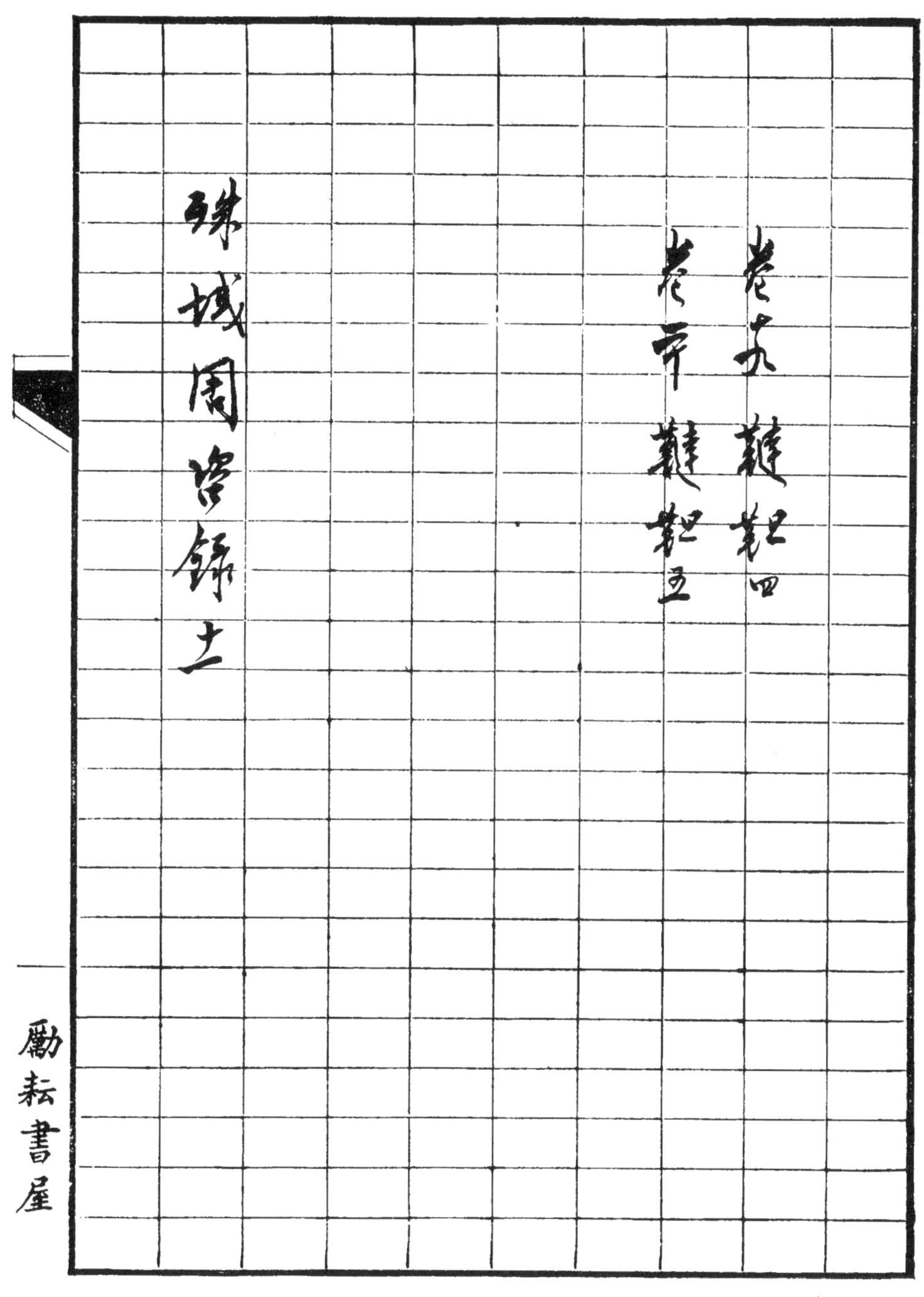

卷十九 韃靼四

卷廿 韃靼五

殊域周咨錄 十

勵耘書屋

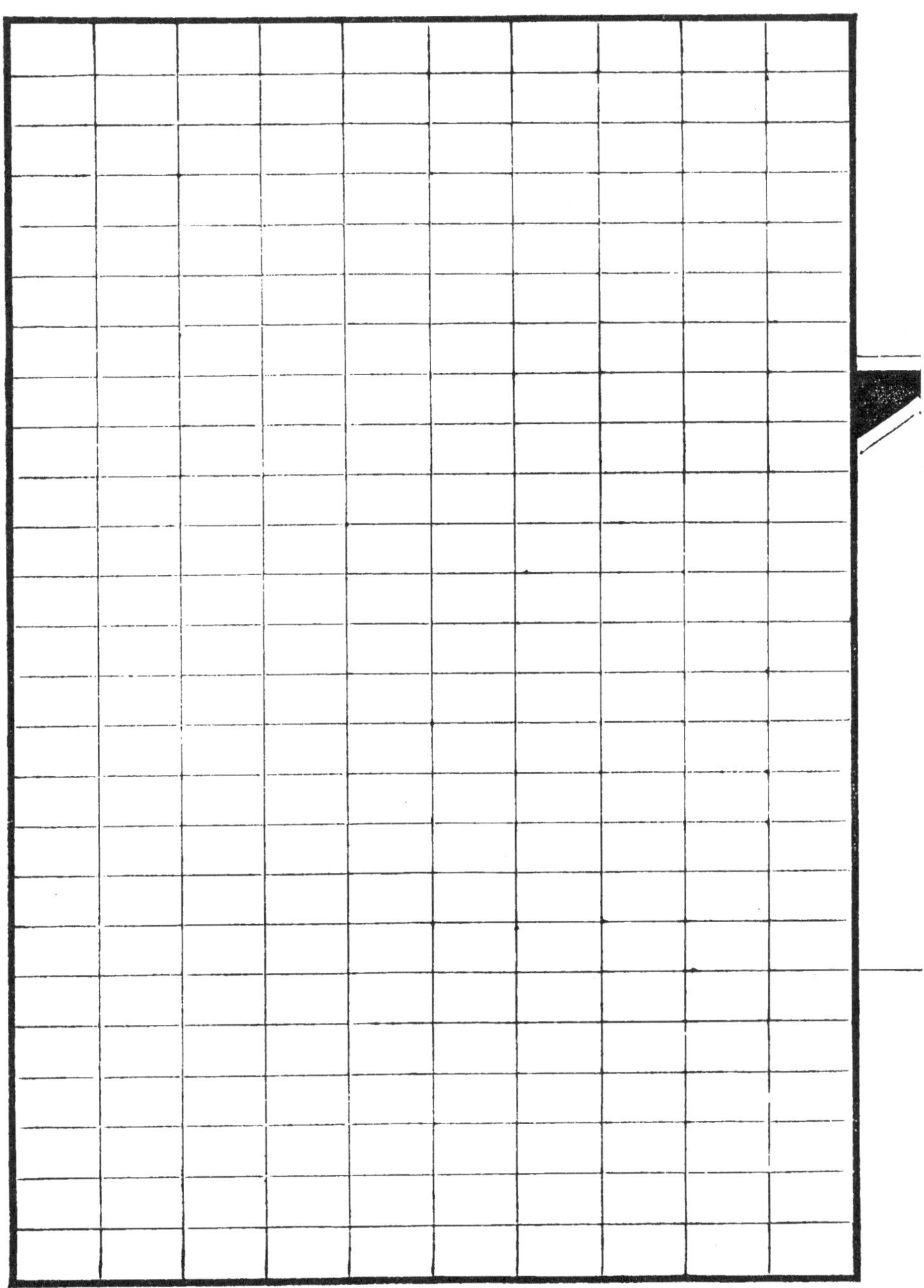

殊域周咨録卷之十九

行人司行人刑科右給事中嘉禾嚴從簡輯

揚州府學訓導長洲彭天翔　侄嚴巽

江都縣學訓導華容王三汲校　嚴怡仝校

低兩格

韃靼

嘉靖元年詔正各邊軍功正德間閹宦用事諸報效奏帶人往往籍名各邊僞上首功或一人數處或一時數名併功授職極爲濫冒又賜姓人應録爵啣者衆至是悉革正其舊有軍門辦事皇后掌理諸名稱者仍置之法初各鎮人徼倖于此者率貴盛一旦權門閭里道路以目至是邊人始有生樂合掌嘆服以爲天道

難欺
國法有在云
初成化弘治間胡虜遠遁糧餉及時二鎮頗稱富庶後饑饉薦臻寇復數擁又值
武宗巡邊賊臣乘機科索軍馬往來支費無紀邊儲日耗正德十六年宣府管糧郎中馮曾繳送本年秋季文冊內開見在本色糧五萬四千八百六十石料五萬一千六百五十八石草一千三百五十九萬七千三百五束銀二十八萬三千五百三十五兩大同管糧郎中陸傑繳報本年秋季文冊內開見在本色糧十四萬五千四百二十三石料六萬四千六百三十五石草一千二百四十六萬四千九百餘束銀九萬六千六百三十九兩俱僅可為平當之用一遇有徵遂不能給及宣大走回人口張小兒王成德俱正七

年被小王子部下達賊搶去報稱達賊在於西北住牧要來邊上搶殺官府巡撫李鐸疏言所報虜賊衆多必須調取主客兵馬分布險要城保按伏防虞即令倉庫空虛主兵月粮尚欠客兵從何處給乞查照原封討穵運粮米數十萬在速發來邊以救目前之急惟復先發銀五十七萬兩聽管粮郎中設法糴買以備客兵之用事下戶部議得太倉官庫收貯抄沒犯人銀內動支六萬兩內四萬兩准作嘉靖元年年列之數餘作列外補給遂命主事孫儀運送又戶部前因大同巡撫右僉都御史楊志學疏缺邊餉乞給銀開中引鹽改納本色以救濟窘迫議將兩淮運司嘉靖元年分額鹽二十萬引每引價銀五錢五分開中仍於太倉動支抄沒銀四萬兩正詔從其議

復榜諭各關守備等官不許仍前遏糴致悞邉儲遂差進士端廷
赦運送吏科給事中楊來義奉勅往宣大等處散賞還朝復上疏
曰臣等比出居庸過岔道但見去關漸遠人烟漸疎以為沙漠之區
固如是不足異也行經舊榆林鷂水鋪處昔號有名村堡今鞠為
故墟屋壁傾圮煙不黚突及入宣府市肆嚣然斗米二錢食糧僅
千數官軍舊糧尚欠十月而顛聖川等處至有無米可買者又至
大同窮苦與宣府相當而倉粮不及其半至應州盤得見在倉粮
止有一斗七升而其餘城堡顆粒無存者尚衆又井坪堡等處調
到彼伏參將鄭徹等呈稱欲去則達賊在境欲住則日食無粮進
退其為狼狽臣等驚異以為宣大京師之門户如此室家其何以

寧處哉又訪得真定保三府及山西等處秋收頗豐米價視二鎮不啻減半移粟之計未必不可為今日急務也伏望將内庫戶部收貯銀兩内更發四十萬選委廉能部屬官于居庸紫荆鴈門等處分投招買糧米令二鎮就于附近撥人完運則此可省脚價使可多致米無事則給官軍月糧有事則可以應客兵用可為經久至計緩急有資戰守皆利詔戶部議尚書孫交題稱差官召買重遺勞費及查本部糧草折銀因各處拖欠蠲免解到甚少俱難議動乞請再於太倉庫收貯抄沒犯人銀内動支二十萬兩内宣府十萬兩大同十萬兩宣府六萬兩大同七萬兩准作嘉靖元年年例之數餘作例外補給行咨各該巡撫并管糧郎中會同計議將

先今觧送并彼處見在支剩各項銀兩查照地方豐歉道里遠近從公估計定擬斗頭数目趂時召商糴買粮米嚴立限期上納於緊要城堡收貯以備支用待米完之日就將前銀照數挨次支給其主兵月粮量留折色銀兩相兼放支急聽從宜區處糴米在倉先將舊欠俸粮官軍量給一二月以濟春荒仍行鎮守內外官員斟酌邊情緩急非有重大聲急不許輕調官軍按伏浪費粮草致損邊儲上悉行其議—以陳九疇為都御史巡撫甘肅先時甘州五衛旗軍月粮每一石折放白銀七錢正德十六年年豐米賤巡撫許銘欲照時估折與銀三錢三分本年十二月初二日銘與鎮守太監董文忠總兵李隆等俱在會議廳議事五衛旗軍二千餘

人赴告要照舊價支放銘不允各軍忿怒打毀大門一時擁入銘唱令軍牢將爲首數人縛打數十衆軍稍退不散待至起更時分名軍齊聲吶喊董李二人先行躲避各軍投擲磚石擁入將銘打死用火燒毀及燒廳房又將分巡西寧道僉事劉經拽拏要行謀害經潛避肅府田承奉宅内越墻走脱又將都司廣盈庫并軍器庫打開刼出銀兩布疋盔甲又燒斷事司并中前後三衞鎮撫司打開囚犯出獄至曉太監總兵再三撫諭衆人方退後將解到蘭州未交官民運銀五千三百餘兩令太僕寺卿李炫同副總兵李義給散每軍銀七錢折作十二月月粮一石又令監鎗太監申永下甘肅倉每軍給麥一石亦作嘉靖元年正月分月粮太監總兵

會出告示曉諭軍民舍餘人等内有被其脅從者就便改過作為
良民入隊聽候操調並不坐罪悉便遵聽隨假報有虜寇聲息齊
軍分布于各街口劄隊軍威振作初三日晚差出巡視官軍底十
九等擒獲元惡王禮羅月屈伏高乞兒等四名斬首示衆同類賀
保兒等三十餘人下獄由是餘黨漸息二年正月初八日董文忠
李隆上其事以為許銘自渡河西每行酷刑打死西寧范百户等
又行文各司查審不分久近商人號為流民納銀公用又抽減商
人納過粮草原價又將此銀納豆者每石加增三十革除夜不收
月粮審取三等九則人户辦納銀兩濫受革前詞訟良善驚疑一
次寫匿名帖子綁在箭上射入都察院一次貼于臣門言地方事

情不便要將三堂改正臣等聞之甚為寒心累次勸諫未蒙聽允
似此酷刻致生此變即今變亂已平內患已緝邊境獲安寔仰仗
我皇上威福所致臣等不職之罪實亦難辭乞勑兵部計議將臣
等提獲餘黨亦照例問擬如律以示將來于是陝西巡按御史喻
茂堅疏曰都御史乃朝大臣親承上命巡撫一方任用非輕及查
許銘條約俱係除革宿敝報國籌邊至計但銳意堅執不無大急
夫何各軍倚恃平素驕橫輒肆窮兇聚至千數肆行殘殺焚其屍
首極其慘毒劫去庫銀擅放獄囚悖逆已極大駭人心及照李總
兵董太監各操統率軍馬之權豈有不能救正之理況彼時會議
同在一處乃任其作變束手先避罪豈容追及戕害已極之餘雖

稱擒護為首四名為從三十餘人未審是否真正原謀同惡之人處恐尚有主使元惡未獲寃憤何由而洩國法何由而彰乞速選風力老成練達都御史一員星馳前去巡撫與同鎮守總兵官同寅協恭戮力邊務庶重鎮無不制之兵而釁孽可弭矣陝西御史許翔疏曰甘肅為西陲巨鎮人雜夷虜少知禮義之化數年以來上下剥削誅求軍民困苦已極許銘銳意事功除奸清繳驚駭人心不無太急一時無知小民有不堪者訛言繁興遂相媒孽搆成大患其首從惡逆死有餘辜鎮守總兵將領等官亦有不得辭其責者也事俱下兵部議乃會推九疇為甘肅巡撫　兵部尚書彭澤疏稱鎮守董文忠總兵李隆統領官軍在彼既不能設法調度

為預防于未然又不能極力極救消禍亂于臨事顧乃假以勸諭為名以致怨歸巡撫自脫罪愆迹其所由固許銘欲振肅風紀于初任而未免撫馭少恩亦緣切禁總鎮官員沿集之宿弊而寅恭未洽各官雖無故縱主使之情難免嫁禍苟全之罪其副總兵李義陝西行都司并各衛等官平時既已失軍士之心而無約束臨難又疾視長上之死而不救援論法通合拏解来京追究重治但地方缺官干礙人衆請行彼處巡按會勘擬奏發落其總兵太監乞降勅切責令各戴罪管事務要與新任巡撫同心協力修舉邊務不許仍分彼此失機誤事貽患地方自取重罪上從其議詔有罪人犯着巡按御史會同守巡兵備等官從公查審擬議情罪其

餘軍士人等不曾同入幇惡情有可原俱免追究許銘著以禮棺殮照例祭葬并伊家小差官護送還家　時三邊傳報緊急聲息兵部尚書彭澤請設總制官以禦虜患上乃命侍郎李越兼都御史巡視經畧遇有達賊侵犯即便調兵防禦剿殺陝西三邊鎮巡等官俱聽節制京營大寧等處官軍不必帯去宣大山西官軍有警急調應援事寧具奏回京越既拜命既上疏曰禦戎之道守備為本守備所資錢粮為急陝西三邊地方廣濶年来将不擇人守備全廢兼以剥削日甚索取百出以致衣粮不得給散軍士因而逃亡缺伍粮草詭故扣除馬匹因而瘦損倒傷積弊之極言不能盡各該鎮巡總兵等官連章奏討拖欠年例等項銀両雖已經户

部奏准轃解應用但所解之數不能盡償所負及已解去計今亦恐費盡臣品識凡庸當此巡視經畧之責敢不罄竭心力仰副簡命念惟事須預圖庶克有濟臣即日起程前去到彼之日賊尚住牧在套必須調度人馬分布要害先為防守倉卒應變錢粮最為緊急若不早為計處臨期方行奏討不無緩不及事乞勅户部于太倉及内府抄没犯銀内動支三十萬兩兵部于太僕寺常盈庫動支馬價銀一十萬兩各委的當官員督解軍前聽臣分派各鎮糴買粮料草束買補征騎

事下兵部議彭部上疏曰陝西三邊地方十餘年來虜患侵擾不時債帥貪官剥削尤甚京運民運之粮銀拖欠數多修邊買馬之勞費徵派未息甚至月粮布花經年

不得關支祇困貧苦之極遂萌悖逆之謀將巡撫重臣殺害雖其逆理戕上自取極刑而饑寒困迫亦當軫念且延綏巡撫姚鏌奏要修理邊墻寧夏巡撫王時中奏要招募軍士用銀不下十萬俱未給發所據見差巡視經略李越奏討粮餉馬價銀兩殊不可缺請行太僕寺常盈庫及勑户部于内府抄銀并太倉收貯銀兩俱如数給發以救三邊倒懸之苦用舒皇上西顧之憂所屬應解各邊民運粮料本色折色及布花一應拖欠侵盗之数一併查究督發施行其户部并本部累次解去粮料馬價銀兩支銷出入的確数目行李越逐一清查明白甘肅見監并未獲人犯仍咨行巡按御史從公勘問查議明白奏請上乃命動支内府并太倉銀兩各

十萬兩前去支用馬價太僕寺動支十萬兩甘肅勘問罪人各邊清查錢粮等項事情俱依擬行新任巡撫陳九疇着上緊去　御史王應鵬疏曰朝廷之所恃以控制海內者惟威與福耳威福不行則朝廷不尊不尊則人心不葺于是有畔渙不軌者無忌而肆行矣今天下承平日久言治者每病其恩之多威之不足也近見甘肅都御史許銘被旗軍殺死何以有此往年閩閫作亂其禍起于鎮守太監羅鑰未幾鑰亦不免蓋亂不可啓禍不可長可以犯彼則可以犯此矣固理勢之必至也李隆等獨不鑒欤易曰履霜堅氷至若今日之事則可以言氷不可以言霜矣切恐天下之強軍悍卒聞而效尤斯不為之寒心耶　兵科都給事中許復禮疏

曰唐臣兵部侍郎許孟容上憲宗之言曰自古未有大臣橫死路
隅而盜不獲者此朝廷之辱也宋太宗亦謂宰臣曰五代諸侯跋
扈有枉法殺人者朝廷置而不問姑息當如是耶我國家自正德
以來政教號令不大行于天下而姑息苟且之政足以廢法度而
數綱常況甘肅窮荒極鄙之隅亦常有需求征調之擾人心玩揭
思變久矣請以往事陳之昔年都御史才寬被害不明竟未查究
都御史安惟學被亂軍殺死未正典刑都御史屈銳被軍衆困禁
亦未伸法至于福建效尤福州衛則擁入布政司打碎屏風要將
布政伍符殺害邵武衛則群呼擁鬧將教諭洪爵捉鎖遂行建寧
衛則將通判張鴻亂打辱罵寘府則於三堂教場演武傳示吶喊

無一人應之幾至成變此皆以鈌粮為由倡亂梗化目中已無法度矣而地方之官常隱忍而不報朝廷之上每每視為泛常但以招撫為名及加酬勞之典養其驕橫狂悖之氣良可慨也故曰封建非能弱周周自弱也藩鎮非能亡唐唐自亡也臣等讀董文忠李隆等章奏反覆玩味事有可疑都御史太監總兵號稱三堂同功一體之人也古稱將相調和則士豫附今都堂受害而太監總兵安全無恙有是理乎為各官者正宜引罪自責以俟朝廷之處分為當且羅織事端妄行叅劾欲脫已罪而歸咎於人末復称變亂已平內患已弭誇張自是不以為罪而反以為功蓋謂天高可欺誠誣罔也伏望痛懲往事之愆大奮乾剛之斷乞勑該部議處

選差三法司堂上官各一員前去甘州地方從公查勘追究根由細分等第奏請處治以剪削渠魁屈此群醜以伸朝廷之法以洩九原之冤

六月二十六日達賊一萬七千餘騎自平涼府一帶涇河陽保二州原擁進塵土蔽天直抵窯店等處地方劄營三日至七月朔起營通共五日聯接老營五十餘里四散鎖韋漢人指引掏空搶殺陝西巡按俞茂堅疏稱寧夏中路住劄小鹽池參將楊義陝西住劄固原衛總兵官劉淮膽喪魄奪百千生靈被其糜爛而官軍不聞有一矢之或遺此其故何哉實由廝折官軍難於回護則各將之罪難逃殺搶人民難以查考則各將之罪易掩故為將者每每坐視寧殺萬姓不折一軍夫民以供軍而民反為軍

而死軍以衛民而軍却倚將而生吾民何事一至此極乞勅將楊義等提問如律御史黎貫等疏稱陝西總兵官劉淮延綏副總兵朱鑾寧夏副總兵劉淮延綏副總兵朱鑾寧夏副總兵劉玉寧夏遊擊周尚文固原遊擊陶文裴師屏國巡撫陝西都御史王珝鎮守陝西太監晏宏總制陝西延寧甘肅侍郎李鉞覆將敗軍乞勅兵部議擬即將失事將官劉淮神揖等拏解來京從重治罪王珝晏宏取回究治李鉞亦乞降勅嚴加戒責令其戴罪備禦或者然趙用盧頗而臨敵易將兵家所忌只宜姑記其罪然趙用盧頗而易之以趙括則敗秦用王齕而易之以白起則勝蓋臨敵易將顧所易何如耳上詔這套賊為患先因守土官員調度失宜隄備不謹彼此

推託節次誤事朝廷特簡素有才望大臣前去總制軍務各該鎮巡等官不行協謀共濟合兵追勦以致虜寇深入肆行殺掠本當拏解來京從重治罪但有事之際劉玉朱鑾仲揖周尚文陶文時陳且著戴罪殺賊著巡按御史查勘有無後功并各官失事情罪明白奏來定奪各該巡撫鎮守官都着從實用將話來劉淮革回原衛帶俸還寫勅與李鉞着展布四體加意規畫先事如何遏截臨事如何追勦查照你部裏節次題奉事宜議撥方畧處置停當嚴督各屬同心戮力以責後效再有互相觀望阻壞軍情的指實奏來處治

五月大同鎮城軍士因出教場演試武藝各軍慮恐生踈比較張的祥等遂以邉粮修邉為詞鬨然吶喊回到四牌樓

將賣米蔣彪等在市糴米或搶或撒擁衆到於巡撫門首脅都御史楊志學因病不曾開門各軍吶喊嗔言不與主張及不討糧將告示牌面打毀又到管糧郎中巡按御史門首因見各官閉門將門前照壁折取執尾抛打門外排柵告示牌面俱各打毀提督侍郎臧鳳上其事上詔張的祥等驕縱狂悖漸不可長著臧鳳再審爲首及情重的即於軍前斬首示衆爲從的調發極邊衛分常川哨守其餘旗軍人還出榜曉諭令各安心護守城池再有違犯不饒鎮巡官節制欠嚴張欽簡閲欠處本當究問且都饒這遭　御史俞集疏曰宣府乃京師巨蔽大同亦西藩先帝往來巡幸西江彬諸黨席寵怙權頤指撫臣殆若下吏下之人見寧累輩忍恥屈

辱遂有輕襄撫臣之心滋寖成俗雖有巡撫都御史如楊志學之
鎮靜養士李鐸之振起頽弊風猶未殄伏望特降中勅得以專斷外
閫人或干紀許以軍法從事使人皆知撫臣之威凜然有不可犯朝
廷之勢隱然日益以尊豈非所以讋姦究之心乎兩鎮頻歲荒歉
而權家勢要耗損邊儲軍士衣粮虧欠未支者約有數十餘萬之
多伏望軫恤窮軍誕敷渥澤舊欠者將臣等查出銀兩照數追補
新支者悉得以按月關給無令乏匱否則宣大之患不在夷虜之
遠而在鎮城之近矣宣府地方有屯田團種地畝等粮歲不下十
餘萬石有椿朋并丁團種馬價等銀歲不下五萬餘兩郎中總粮
儲分巡理刑名固未遑於催督也例該屬之都司往者竊恐侵漁

數多悉焚都司案卷以致漫無稽考侵尅蠹費伏望該部議處添設分守參議一員專以督司各項出納庶事體歸一宣府一鎮分東西南北中五路（大同鎮分東西中三路）其士馬之供應錢穀之出入責皆萃于郎中也邇來拘於資格往往多不得人且以正德年來郎中觀之宣府僅有解經一人操守深為可稱人才誠為難得今後差遣總理毋得拘泥常資郎中乏人即於員外內選差員外乏人即於主事內委用取其操履清修而不在年限之深淺求其才識端敏而不在爵序之崇卑可也

老營堡地方舊規遊擊將軍俱在本堡住劄竇錦畏懼邊境擅自呈請回關扇搖各軍後在教場操練有曾隊步軍四千餘人執旗齊聲說稱先年拖欠月粮通未補給去年五月

至今雖每月關支銀陸錢米價騰貴止買米三斗父母妻子不能相顧一齊擁入要赴巡撫衙門訴告鎮守山西太監張景昌提督都御史胡錠各叅稱竇鍇同家旬餘各軍未應便迫於饑苦當放軍點卯之際即為下操潰亂之舉縱軍虜掠事殊狂悖大指缺粮為由倡亂脅逼之事其來已久自福建軍士打入布政司要將伍符殺害七衛同風相繼而起在先朝始示薄罰未及議處是以前日又有甘州之變肅州殺害撫臣宜早正典刑以輯人心迄今未見歸結是以前日宣府大同又有擁衆吶喊打毀公廨之變宜大未久而此又繼之識治體者豈不寒心上命竇鍇革任提問為首人犯體勘情罪上請定奪

八月二十四日三山堡境外達賊約

有五萬前到本堡西安等墩掏開邊墻七處陸續行走徑往寧夏地方去訖總制侍郎李鉞疏曰看得前項套虜擁衆拆墻進入延綏地方志欲向東先行奔西既而迂繞東入琵琶等城隨遣輕騎侵擾固原邊境蓋欲緩我延綏地方不及為備牽制固原兵馬不能應援踪跡詭秘向往難測今雖被官軍設伏衝擊斬獲首級九十五顆奪獲戰馬一百四十一匹及照延綏總兵官武振親臨本鎮地方調度兵馬并遊擊將軍彭楧參將周倫料敵設伏以寡擊衆酋虜頗挫請先以禮獎犒用示激勸仍俟巡按御史查勘至日照例陞擢

御史黎貫給事管律疏曰三邊地方虜勢猖獗必須耆德重望諳練邊務如致仕大學士楊一清久住本省總制軍務

威名素著要將本官查照古昔大臣出將入相者特賜起用徑赴陝西總制及將侍郎李鉞改委甘肅自河以西聽其經畧上詔是近年以來權姦亂政邊方推用將官多非公舉功罪不明賞罰不當以致邊備廢弛軍威不振李鉞承積弊之後漸次經畫今已有功着展布心力益竭忠勤内修外攘以副朝廷委任至意揚一清先已有旨起用待有缺用他

巡撫甘肅都御史陳九疇疏曰臣至莊浪到任五月始到甘州即與太監董文忠兵備姚文淵等相會密訪得都御史許銘凡事嚴肅舊例三堂到任皆有賀禮許銘弗受李隆不悅許銘出頒禁約嚴密該載鎮守總兵之事獨多正德十六年十一月分月粮許銘照依時估折與銀三錢三分參軍

嫵少再四纏告許銘惱怒將為為一人責治逐出李隆聞之欲邀人心數為周請許銘堅執不與隆令親信中軍指揮楊淮蘇秀分付各軍各具三日乾粮待十二月初三日下操告粮他若堅執不添你們只在城外劄營三日看他慌也不慌每月初二十六三堂該於公議府會事其日李隆天明先到許銘方赴將到土主廟衆軍擁遮欄擾告添粮價許銘怒喝不允遂喧呼嚷罵磚石抛打董文忠將丟石五人拏住帶到公議府打至四十李隆厲聲曰這是軍不是賊怎麼這等打軍士喧呼只要打殺都堂左右勸許銘越墻避難銘曰今日之事有死而已避難而生何面目以臨其下已日落昏黃衆軍擁入後堂將許銘一棍昏迷倒地移時方起將

面上血首抹酒灑墻上至今血跡猶存外又有一人來問許都堂在那裏一人應曰已打倒在地其人曰事已到此若不做箇了當我們終久是死用火點燒將許都堂擡丟火上許都堂猶掙起欲走衆軍拏住用門扇壓於火上須臾腹破聲響如鼓初李隆之鼓衆軍也實欲困辱許銘以挫其威重而已初無致死之心但日暮人多軍士酒醉莫如之何諸軍見許銘已死知事已不可收什遂為謀叛之舉許銘次子剝去衣服裸體跟隨門子走出藏於董太監處數日後李隆收殮許都堂餘骨分散孝布董太監曰許二歌也與他些李隆愕然曰何在太監曰在我家裏李隆色變不語者移時許銘既死之明日太監撥軍人三十餘名每夜守護尸靈一

夕漏纔初下，軍人未寢，偶見堂上一人着紅服據案而坐，大聲曰：小二歌子不知今在誰家，謔殺他了。軍人皆伏俯不敢仰視，俄而不見。說者以為許銘魂見。夫廢人疆死，猶能憑依以為淫厲，況許銘平昔博學深造，忠肝義膽，足對鬼神，而又敭歷中外，節操清苦，其鍾天地之異氣，與夫所資藉者厚矣。宜其強死而能為鬼，此李隆至今不敢一至其死所者，實畏其威靈而有懼心也。乞將李隆梟首藁街，以謝許銘。兵部尚書彭澤奏稱李隆捏詞裝點許銘僉酷激變等情，會奏遮飾，顯是李隆主謀猖亂，殺害巡撫，跋扈擅權，陰蓄異志。將李隆牢固監禁聽候，仍咨甘肅監察御史會同巡撫陳九疇，見今各劾奏情由，逐一查勘奏報。上從之。

二年，陳九疇

奏許銘之死實由李隆獄具上請上詔這事情重大還於午門前會同多官從公再問明白來說於是府部科道等文武諸臣集於午門前覆審象奏李隆法雖罹於謀殺情又涉於謀叛上乃詔差三法司錦衣衛堂上官各一員前去彼處從公勘問明白來說各厲勅與他給事中陳時明疏曰嘗讀易賁之大象曰山上有火賁君子以明慎用刑而不留獄言獄未具者當求以情獄已具者當致其罰也今李隆罪狀已明乃復遠勘有司竊以為此舉或過矣況陛下平日所託以為股肱耳目者在內則世勳三公九卿臺諫諸臣也在外則地方撫按也今撫按已勘而不信則撫按之臣不勝任矣甫於闕前覆審乃復差官勘問則舉朝之臣亦不勝任矣

撫按不勝任使則撫按當罷去舉朝不勝任使日日隨行朝著此何人哉向也萃數十百人於闕廷之前參訂其獄猶不稱聖意今獨以二三人於數千里之外探求巨猾秘縮鬼域之情又安知其果足以當聖意否耶此臣之所謂不必差官而復差者也非獨此也前日逆濠江西之變其為謀非一日説者猶以為差官勘問有以激之近聞巡按御史劉翀將及甘州五衛之家亦嘗疑曰劉御史領涼州人馬來洗甘州遂潰上山都御史陳九疇倉皇肆出撫安衆疑稍釋實以前日之變詿誤者衆故畏罪者多勘官之往彼必自疑曰首謀已擒勘官復來無乃搜索餘黨乎萬一激成他變誰執其咎李隆既籠中之鳥必無復縱於山林之理勘官之往不

與俱至甘州誰則對理若與偕行彼豈不自知惡極罪大終難掩飾萬一萌僥倖之心同惡相助圖為邀劫之謀不西走哈密則南走亦不剌矣異日誘引外患如唐之僕固懷恩於時悔之其能及矣蓋事久則變生勢窮則慮易固其理也伏望陛下收回差官之命早置李隆於法于以釋中外之疑不從于是大理寺卿鄭岳錦衣衛指揮使王佐奉勅前往陝西會同巡撫王翊勘照殺害撫臣事還奏同前上詔李隆運謀鼓衆殺害巡撫搆成大亂幾危邊鎮李自當等首為不道情罪深重各依律處決梟示董文忠著照舊用心鎮守李隆降二級調用

密雲參將霍汝愚修理石塘領北關虜入寇殺死把關指揮段隆千戶劉臣百戶梁玉旗牌崔通重

傷三名兵部尚書彭澤疏曰看得前項地方密邇京師甫及百里被賊擁衆深入失事情重被處鎮巡衙門將及一月不見奏到若非霍汝愚展轉遮飾不行呈報必是鎮巡官曲為回護不即以聞如此因循地方何賴相應究治轉行直隸巡按御史先將汝愚行提問罷員缺推補其鎮守總兵官馬永等巡撫都御史孟春俱著令從實回話上從之

御史許宗魯疏曰洪惟祖宗定鼎北都宣大二鎮實惟重地故各屯宿重兵特嚴警報中間獨石一路雖嘗暫失不旋踵而輒收復百有餘年邊鄙有寧輯之慶軍民無爭戰之苦自弘治十八年以來與虜失好貢獻道絕於是乎兵爭日繁加以正德年間權姦柄用債帥縱横平居則剝軍納賄以自固臨

事則喪師失地而無罰宣府之兵首覆没於虞臺嶺繼而西海子千家榮賈家灣敗衂迭見而大同應州落岸橋之役虜騎騁於野我軍營連數萬寂不敢動兵威士氣消折盡矣自是虜患日侵制禦無策於是弃邊之議興有謂野有稼穡實足招寇則大同城北膏腴良田始鞠為茂草矣有謂大邊地卑墩臺難守則宣府龍門所等處瞭望處所始蕩為虜穴矣自邊地不耕民用斯困險要已弃我守無據於是宣寧水谷關頭黑山等堡日漸拋弃視為境外大同左右二衛危如壘卵獨石馬營雲州赤城鵰鶚堡四海冶等城堡侵犯日深田土拋荒沿邊軍餘終年無餬口之計月粮陪屯田之租倉庫空虚而兵力不振矣揆厥頽廢豈無所由哉然當時

守臣不以聞朝廷不之知祇云邊警告急發兵發財終無濟事竟不聞追究弃守招寇之因致使彼時守臣得以逭誅戮而全首領不亦大幸矣乎聞有都御史文貴修復大同諸堡守備指揮韓雄整理龍門邊備然皆撓於時勢限於才力卒不能復國家之舊疆以慰邊人之期望臣聞古人之論防邊者或募民以實塞下或屯田以充邊儲未聞赤地廢耕可以絶寇之來也或築受降叅城以扼其喉吭或立河西伍郡以斷其右臂亦未聞弃險內徙可以緩寇之侵也興言及此痛恨何如臣近巡歷其地目覩其弊咸謂二鎮修復舊邊誠有不可緩者蓋大同地方屏蔽山西北直隸真定等處實中原之門户宣府地方龍門四海冶等處密邇都城拱衛

山陵實京師之肩臂門户不固則家室易窺肩臂嬰疾則心腹失何此有識者所為寒心也先該巡按史張欽奏要修復大同邊堡一向會議未見施行近該巡撫都御史張文錦奏議自近及遠限以數年期完舊疆此亦審時量力不得已之論正恐建議興作用財用力朝廷不之從耳總而論之大同之邊弃久地遠而功難宣府之邊弃近地少而功易方今大同鎮巡等官鋭意修復若將内帑太倉錢粮作急給發二三十萬两先濟其急用然後徵前項各色錢粮以補其數更調延綏宣府遊兵一營同備其不虞責成於鎮巡等官令其遠探文貴之規畫近參張欽之建白酌量參議韓邦靖之估計折衷都御史張文錦之議處審時度地乘虜遠遁日

夜併工一齊修理邊墻務令完固墩臺務令相接嚴設瞭望與築弃堡安插耕種以為良久之計不可因陋就簡苟完一時以偷目前之安其宣府龍門等處工用本鎮遊兵一營會同北路叅將張鎮令其相機度力叅酌本官近日修復之議防護興作稍給工食銀數千兩俟至來春土和風暖乘時修理各堡務以恢復舊疆圖取實效為期毋得妄費工財徒事虛飾務使弃地盡復荒田盡懇使在我有可據之險虜無可乘之隙無致他日追悔今猶之於昔爲再照大同北路諸堡險遠難守若兵非衛終恐有失先年曾議添設叅將一員分守其地臣看得大同原設兵馬數少益分益孤分守叅將未易得人本鎮見有協守左副總兵楊曙部下奇兵三

千員名合無北照遼東甘肅事例行令分守前項地方常川住劄則兵不改聚將不添設事體簡便亦似相應然舉大役而無勸懲則偷惰者無所警而勤力者或以蹤再乞懸重賞以待有功明大法以警不恪一有功過施行不爽則激勸之下趨事爭先而工可成矣但動衆者怨易作用財者謗易生發言盈庭作舍道傍皆古人之所忌也更望陛下始謀惟審斷以必行終謀惟堅斷以必成毋惑他議廢此大圖唐臣韓愈有言曰凡此蔡功惟斷乃成臣請以是為今日頌　先是大同北無亭障又長城歲久浸壞虜人即至城下巡撫都御史張文錦議曰虜入即至城下者烽堠也失失烽堠則解也戍墩卒懼攻圍警不報且鎮城下即戰場何以示武

虜倏忽往來何以耕牧且宣大咸鎮也虜犯宣不數日不屢戰不能至城下以葛峪曰陽諸堡爲之外蔽也大同何以獨否于是城紅寺臚圈窯山墩水盡頭沙河堡議設屯守[illegible]文錦之治大同也憤正德末戒令弛廢用法深嚴及城五堡將就遂議屯戍事曰發軍須[illegible]二千餘即於鎮兵内摘撥或勸文錦招募不聽指揮賈鑑者故西路參將以言事得幸文錦立贊之會總兵官鎮守太監咸以爲言文錦快曰是令不行也夫令行自近始三標下者非鎮撫親兵部曲乎先以是往軍中服矣三標下皆素游惰有良室家宅業者聞當發大恐于是伍豪郭鑑柳忠陳浩吳雄郭疤子等百餘輩聚謀曰五堡虜穴也非人所居我輩寧死不往時文錦薦賈鑑爲

叅將督功而即以當發者兵護役鑑為人多慾行視美好水澤土田可禾稻碓磑者私之役護役軍墾田穿磑渠且督工急郭監等號於軍曰都府城成即置我輩於死地首畫是策者賈鑑也而又多自私重役困我即殺之後可也因大呼曰同謀譟而面不擁聲不疾者殺之夜二鼓擁至帳殺賈鑑遂叛出寨營於焦山使人請曰必宥擅殺之罪不然即北走胡文錦聞變不知所措令指揮徐輔大同縣知縣王文昌出塞撫之兩往諸叛乃還張文錦乃奏稱焦山營中帖內賈鑑統領馬步官軍三千五百員名前往水口堡修築披榻堡墻券門蓋房本官不時將官軍用意虐害差心腹主文識字李義傳說賈鑑言語每隊要銀五兩各軍委的艱難無

從轃辨買鑑怒恨說稱你們這裏做工我一面行大同前後二衛起車送各堡官軍家小我明日上工每官軍各加一細定打四十大棍各官軍畏懼人心慌亂望乞早請示下奏討赦文以安地方赦我等入城庶得下情便益續據原差都指揮徐輔等回稱各官軍堅執懼罪不肯回城臣會同鎮守太監王覲總兵官江桓副總兵時陳議照前項官軍變起狂謀幾非得已事情之重大不可於休次焦山而請明仰祈寬宥臣等切念釁夜禍生誠難指摘干連人衆豈可勝誅若臣等撫按無方調度失策罪咎誠當萬死伏望聖明早賜寬恩寧靖疆埸止將臣等提究罷黜惟復別有區裁除再出示選差的當人員齎執至彼撫諭入城另行外爲此具奏

時諸叛相約曰不可解散聞炮聲則聚而堅壁由是率數十百人黨行衢市中時橫劫不可制既而文錦下令跡首謀殺罰鑿者郭鑑等即夜舉炮聚衆攻都院焚其門殺文錦劫府獄兵仗庫出罪人奪諸城門自守之且間使走胡求附此大同初變也叛兵推朱振主軍事朱振者山陰指揮也舊任宣大總兵素機詐敢大言失事怨望時以贓罪繫府獄諸叛既殺文錦劫獄出之推以為主振因上言不得已為衆所迫乃以三事約束諸叛令不得犯親王宗室損倉庫軍資及劫掠閭里且為諸叛乞貸自後紛擾多具畫云

巡按王官疏曰臣看得大同極邊地方軍士作變殺死將官又殺撫臣燒毀官府劫放重囚內有宗室俱被震驚居民人家多被擄害見

今聚衆動靜不常十分危迫伏望皇上軫念西北重鎮急勅該部會集廷臣從長議處一面查先該鎮巡官并臣奏討寬宥事理早為澤賜一面合無撫順群情或令原任大同巡撫今養病都御史楊志學星夜前來照舊巡撫以安人心則兇燄可暫息矣上詔這地方事情已有旨寬宥巡撫都御史李鐸便差人馬上賚勅上緊前去協同差去內外官員用心撫處

尹耕曰朱振為叛兵所迫然乎曰非也振自失職以來心懷悒怏觖著偪疆羈棲鎮城起釁樂因利自變自利其宿心也宄夫牙校擁兵用而段文楚之死無所逃刑涅原推朱泚而段秀實之擊名其為賊彼雖藉口擁迫其孰貸之然嘗謂藉勢求安飼

虎遺患、故凡罷將之貪縱奸黠剛而犯上者不可使居鎮城以通戎器一則代者難于更革有掣肘之虞一則行伍籍其威聲為倚畀之勢近來鄧永居宣亦類此附耳反唇識者寒心於戲此督府所以有聽勘京師之議也

時諸叛屯結不解人情益恟懼乃命桂勇為總兵蔡天祐為巡撫往撫處之天祐聞命就道或沮之曰城中不可測也天祐曰蔡人尚吾人況雲中乎疾馳至鎮勇亦入城與天祐共議密捕首惡二餘人誅之既而參將李賢兵征回夷過鎮止宿郊外諸叛復謀曰屠城兵至矣聚衆殺知縣王文昌于是天祐密疏田兵曰事已至此此法不可不討威不可不行幸親藩業已出城無以臣為患也

上乃詔這叛逆軍士先次已曾從寬赦宥却文不知悔悟益肆驕縱反覆無常近聞別處征調輒行嘯聚難再姑息使寫勅與大同鎮巡官著宣布朝廷恩威明白曉諭決要懲治造意下手罪惡深重的數人其餘一切不問胡瓚着兼左僉都御史總制宣大等處事務魯綱着充總兵官一面統調官軍前去大同近地住札若無罪軍士能擒縛造意首惡及真正下手助惡之人送官即日奏請班師其擒縛首惡的賞銀五百兩陞受三級擒縛助惡的賞銀二百兩陞授二級脅從無罪的事畢也各賞三兩

巡按御史王官疏曰用兵之道貴密貴速此等叛卒先後二次作亂輒敢嘯聚守把四門內外之人俱不得出入鎮巡等官亦束手無為恐懼宗室

擾害軍民今若勑遣文武大臣提督兵馬自京師壓境而來又在近處住札震驚之餘未免反側知備扇惑之際難保人心不搖在外者勞師費財在内者受慘被禍縱使朝廷恩威之隆從何而宣布之恐非萬全之計也臣巡按二鎮往來有名彼不甚嫌自叛卒反側之後亦嘗與諸將議擒捕之法臣聞兵難遥度巧遲不如拙速機不密則禍先至矣伏望皇上將侍郎胡瓚等暫且留住不必着令前來先密降勑旨一道與臣容臣擇用宣府兵將與大同鎮巡等官密約定計裏應外合以圖之所有賞功銀兩先于萬億庫借支若干責令分巡官押解眼同應用事寧之日將有功官軍奏請定奪仍將罪人過惡行法司刊刻大字榜文曉告天下以彰國

法如其不效治臣以罪方遣胡瓚等前來亦未為晚上下兵部議左侍郎李昆疏曰御史王官請容擒叛卒具見本官臨事效忠固為良策但其建白稍遲已出關勢難中止請王官就彼協力同心贊決機宜紀劾功罪誠為便宜上乃詔王官既欲定計擒捕叛卒如何不及早具奏今師已出關軍士首惡尚未獻出國法具在決難姑息着胡瓚等統兵在宣府駐劄催督大同鎮巡等官設法擒獲有名人犯如有他變即使擁兵前進相機撫剿王官就彼協同贊決紀劾功罪不許狐疑觀望　先是兵部左侍郎李昆奉勅前往大同撫安亂軍一至宣詔畢即還疏曰臣會同司禮監左監丞王敏於嘉靖三年八月初九日賚勅前往大同開讀及撫諭前項

軍士寧妥但大同一鎮極臨邊境且宗室衆多士民繁庶軍武作亂關係匪輕而朱振等乃能臨難効忠披誠化暴遂使先亂軍士歛手待命卒致宗室無恐居民安業轉危為安之力卓然可稱者不具實上陳原功請錄何以慰答人心況臣等訪得朱振監追贓銀係當武宗巡邊駐蹕之日正郡姦橫索錢貸之時所犯罪譴亦有可推如蒙乞或宥其追徵或加以錄用庶可慰大同一鎮人心酬報之公為天下臣子忠盡之勸

桂勇見諸叛復殺王知縣乃奮然曰古人不以賊遺君父吾輩已任事而坐視賊子戕命吏乎乃偽召郭鑑等與計事賜之食令家丁桂全勝等即令斫斬之乃偽為有所遺失遣執旗官索於民舍各即具家圖之凡斬三十餘

人函首以獻其餘黨喧曰鎮府賣我也始言見原而今盡殺之邪課而攻勇勇登門拒之從旦至暮矢盡被執時天祐在病聞變與至幵諸餘黨曰爾輩戕都堂寧有不討之理得首惡以獻則餘者免矣桂實活汝輩之[illegible]乃課而解勇因留宿故總兵葉氏宅諸餘黨數窺門且曰葉氏為我留桂公不可使脫去也會有詔召勇還勇間行赴京師于於是瓚綱以兵進駐陽和諸餘黨仍推振為主瓚綱亦自軍中上書為之言詔以振為總兵舊犯一無所問

按節度使由軍容廢立此唐之所以衰也朱振包藏禍心窺伺旌節叛卒業共推之矣首惡之禽斬若罔聞知桂勇之攻圍與能為救則振之情見矣瓚綱懇請立之比天朝子晚唐尋逆跡

於河朔其罪可勝誅哉

胡瓚等至宣府聞桂勇已誅郭鑑等即奏稱大同地方今幸撲堵如故此桂勇朱振先後戮力剪除兇惡之功郭鑑等敢謀叛亂罪不在赦命臣等興師問罪止及勅內有名首惡其餘不問痛念大同軍民本皆良善畏法胡為不幸生此妖孽今已明正刑誅遺寇延喘朝夕計料朱振才足捕處以此遵奉勅旨於嘉靖四年正月初四日班師回京臣望陛下任賢勿二去邪勿疑廣用忠直開通言路如桂勇等奮義立功者用之不疑靳英等怯懦保身者黜之必速如此庶廟堂收明良之譽疆埸獲保障之功而陛下中興大業重光無窮矣再照臣力綿福薄舊患熱病行至宣鎮前病既作

容臣徑歸原籍調理設若大同餘孽復肆亂逆朱振等身負委用不能靖恭朝廷不得已議再興師雖臣在籍豈敢辭難上命一臨當即赴鎮上乃命差官往勘叛軍事御史蕭一中疏曰適者大同軍士叛逆皇上特勅侍郎胡瓚假以提督之權統兵擒剿而瓚往逾月怯懦寡謀未見有功僅賴總兵桂勇奮不顧身擒斬郭鑑等十數人而首惡郭巴子等尚未得獲餘黨仍舊守把城門稔惡不悛以此廷臣會議興師方奏請施行而瓚已班師還矣方且論功議賞曰某俱宜量加恩典臣與魯綱宣布恩威不足多錄臣意瓚之厚顏無恥欺罔君上一至此也前此李昆撫安未定而輒還是以有今日之舉今者瓚行糜費無功而班師是以勞體勘之官二

臣之不忠皆可罪也瓚前謂朱振足以了事臣竊料已有規避之心不知朝廷遣彼此行謂何而乃欲以未了之事屬之朱振邸項間差官體勘知事有不妥遂陳乞休之疏乞將瓚先賜罷黜待各官體勘至日與魯綱等另行議處庶人知所警而忠於所事矣給事中鄭鵬疏曰臣聞大君御天下之柄莫重於綱紀綱紀立則法令行則體統正而朝廷尊大同叛卒戕殺主將剖割撫臣逼挾親藩抗拒朝命陛下不忍加誅開其自新之路而乃不思悔悞彌造党殘赫然徂征瓚綱專閫輕躁寡謀剛愎自用重勞大象未弘廟謨隱匿賊情輒擬奏凱勅旨有曰禽斬首惡及真正下手之人早正天誅解散餘黨則殺參將賈鑑都御史張文錦及執總兵官桂

16

勇之首惡助惡是在必誅者也今郭鑑等之誅出於桂勇在瓚綱未至之先徐龍等之黨率皆逃匿實係未獲之數而瓚綱輒爾班師且為朱振請命夫以桂勇謀畧不能盡斬首惡以速報復之禍朱振受叛卒擁立之恩而能制其死命耶陛下以討賊付瓚綱瓚綱乃欲付之朱振蓋自料其力不能辦無以解脫援立朱振則振必為叛卒掩覆彌縫而已因之以粗了前事其為不忠甚矣伏乞將胡瓚魯綱等削奪官爵拏送法司候勘回之日處以失誤軍機重罪不從時輔臣已建招撫之議每人賞銀三兩家叛始定而其漸不可長矣

十一月盜殺山海關主事王冕先是鄧三陸雄正德十一年四月間知遊方人自稱活祖習學白蓮教術夜放毫光惑人雄

與李真等投跟習學年久，每人與迷惑黑色藥丸一包，各帶在身，要行迷惑人（正德十四年五月），活祖故遺傳李真有君王天分，沉淮為軍師，雄等俱是臣宰。雄等假乞白齋講道為名，各處扇惑，廣集人衆，將雄為局頭管領人馬（嘉靖三年十二月），有李伯川寫立帖文，調雄等約在本月二十六日早到山海關取齊，開門突入，先殺守關主事，入城就殺守備官把關門，城池鎖鑰奪了，內外召兵為王，以阻絕東西兵馬。至日早，雄等赴約，主事見坐堂開關，驗放商人，雄等暗藏兵器，李成騎馬懸帶弓箭，假充商人，執齋文引，混入衆商人內進關，雄等上主事前堂大叫：李王到此，主事接駕，外有三千人馬在後。本處多人接應，見不從，雄等當將見赴至後堂殺死，將伊母砍傷，當有守門軍人走報守備官田登率領官軍將雄等擒獲及將雄等隨身各帶李真原散會兵妖言號帖符說藥包等件收獲提督侍郎李昆上聞上詔這妖言賊餘黨着各鎮該巡官多方訪察嚴限捕挐仍出榜曉諭但有習學邪術惑衆之徒即便舉首不許互相容隱田登雖防禦欠嚴但當時能擒斬賊犯不必查叅王冕着措置撫恤護送還鄉

四年正月鎮守薊州山海關太監李能題稱本鎮所屬山海關遞年各處諸色買賣客商往來經過把截關口照驗文引但是出入貨物俱有分例門單使用准令臣收受按季交割本鎮修理邊墩

兵部侍郎李昆疏曰切照前項山海關係臨要害去處原設初意止是盤詰往來姦細原無征稅之例如近

日妖賊入關爲因盤結輒殺主事若復加以征税則行旅阻滯商賈嗟怨其害有不可言者誠孟軻氏所謂今之爲關者將以爲暴也候命下本部行令太監李能安静行事不許輕信下人生事圖利擾害地方上詔這該關往來客商着鎮守巡撫官會委公正官員公同兵部主事從宣拙取門單使用收貯在官以備修理邊墩等項支費不許侵欺

御史劉頼疏曰我太祖太宗奄有寰宇法古出治内而兩京則有宣課司之設外而府州縣則有税課局之設魚課有河泊所之設鹽鈔有場冶之設至於竹木有工部抽分廠之設舟船有户部鈔關之設其取利於民極爲纖悉而周密矣顧於沿邊諸關則未始有商貨之征也今太監李能陽假修築邊

關之邪謀，陰濟漁獵罔利之私計，事若出於至公，心實懷夫規利

夫商賈棄父母離妻子，正欲圖錐刀以為生耳。且經過稅務部廠

驗稅抽分屢矣，今復抽取門單使用，何重病之也。乞重念邊關干

係，毋規小利。不從。

按前山海主事之死，不由於虜，特書重關也。重關所以重虜防

也，至於內官抽分，果禦暴哉，為暴哉。毋乃內虜之伏也。噫。

初殲綱班師，餘惡及執勇者皆漏網，都御史蔡天祐付耳目於朴誠

者，問以他事覺之。至是逋逃郭雄輩見事寧漸歸，天祐捕斬得四

十餘人，隨下令曰：殺巡撫之首惡未盡執，總兵之再犯未究，雖爾

輩可遂以為安乎。今茲盡已究矣，其安生理。此後以變中事來告

言者罷於是大定

尹耕曰是變之定也則惟天祐之功蓋其鎮靜舒徐委曲詳慎者至矣而或者每每究之以為釀禍於戲桂勇奮謀而被執殲綱來捷而班師廟謨重難于用兵反側日有所騰吠斯何時也而可易談之邪或曰是舉也朱振不有力乎曰振曲庇餘黨危言時發微天祐為所搖矣然予又聞之父老云事所寧諸恩以次誅振時出危語撼天祐天祐不為動振益不自安及大誅餘黨乃令人火其門曰餘黨憾予如桂勇也噫斯其得振之心乎然知之者鮮矣

張文錦妻李氏奏稱伊夫被邊將挾謀糾害乞為辯雪上以文錦

處事乖方激成邊患李氏如何又捏詞奏辯詔追究主使抱本之人巡撫江西都御史陳洪謨乃上疏曰大同叛卒既戕虐將官復戕害撫官皇上震怒命將出師不旬日間聞就擒斬者五十餘人此誠讐服姦雄易危為安之機也近睹邸報侍郎胡瓚督軍宣府駐劄總兵桂勇行取回京別用第以今日之事有進無退王師所指必令殲厥渠魁搜捕首惡而後眚災肆赦脅從罔治庶幾威令可行紀綱可振否則姦宄猶昔而欲國體之尊世道之理蓋亦難矣又張文錦叨膺重任致茲大患誠宜深加譴責以為付託不效之戒然事在朝廷雖誅夷之可也若因假手士卒又從而懲戮之傳之四方群小皆得以藉口而寢生陵替之階其柰國家綱紀之

大豈細故也哉矧自正德年來江彬用事誘置邊卒出入禁庭後雖分邊歸鎮此輩猶懷怏怏稍不如意輒敢撫劍疾視齟其長帥漸成驕橫難制甘肅之變已為之先矣然則可歸咎於文錦乎查張文錦賈鑑修復水口果為公無私或量賜優恤廢名分可全而紀綱為之稍振矣上詔陳洪謨受命巡撫一方當理職務未必修舉如何又出位妄言欲盡理天下之事況大同之事情朝廷處置得宜恩威並著邊境已寧張文錦家屬薄示懲戒有何重究乃特出意見輕率奏擾好生不知事體著從實回將話來提督鴈門都御史畢昭疏曰山西全省地方極臨邊境除大同一鎮外其所以保障軍民預防虜患惟在鴈門偏寧三關而已而鴈門一關相

臨應朔稍近腹裏隘堡聯絡有險可恃若偏寧二關地方平曠虜騎要衝兩關相距約有一百八九十里若虜從中路突入兩關人馬急難會合老營堡人馬亦難卒至惟八角堡北至偏頭關老營堡各九十餘里南至寧武關亦九十餘里固虜騎累犯之衝亦我兵會合之總若於此處建官設所積聚兵粮誠保障之至計經畧之遠圖也但移舊更新事情重大各職未敢輕議久訪彼處軍民皆稱堡北四圍俱鎮西衛屯地若於此處立所則屯種之人便矣又稱鎮西衛之軍見在偏頭關備禦若於此處立所則鎮西之軍便矣又謂八角常年守堡俱係鎮西衛官員若於此處立所則鎮西之官便矣揆之人情上下稱便於此立所防邊誠爲相應上從

之准改調八角守禦十戶所　北虜由許家衝入寇龍門守備馬驥以兵少不敢戰度虜必由舊路出乃率兵斷其路路在兩山間驥濬壕深二丈許虜聞之大驚以精甲拒後繩韋蟻渡而去土人曰是時得官軍一營至則虜可殲也

按聞邊人之談虜情者曰百騎不越城千騎不越路萬騎不避鎮言虜騎愈多則所入愈深也又曰鎮守戰原野墟分守戰山谷斷守備戰溪岸聆言所統既寡則相機其宜也若驥者其足以知此乎紀之以為小校法

殊域周咨錄卷之二十

行人司行人刑科右給事中嘉禾嚴從簡輯

揚州府學訓導長洲彭天翔　校嚴巽

江都縣學訓導華容王三汲校　嚴庸分校

韃靼五

五年秋八月北虜寇井坪乃西路地也中路參將李瑾曰是可視為兩家事邪馳兵赴之時西路參將劉鎧遊擊李鑑兵先至惶懼不知所出瑾為申令戒衆合兵置陣先據荷葉山虜數衝突不為動最後以大砲擊其中堅而自督勁騎馳下擊之虜披靡引去

按李瑾奮於決機不以人已介意有古名將風矣

六年春正月，北虜寇葛峪，叅將關山、王經死之。虜大舉由毛家溝入寇葛峪，時諸營兵未至，山獨將所部不滿千人直前突戰。虜見兵少，合圍數十重，矢下如雨，會風霾，兩軍混戰，山遇害。經，西路叅將也，聞寇，率兵援山，至華家營遇虜，亦力戰而死。

按山、經之死，其忠義之激乎！蓋至是則正德之濫功盡革，邊塞之賞罰大明，行伍浸浸生氣矣，而力不從心，竟至隕沒，可惜也哉！且李鏜、王經皆赴同事之難，而一死一全，亦有命夫！

命劉源清為宣府巡撫都御史。六年，虜酋鎖合兒伯通復以一千七百餘騎拆邊墻九十九處，入犯花馬池，將犯固原。總制尚書王憲預調延綏、寧夏、固原官軍共二萬七百人，分路按伏，賊過鐵柱泉小鹽池常州鎮戎平虜二所至八營攻門固原參將劉文等擊敗其衆追至細溝營斬首九十五賊奔潰至哲思溝榆林副總兵趙英等伏發斬首二十二賊過平虜所青揚嶺榆林遊擊卜雲伏發斬首九十五賊回遇寧夏總兵杭雄等邀擊之斬首復九十五前後諸將斬首三百餘獲馬五十三匹鎖合兒伯通死於陣餘賊由故道遁出境外自來三鎮禦虜未有若是克捷者也　七年秋九月滴水崖軍人賈鐵錢保等與市商訟不勝因激怒衆曰我輩出死力捍地方商非土著人坐肆網利反蔑我輩邪遂聚圍商居掠其貨縱火焚倉場嬰城且曰兵至即走胡時官兵在境外燒荒巡撫都御史源清聞之大駭家遣人至境外邀副總兵劉淵參將

李彬曰事已無歸鎮便可出間道至滴水禽諸惡也淵等馳之故作亂之二日兵即至城下彬部卒飛石墜其障冢遂附登已而淵至呼曰兵一入所殺豈止亂者耶又能止焚掠耶家乃止於是令城中曰撫臺已得情所禽止鑑等十八人耳餘不問也鑑等多自殺門開淵整兵入禽未死者數人送鎮斬之一堡悉定　分巡冀北道僉事田承胡瓚調整糧草從陽和赴馬前往渾源州公幹行至離城一百餘里前到大同縣地名瓜園兒迤南遇潛伏逵賊約有五百騎驟馬前來當將田承并撞輸軍人俱各砍死將田承身屍移在本村龍王廟內停放上命與祭一壇護送喪柩　鎮守寧夏總兵种勛謀欲更調鎮守地方擅起符驗關文節次遣人馳驛

藏帶金銀並金銀器皿及各色五綵織金蟒龍麒麟雲鶴等件絨疋用使圖書書柬禮帖記事齎執至京投托近侍官李鏜引領打點送銓選衙門先是有孫昂趙鳳將种勛原齡更調地方金銀壺盞并銀兩寄王文進家蓋御史王官之父也東廠太監芮景賢訪獲奏請將選法人等連贓并書柬禮帖記事及批文等件通行拏送究問上詔王官李鏜等下錦衣衛獄种勛差官校拏解來京問理

給事中解一貫疏曰廉恥者國之大維清介者士之大節种勛猥以一介武夫謬膺一方重寄不思體國戮力以為忠却乃納賄買官而罔上計此財物若非剝削軍士必是侵盜官錢再照李鏜王官一則以近侍之職不知殿陛為何地而甘為敗鼓之皮一則

以風憲之官罔思激揚為何事而自處糞穢之下但知營充囊橐不顧貽誚士林一時之清議難逃千載之污名莫滌若不痛加懲治何以警戒將來且有書吏分明可以知所與為何人有禮帖開寫可以知所餽為何物又有記事簿籍中間已餽者某人未餽者某人必一一條其明白若不備細查究中間恐有夤緣作弊僥倖漏網者伏望照數稽查褫其衣冠削其士籍以為鑽刺貪饕無恥之戒於是寧夏缺總兵官推舉得南京後軍都督僉事楊宏後軍都督府杭雄給事中鄭一鵬疏曰國家之敗由官邪也官之失德寵賂章也近年以來茲弊復生幸而种勛事敗楊宏有勛之夤緣而濟之以狡猾有勛之貪婪而歸之以文墨有勛之奔競而輔之

以羽翼若果見用邊鄙之害當有不可勝言者伏望將楊宏亟賜罷黜仍勅該部從公再推老成廉靜將官取自上裁

按各邊參總其以賄賂爲功級以鑽剌爲韜畧往往皆然是以將不得人武事不飭且此餽送之物果奚自來非侵漁士卒之餉糧則尅減朝廷之賞賜是以軍不得飽勇氣不揚其敝已久豈特一冲宏哉姑紀此以例其餘云

七年四月御史張恂按臨保定府知府屠僑在於官廳伺候忽有保定等衛旗軍千餘人拔劍開弓喊聲動地高叫屠知府何在今日與你有個死活屠僑見勢兇惡踰垣逃遁各軍趕尋不見將把門快手用刀砍傷一齊擁入察院喊稱知府欠我月糧慳悋不與

你吽他出來我們與他說話張恂再三慰諭各軍不肯出門後有分守保定副總兵陳謹到院張恂將伊責讓謹用手一麾各軍方纔散去恂訪得陳瑾與屠僑素有嫌隙諸軍之橫皆出陳謹之謀也

都給事衛道疏曰竊惟天下之政莫大於紀綱紀綱之立莫嚴於名分爰自甘肅戍卒倡亂戕害都御史許銘既而大同叛軍繼之殺害都御史張文錦參將賈鑑自是而後強獷之軍每挾其驕悍之氣而陵犯上官闒茸之官每畏夫反側之禍而姑息下士紀綱因之而大壞矣追紀禍源至今有識者所以猶輕李隆之死也保定之事頗與甘肅相類猶幸屠僑得生故變亂未成耳向使屠僑之適不急諸軍之怒得逞鋒刃之下死生未保地方禍變今日又

不知何如也。易曰：履霜堅冰至，蓋言慎也。今日之事可以言冰，不可言霜矣。若不通行究治，竊恐天下之強軍悍卒聞而效尤，犯分凌節，無所不至，紀綱既壞，將有不可收什者矣。參照副總兵陳瑾存心光狼，守已貪婪，先曾被劾而罷官，後乃夤緣而復起，坐觀軍士毆罵守臣，若無主使之情，亦有縱容之罪。保定府知府屠僑輕人傲物，志廣才疏，拖欠軍糧，久不處給，橫被毆辱，實其自取，倘激成變，罪將誰歸？再照前事，臣等風聞已久，以事久真切，不敢上聞，意者撫按等官必來奏報，經今將及一月，事頗得實，報久不至。又況張恂親經事變，稽緩未言，雖得靜以彌亂之方，似非見惡必擊之義。乞勅兵部馬上差人賫文，着落巡撫都御史王應鵬作急查

勘上詔這地方軍士激變各該官員既不能禁制又隱匿不奏兵部參看了來說

七年夏六月北虜冦朔州由火石梁入

八年冬十一月虜酋小王子河套虜七萬餘騎由井坪入遂掠朔州至偏頭關乃退套虜北虜居河套者八年

宣府都御史源清上言彰往所以勸今表忠所以勵俗本鎮為國後門捍禦北虜歷年以來將帥士卒宣力効忠伏節死義者不可無祠也詔從之於是源清毀淫祠為褒忠祠祀將臣譚廣薛祿而下軍士穆得海王羊兒而下若干人近時如關山王經輩皆在列

各邊御史毛鳳韶極言官官出守之非且曰兵不額增餉不稟實而使刑餘不任之人坐食其上既不可責其戰功又不可屬之吏事一職數人一城數

職是坐困也，而況依阻為奸，漁獵所部，其為罪狀，又可勝言耶？兵部韃之因覆議曰：塞粟一石，中土數鍾；邊軍一人，供戶百輩，此邊方對症之藥也。乃罷各邊監鎗分守諸宦官，宣各大留鎮守一員。

九年夏六月，虜以三萬騎入馬營，參將兵被圍赤城，守備劉傳聞傳砲，即率所部僅百數十騎赴援，中途逢虜，直前搏戰，虜圍之數重，傳令士皆下馬步鬬，引滿四射，箭無空發，最後射殺其酋長，虜咬指引去，傳身中矢如蝟毛。

先是虜酋阿爾禿厮渡河由寧夏北境入莊浪住牧，九年二月至青海，與亦不剌和親。亦不剌女先許嫁小王子，至是更嫁阿爾禿厮之子，阿爾禿厮子領衆二萬娶亦不剌女歸，復自寧夏入河套住牧。

十年，虜寇大同，夾鎮城

西下總兵官彭棋堅壁南山不敢戰虜遂入懷仁山陰至廣武大掠而退初議罷諸宦官獨留鎮守至是虜深入總兵官彭棋獲罪言官因併論之遂罷諸鎮守宦官　九月以李瑾為大同總兵官十二年春二月北虜寇大同右衛由雙城入冬十月鎮兵殺總兵官李瑾以叛大同近胡地寇時至舊將令寬慢諸軍追虜有不至者失期者咸置不問墩卒懼虜攻圍或歇役烽燧屢失甚有受虜遺為緩其燧者比兵出則無及矣又朱振之罷仍寓鎮城代將有大區畫必與之謀振以示惠於諸軍結其雄長伍中諸有心計及異能若織組技藝者班下恒役於其家時時巷議新政瑾至軍申令戒嚴有警鼓手軍曰期某刻至某境徑以親近往虜退索諸失

期後至者刑之塞下乃歸烽燧失傳雖微必治置革鞭鞭之曰異於梃傷骨也又不咨詢朱振於是伍中及墩卒時出怨言振因以微言動之諸來役者泣訴法太嚴則曰李瑾生長右衛小城無長人常（度）彼信知伊小城中軍伍易制也豈知鎮城多傑者也（邪）又曰往年張文錦之變軍人豈獨於總兵官不敢發耶（邪）於是毆殺文錦脱漏未誅如王福勝輩咸憤曰必殺之及是有二邊之役諸軍以給犒暫還既給犒瑾令曰來日黎明至工所其夜有大星隕西北方衆星隨之如雨瑾自見之嗟歎（嘆）就寢夜二鼓王福勝等喊噪集衆得三四十人共圍燒瑾廨門始瑾與諸將吏約有急舉炮則各以兵至聞變舉炮凡三舉將吏不至而諸兇悉集矣瑾知事急率弟

玥執弓矢登門拒戰比明盡矢數房所殲十餘人傷者數十人至辰力疲叛者一人從傍刺其弟墜諸宪殺之瑾知不免免胄擲地曰惡狗吾為大將豈死汝手耶（邪）遂自刎因墜門下諸宪共臠之遂共刼庫出伏執都御史潘倣諸為桂勇蔡天祐所用禽捕首惡者悉殺之奪門鑰陳火器嬰城以叛遣人以金幣女伎遺北虜乞援曰中土富樂可來自帝勝沙漠也遠近大震

尹畊曰此大同再變也其所以致此者有三而李瑾不與焉世之論瑾者曰賦性嚴刻刑罰過拖犯衆之怒以戕其身噫此未考其素者也嘗聞瑾之為將矣勞不偏安貧不殖貨其至大同也與士卒共甘辛斬賊（敵）首者親為露布其門死戰者設壇祭傷

者為敷樂勤懇撫之未嘗或懈獨於追冠失期烽堠失警者不少貸革鞭慮傷生匪以為虐也夫衛青為將稱仁慈不擅誅於外而李廣之後期至於自刎不敢對簿廣為將極簡便士以此樂從而亦嚴斥候遠要害失期之無罰烽燧之不慎無所事將矣瑾嚴於失期烽燧者非以虐於軍也昔宋太祖斬此例登聞者四十餘人昔人稱其善振五代之頹而顧以此責瑾乎故曰未考其素者也又曰法行有漸驟施則駭瑾不審夙昔一旦以嚴加之所以致敗噫此未致其詳者也嘗稽瑾之為將矣自壬辰建節至是已踰一年追奔屢出若干卒伍之不肅清野數令失於傳報之不審每每撫髀嘆曰兵將尚不相識邪我思用右

衛人申飭既至鞭朴繼拖夫子產惠人以為為政莫如猛子儀長者以為私不可受舍法而受私無所事將矣瑾用法於一年之後亦可謂有漸也昔孔明以嚴治蜀先正以為善救劉璋之弊而顧以此責瑾乎故曰不致其詳者也然則瑾奚以死曰有三瓚綱處置之失宜朱振懲德之不已巡撫方與諸將吏環視而莫救也何者禮以嚴君子刑以懲小人惟名與器不可假人夫巡撫者藩鎮之司命上古之所謂得與夫子立殿陛相可否者也一旦執殺之此其人自分有獲生理邪桂勇甫誅而未竟朱振繼事以彌縫刑典不明兵車亟反抗章朝堂謂為已定而復為朱振請節鉞使奸雄俾倪旁視者飽其欲而誰何彼塞垣

強悍之資素無知方禮義之教觀此操縱孰不荷戈效尤也乎故曰瓚綱處置之失宜也龍蛇見血本性自張朱振罷柄以來觖望殊甚前以亂軍擁已執桂勇以堅其援焚廨門以文其奸此其人更復為感德事耶事寧更置不謹縧籠夜議曉誹反覆交亂遂使諸悍結怨公庭懷恩私室彼久逸凌節之兇而鼓之以興戎起釁之口值是多事有不奮然思逞者乎故曰朱振懲趨之不已也又瓘之約曰有急舉砲咸以兵赴豈不以處荆棘之叢馭反側之衆緩急人之所時有也即有不諱則五步之內不得施其衆乎夫總兵可以援巡撫則巡撫可以濟總兵矣而況鎮城之中有協守有兩遊擊有都指揮僚屬凡諸為長者固

數十百人也舉砲登門閒關射拒意以為必有援之者矣而自夜及辰為時久矣矢盡數房為力疲矣巡撫潛避僚佐不前擲冑自殘其此心能無憾於郡公邪夫江桓不至撫臺而文錦死天祐肩輿戈甲中而桂勇生顧不有明証乎又往時父老謂予曰諸逆攻圍瑾久不能勝天漸曉可辨人稍稍引去獨始倡者二十餘人念姓名已為人知攻不置於戲此時而有人乎其側急之可以禽誅緩之可使離散矣故曰巡撫方與諸將吏環顧而不拔也是三者有一焉足以死瑾矣而况其黨邪若瑾者死可矣獨惜夫論者不致其討於諸人而顧喋喋于瑾也

總督侍郎源清都督郤永來討叛兵叛兵復推朱振主軍事初變

聞廷議以大同再變士卒驕肆不有大懲終難戒心詔源清進兵且命永為提督源清乃檄問變故兵駐聚落堡永師趨鎮城南宣聲誅殺總兵者諸叛復擁振為主出庫伏火器列置陴陒嬰城拒命曰劫掠諸富家搜殺諸定變有功者一言不相入及素睚眦者咸滅族矣後永攻南關破之殺戮亦衆然皆愚痴守里閈不去者永乃為長圍守之天既寒凍官兵戰疲賊乘間突戰數不利初官兵始至也遼東兵乘勝入其南城門以永未至令未下馳而出至是咸惜之十一月朱振既主軍事上言乞赦叛者請斬首惡以獻縛乞丐者十餘人以至源清乃檄召振計事先是諸叛遣人賫金帛使北虜還檄獲其二人源清簿訊之具得振受諸叛擁立及為規

畫城守拒命使為已請節鉞諸奸謀振不知也及至源清諸之不服出邏獲者証之振震懼是夜飲藥死

十三年春正月叛兵以北虜入寇初諸叛使人以金幣啗北虜有刑通事者素盜馬徼外頗知虜駐牧所率數人往虜初疑之既而知戕總兵是實虜酋吉囊黃台吉青台吉等以五萬騎至官軍堅壁不敢戰而偏道斷絕源清兵駐聚落堡與虜角不利永屯城南不能相援也中外大震諸叛以虜使十數人入城指代王宮示之曰此與汝王子居虜使咬指稱死扣頭去諸叛欲盡納虜入城城中人不聽乃止已而虜自解去或曰有陝西遊擊某者潛出塞襲其輜重虜聞之乃退

嘗論十三年之役有三失焉主兵不睦幾斷不早進攻太逼也

夫二卿相惡楚師以敗將相交懽漢祚斯安源清號稱忠正而遇事頗踈郤永則陰險貪婪之資而濟之以彌縫鑽刺之奸者也二人共事同執兵權則舉動何能無掣肘臂指何能悉如意乎且永曾建節上谷矣源清兩疏論罷之則相為猜忌也深矣夫以陰險貪婪之人而重之以夙昔猜嫌之深此其人能如李臨淮范文正怦然相得戮力平賊也耶（邪）是故羽檄甫馳于諸道而科索已聞於四境校佐未謁其牙纛而贄貸已満其私囊殆夫進兵無謀遼陽盡銳而無繼馭軍失律南關縱戮以邀功則源清已不能制永而付之浩歎（嘆）矣古曰將帥不睦其兵可禽此之謂也裴度平蔡惟斷乃成亞夫制楚從（天）而下方大同之初變

也建議盈庭莫能適主然究其指歸不過二端曰撫曰勦而已乃若撫矣而首惡之誅必嚴勦矣而脅從之罪宜宥則適中之說也夫蔡天祐者世所謂應變之才大同人深信而誠服之者也使決於撫矣則天祐可用也匹馬叩關無不解甲首惡可以漸禽餘黨可使解散蓋不特免朱振之紛擾縛乞丐以希恩亦且無聚落之倉皇挾腥膻以危衆也又大同一城生齒甚庶爨薪食米仰給他方神器火藥發自內帑居常推挽輸之轍結轂繫尚且不支而絕源俟涸斷哺待饑彼烏能與我持久邪況初變之時人心搖扤事勢未一首惡未敢訟言以主謀脅從未至一心以效力蓋聞十日之外且猶未斷行旅

親藩宗室相繼

遯奔諸司吏長往返省視使決於勦矣則間可用也或募人入城以燒其倉廩或購中伺便以焚其戎器刻日齊發百炬並爇比其戒嚴灰燼遍矣而衆論紛紏以莫定主者觀望以徘徊則雖源清輩亦莫有一定之見而況其他乎古曰當斷不斷反受其亂此之謂也又用兵之道量敵而後進慮勝而後戰勝於戰先謀於事始夫大同為西北之極徼自韓信陳豨倚外援以中陵盧綰盧芳視窮荒為逋藪不待今日始知之也彼變一聞則我備宜預連精騎於塞下而重募邏徼之人申守備於三關而大嚴出入之禁夫大同之邊有限通虜之使微行付心膂於忠誠重恩賞於捕獲彼豈能飛越耶外備既嚴內間用命徐以偏

師壁其四面去城二三十里不必逼郊連營十四五屯不必合綱巡哨則騎兵遞相往來設伏則步卒互為耳目夫錫臘溝之炭不入則爨釜不鳴諸城堡之米不繼則枵腹莫賑軍器火藥焚於內樓櫓陣陒毀於外然後懸格軍門射書城上束手者皆為良民斬級者必書上績嚴首惡則詢訪必實謹根蔓則緝捕必盡名姓有定稽形貌有定識逮夫兇惡盡誅然後恩宥大布諸軍解嚴以旋鎮撫臣建節而入城除彼苛煩與之更始已前之事置不復言斯威撫動之中庸恩威之極致也而乃議未成謀備未周險倉卒配發輕用大衆五六萬騎頓之堅城欲戰不能欲攻不克夫未有陷堅之議也而雲梯衝車羅列於陣前未

有悉屠之說也而嬰孩白首擄戮於南郭堅脅從之心實狂悖之口卒之虜騎再南人情恟懼舉天下精兵幾盡戮於一旦所失豈細故耶古曰急而走險將失歇鹿此之謂也

遼東巡撫呂經委指揮武勳經歷郝人英審編定遼左等二十五衛均徭武勳妄將老幼一槩編役又將原幫壯丁擬出徵銀呂經又聽廣寧中軍都指揮袁璘劉尚德修築城墻栽柳種田不得休息月粮失期衆軍怨憤有左所馬軍趙憨兒倡亂衆軍擁入都察院喊叫先將劉尚德捉打呂經越牆走苑馬寺避之憨兒等遂放火劫獄將肅清等九門關閉仍在獄中劫出高大恩尋至苑馬寺圍經採打撻送都司羈住時巡按御史曾銑在欒古驛聞變即趨

遼陽出示曉諭本城軍人等各安生業毋得驚疑各官旗依舊操
防及將經所行不便事件盡行除革愍兒等聽信散說銑疏參經
激變乞為罷黜另選練達邊務者代任及言開端鼓禍者容查勘
從者暫寬斧鉞上乃命呂經革職閒住以都御史任洛巡撫遼東
經離任回行至廣寧取原留衣服書廚袁璘傳稱經要辦粘扛將草
價每石扣除二分收買軍人於鑾兒等欲乘機劫搶鼓惑衆軍遂
打開院門將經剝衣拔髮拉送衛監鑾兒等將迎恩等五門關閉
又將袁璘赤身頭帶草圈上插小旗時鎮同經擡在車上執旗吶
喊推遊五門遊畢仍送在監太監王純總兵劉淮遊擊史俊見經
被鑾兒等打傷沉重央浼保出分司存住鑾兒等又與管糧郎中

李欽昊講要粮賞李欽昊每軍放草七束銀一錢一分外又多加
銀一錢二分及添銀一分作袁璘封扣之數曾銑聞之遣武舉韓
承慶宣諭衆軍暫依寧息鑾兒等又脅逼劉總兵奏討舊巡撫周
都御史郤總兵前來安撫事聞上遣官校蔡重齎捧駕帖將呂經
拏解來京總兵劉淮等俱往會府迎接開讀鑾兒等疑説既來捉
經如何無勑書黄榜止用一片白紙必是經家人詐他脱身遂一
擁將蔡重擒打送監曾銑乃差指揮柯重執案驗告示曉諭鑾兒
等方將經送交蔡重赴京上命工部侍郎兼都御史林庭㭿往遼
東勘問趙憨兒乃潛至廣寧與鑾兒謀同拒勘詐稱林侍郎領兵
要將兩城追究以惑衆軍謀於六月二十五日夜劉淮進表會府

糾各擺隊軍人殺淮將各官關在城外逼他順從并掠各衙錢粮
人家財物劉淮知覺時值天雨命各軍散訖至天明方拜表鑾兒
不得聞乃造妖言紫微星下界真人出世白龍駒出現二十八宿
扶助天兵百萬要從聞原殺起直抵山海關有順從者陞用不順
者全家不饒用黃紙寫成貼各門又謀劫獄銑聞之密計行副總
兵李鑑參議高登韓承慶等督令官軍楊世祿等將憨兒七名擒
獲史俊劉淮復密計命郎山金鎮擒陳羊兒羊兒亦賊首也宿於
娼婦張大兒家金鎮往擒羊兒執刀迎敵郎山用鐵尺打倒拖至
豬市街殺死銑乃遣百户崔捷傳示遼陽首惡已擒即分布官軍
擒鑾兒等奏乞依法處決其餘脅脇從俱免究上詔這悖亂軍人有

名首惡既都擒獲地方已寧不必查勘法司從重擬罪來說林庭
棉取回魯銑陞大理寺右寺丞賞銀二十兩林廷棉任洛各十兩
時撫順城守禦指揮劉雄刻減軍士月粮土兵王經等不忿糾衆
乘夜打入雄宅劫掠家財明日衆軍縛雄各上樓鳴鐘吹號將城
關閉銑聞之即遣指揮胡承恩代雄備禦曉諭衆軍照舊操守經
等見事不諧逃躲銑行胡承恩捉獲經等斬決城中始安

按三城之變起於一時亦甚危矣况各鎮之變相循於數年抑
何故哉蓋上有假借之法則下多放蕩之情往者寧夏之軍曾
一變矣未幾而後有大同之變說者謂所以處寧夏者啓之也
大同殺叅將殺巡撫既變於前矣未幾而又有殺總兵李瑾之

變說者謂所以處張文錦者啓之也然則遼東之變謂非生尤
於處大同者乎蠢茲小醜習於耳目自謂陵辱命賊臣殺主帥
其禍不過如彼而我等縱一為之料無遠害此所以倡之即應
誘之無忌爾今銳不動兵革潛消大亂其功足多而鑒往懲來
尚剛制以法云
初年十三大同叛賊來伏辜朝中猶有難於用兵者岳倫請早定大
計疏曰大同軍士往年嘗殺都御史張文錦繼又執總兵官桂勇
兵今此舉則三變也其進兵征討必兵臣獨慮撫巡鄉官在利害
中為生死所迫鮮不為彼陳乞而在廷之臣生利害者計難易較
錢谷者計勞費保全　宗室者計俱焚有一于此皆足誤事萬一

復蹈往年故轍殺無干乞丐以緩　王師將諸邊效尤綱紀大壞矣所願銳意進兵務在必勦夫處利害之內者其謀論不足采除蛟龍之害者其綱畧不足惜剗堅城之敵者其攻取不可急今時當隆冬寒官兵不必頓之城下只于聚落堡懷仁縣諸處環而攻之使錫臘溝之炭一月不入四方之米二月不至可以坐待其斃或宥或誅威福之柄在我矣昔澶淵之盟寇準謂以戰盟則盟在我而可堅以和盟則盟在彼而易叛今切不可使朝廷之赦在彼也又曰大同一隅九邊觀望今日以諸邊討大同為力易他日以天下討諸邊則為力難是今日之討大同所以為諸邊地也今日之舉當以理勢論不當以難易論當為異日計不當為目前計又曰

进見即報以魯綱鎮守大同督其赴任使綱一入大同使為彼所
率制不若別給符印令駐陽和使得便宜調遣則各城之兵有所
仰望繫屬不敢擕貳觀望仍別置管粮郎中一人共駐陽和以供
軍餉以明示置大同城于度外則進退伸縮在我矣初戶部郎中
詹榮以理儲至鎮有父喪值變作不克去榮素允於出納且為諸
軍計供餉誠懇故不為所怨至是聞官軍戰數不利諸叛復搆將
至乃止哭離苦奮然曰君親併急予何敢自附於執禮矧父喪母
氏俱在此乎遂潛使鎮撫王寧者諸軍前呈儲牒寧至既呈牒督
府三麾之懇不去督府悟屏人與語寧悉陳榮意且曰榮言不敢
愛死以忘君父今兵屯已久外寇且復來主上寬仁德音屢布罪

止渠魁而為兇惡所遏城中人弗聞也即聞弗信也得片札為徵約內應圖之不數日可辦夫渠魁不數十人而城中生齒且數萬軍門忍盡殘之乎督府曰善給印札臨行戒寧曰為我謝詹君忠孝臣子事也勉為之寧還榮乃以札示遊擊戴廉時諸叛推指揮楊麟馬昇主軍事廉曰馬昇亦治世能臣也必得與謀榮曰然遂召昇告之昇曰公生死骨肉我也不敢避榮復欲有所計議軍前使昇楊言曰自兵斷炭路城中凍甚詹中郎有信義盍浼之一出乞軍門諸叛不疑也榮至軍計事畢出遇兵部主事楚書於途中手榮曰大事可就願與君共之於是榮復與書定謀且曰城中不知德音吾謀就公以天使齎詔入一省慰之則事濟矣書曰諾榮入

城給曰炭路許通然聞有天使賫赦至閩城或可生也及復家與昇及素忠憤者二十餘人共盟於解昇泣曰有如圖事不諧而死其以百口累公榮許之昇乃復揚言天使至家迎書入宣慰畢書出是夜昇與同盟者擒諸首惡二十餘人斬之函首軍前次日大軍退舍諸酋從登城望見之懼且喜呼曰是真活我也榮令開諸城門去備具迎巡撫都御史樊繼祖以入遂定

按邊父老曰官軍頓城下戰不利督府令為地道垂城為賊所覺後引水灌城城土堅不隳傳言虜復至人情恟懼更五日不下有他虞矣於呼有他虞則國勢危虜再至則鎮人左衽矣若詹公者功真再造也哉又尹畊九宮私計曰十二年畊為藁城

今夔有張尚書子麟者家居一日鄉人至報大同之變畊走謁張因言下城策張曰此事只要朝廷主張定果欲大懲之乘其未備募人入城縱火為善又曰聞大同如渾河水去城迸可灌也後聞用兵時穴地道决水注之城不隳畊因思宋史有太祖灌太原契丹使臣譏其不知俟涸之語疑之庚子畊改官歸父老謂畊曰兵已退數日水涸城乃隳於是知古今事勢不遠而人之知識才力有遠不逮也乙亥畊過東平謁故總督劉公源清語及灌城俟涸事劉曰彼時實思不至此

四月禮部侍郎黃綰來賑時大變甫定城中饑餓代王以為言綰撫視賑濟於是諸被殺者家稍稍來告言綰與撫鎮官復家

諜擒斬王福勝等二十餘人

梁震為大同總兵官震陝西人素著戰功善用人家丁輩樂為效死尤長於出塞擣營時大閱乘兩變之後悍卒縱肆主將每每甘言煦之稍不如意則反唇瞪目或為飛章訛語相搖撼震素知其態命下卒所親家丁三百輩馳至申嚴約束禁治私聚一軍大驚其家丁輩時時向鎮兵語曰爾敢蔑主將者特其象耳兜郎輩在此無不一當百五步之內恐爾不得用其衆鎮兵皆咋舌

或言家丁之弊始於震夫震之家丁有家丁之利者也今之家丁利去而害存者也夫震西產也其家丁亦西產也結髮從震戰頤指色授無不如震意者今將臣建節始募家丁市井狡偽

嗚呼四集甚至籍軍中之銳號為家丁損伍額以張惡黨增遊惰而恣暴橫若震者蓋之矣

十六年梁震出塞擊虜戰於玉林川斬首百四十

按邇來邊塵日警小懲則大戒近勞則遠逸若震者功何如也而論者以為出塞起釁誤矣

虜由陽和入寇震及副總兵戴廉遊擊王陞督兵赴之既而虜由野狐嶺直犯大同鎮巡撫都御史史道率都指揮徐廷等以步卒陳於城東東塘坡虜遂南掠至懷仁乃退是役也虜先以偏師誘我兵東出而以大衆向鎮城過城下呼曰爾梁太師何在蓋覘知震東矣時騎兵盡出止存老弱微道出[illegible]幾致不測然虜所殘破

亦不勝計、

按梁震擅時名而不能識虛實之勢東塘雖結陣而不能遏驅掠之鋒聲東擊西亮志必懲虜何人斯而能有成算也雖然誘兵東致以震在也能爲有無亦庶幾哉

虜寇宣府總兵張鎮參將張輔國敗績虜伏兵右衛城東柳溝而以數騎逆城輔國新進甫任兵事不審虛實遽驅兵追之至柳溝伏發兵大敗死者千餘人輔國亦没由是右衛軍鋒頓挫報至宣府大震時鎮亦初總兵事聞之色喪馳見巡撫都御史登庸曰禍至矣柰何登庸怒曰爾婦人耶聞敗不提兵往援而但憂禍至耶鎮不得已出兵至水關懼不敢前輒報虜退而還其次日右衛人

咸出收瘗死者虜復至仍驅之去於是巡按御史閻鄰劾奏鎮綏追逐賊輕退失關械繫京師罷宣府鎮守官官前罷宦官鎮守楊誠頗勤慎留之至是以虜入亦罷

十七年六月北虜入寇宣府總兵官郤鏜敗績虜至宣府比時鏜代張鎮素無望且將由略授軍士輕之莫有鬪志鏜復不身先令坐營指揮周鏜以本營精銳往至姚家莊未陣虜縱騎蹙之兵遂潰周鏜没比鏜出師虜去遠矣事聞械繫京師

八月北虜寇隆慶參將丁璋敗績虜潛師夜入抵州城入郭璋聞之倉卒出戰時部曲逸散所率不過家丁戰又不利城中大懼會虜自解去璋身被數創然素有勇力亦手斬八級軍中之論邊將曰徐珏整而有謀紀律素定丁璋勇而玩寇

斥堠不施，及是乃信。

十月，北虜寇深井，殺掠甚衆，掘窖搜藏粟，載以革囊，至清水河。總兵江桓將宣府兵及所調大同遊擊畢集，列河上凡九營。時天寒甚，河冰新合，滑不可渡。虜望見大懼，双囊粟如丘。諸將共議曰：我乘其半渡擊之，蔑不勝矣。桓素怯懦，且業以隆慶之役獲愆，無戰情，令諸軍曰：但堅壁，有罪老僕自當也。會遊擊章鎮、參將李彬等喧於帳下，固請以家丁出。桓拔刀曰：諸君不哀憐老子，欲重其辜耶？即桓死，於諸君何有？鎮等嘆惋而退。虜見我壁不動，分勁騎掠前營，前營者，桓營也。營腳動，諸軍方議援之，虜已魚貫而渡。畢渡，勁騎亦引去。初虜至，被驅婦女千餘人在營，見官軍，自分得生人及渡，皆南向痛哭，聲聞數里。

按此清水河之役也論者以為自景泰以來得胡之便無踰於此虜深入馬疲一也近塞欲遁無鬭志二也河冰初合滑不可遁三也我兵大集九營同列四也縱之前驅邀其半渡五也呼桓罷深矣

十八年三月命兵部尚書翟鑾往勞九邊將士時車駕巡幸承天府特命鑾宣布德意勞賞將士

五月城弘賜五堡置分守北路參將張文錦之遇害也水口諸堡悉廢是後虜冦無歲不警警無不至大同城下者時論惜之尚書毛伯温既總軍務行邊至大同北望大漠嘆曰國初置鎮于此以北無山險獨當虜衝也是故可以藩蔽鴈門紫荆矣然鎮北屬堡不立斥堠鮮施則何以遏驅迫

奔相犄角邪乃上書疏力言之且曰時不可苟失言不可入廢文錦昔畫不為不偉但具作事不識通變重拂人心耳後來主者遂以為諱今臣修復之地置不必仍舊但求要害土田不必起科但令開懇戍卒不必摘發但取樂從及條上諸設官添倉事宜詔下巡撫于是巡撫史道奮然曰吾事也與總兵官梁震同出塞規視之以鎮胡地險移置稍西名鎮邊堡水頭地僻移置稍東名鎮川堡沙河地沮洳移置河南名鎮河堡紅寺仍舊改名弘賜又于弘賜西置鎮虜堡號曰北路置分守參將駐弘賜堡諸堡各置守備募人懇田為軍三日而伍實三月而工就朞年而田盡懇

按此之謂經畧也方當戍築之時且猶多口迄於工就乃始帖

然夫仁愿三城文正環慶古人以為美談胡今時舉事之難也
然嘗論五堡之事代斲傷手文錦之謂矣而因噎廢食則繼事
諸君有爲矣桀紂以女色亡天下而湯武不屏内御勢不可也
自甲午之變繼事諸君言及五堡搖手閉目深惡痛絶甚至曰
此為複修文錦之舊也何以安反側夫文錦以五堡召禍將遂
廢五堡然則文錦以巡撫敗遂將廢巡撫乎徇温此舉可謂破
群惑而錚錚者矣

閏七月北虜由石窑溝入寇大同時五堡初就兵戍新合且垣塹
為險可據總兵梁震督兵禦之虜退此五堡之功也　秋九月兵
部尚書翟鑾行邊還上疏曰宣府生齒日繁供費日廣方面臣止

有分巡僉事一員，恐不暇給。夫國家置守巡於諸道，所以督糧儲理獄訟，不可偏廢者也。宣府獨置分巡，臣愚以為非制也。乃詔置分守布政司參議一員，給勅行事視分巡。十九年，虜號十萬，一入宣府右衛，掠順聖城、蔚州、廣靈縣；一入弘賜東口，掠懷仁、渾源、靈丘、馬邑、朔州，復由弘賜東口而出，殺戮甚衆。遊擊將軍戴昇承調援廣靈，至紅山遇虜，兵敗，死者千餘人。

按是時梁震死，祝雄代鎮，失良將捍禦，隳績然，自是山西之禍成矣。聞之父老，震建節時，虜以無此大舉，所謂畜謀日深，發之一旦也。近年邊將負才名者三人，李瑾、梁震、祝雄也。三人之中，瑾為上，震次之，雄復次之。夫世之稱瑾者，曰性孝友，勇而有智料敵多中治軍人不敢干以私稱震者曰巧於襲營善用人下樂為死稱雄者曰循循如書生與人信士卒同甘苦瑾以行法遇害可深惜也震數立功境外其時鮮失事而雄則敗衂偏師戍艾生齒且弘賜之外扞不嚴而全鎮瘡痍西路之中堅失據而山西蹂踐將所值之異耶胡名實之不副乃爾噫震雄同事者延撫史道也道之疏曰震剛愎驕橫雖稱難處而壯勇多機問習戎務臣與矢心少答恩眷今之將帥未可倚恃臣誠傍觀無以自寧則又安可委之所值耶

十九年秋七月虜由宣府右衛紅糖口入總兵白爵將鎮兵一接戰不利虜遂大掠而南踰十八盤渡口過蔚州進蒲廣昌殺戮極

慘毒又欲循山西東犯保安懷來諸處爵尾其後不復進參將鎮計曰虜衆尾之無益也乃分精騎伏蔚東山下時參將徐珏已遣兵斷美峪口於是虜不得東先驅入山者多棄馬步近鎮因邀擊之於大比莊敗之斬七十餘級虜引去秋虜酋吉囊擁衆數萬由偏頭等關入寇太原大掠居民而出零賊爲鄉兵所殲既而又犯延綏西路從定邊營毀墻入境是日雷雨大作連旬不止泥淖深陷馬足不能馳遂總制劉天和預往花馬池調集都御史楊守禮尹嗣忠趙廷瑞各鎮參遊守備官軍分布城堡及隘口按伏夾攻九月朔虜至硝河城結營自固不敢縱掠踰五日陝西總兵魏時兵至過其南黄恩兵阻其西崔嵩楊琮環其北鄭東王陞高暘陳

爵等兵聯絡以擊其背盧膽等所統莊浪涼州西寧永昌援兵接踵渡河軍聲大振任傑周尚文皆在行督戰斬首四百餘吉囊次子曰小十王者及其妻弟一大將皆被殺十一月虜衆恐懾皆出河套離為二地以居其一駐舊東勝大同兵邀擊之斬首九十一其一駐賀蘭山外莊浪寧夏兵互擊之斬首一百八十一時套中俱無虜矣二十年吉囊入寇執怨不敢犯延綏復由山西偏頭關入犯嵐石等州殺一參將大掠直抵平定州窺井陘諸關欲犯畿甸以冰滑嶺峻不能攀援渡馬而止然山西自來被虜殺人之多未有過此者入朔州等處而去是時所在居民無避者多受禍有倫居城中者皆得免二十六年夏六月虜酋俺荅阿不孩者小王

子别部也機詐雄於沙漠至是遣所虜漢人石天爵與虜使一人至大同言累年犯塞兵刃殘傷所得諸畜出塞輙死失且北部素通中國進貢不絶後因小失乖異今願入貢獻馬駝貢道得通則兩不猜忌中國可出二邊懇田北部自於磧北畜牧請飲血為盟以示誠信於是撫臣史道總兵官王昇以聞詔購斬俺答阿不孩且令不得私釋石天爵還時石天爵已去於是撫鎮咸獲罪後石天爵復至塞為墩卒誘擒斬之詔備北虜俺荅求貢撫鎮許為疏請後俺荅親自塞下邀戍官相見席地傳飲又歸近時別虜所驅墩卒於是撫鎮復以為言且曰求我愈深則望我愈厚倘無許貢之期應有詰兵之令詔申嚴守備

都御史楊守謙論曰：壬寅夏，俺荅叩邊通款，楊職方博過謙曰：「俺荅求貢，今當如何？」謙曰：「宜許。」楊意亦同。及兵部疏上，當道駁之，再上而議論異矣。既而斬石天爵，又購斬俺荅。夫兵交，使在其間，况求貢乎？殺一天爵何武？借曰不許，亦當善其辭說，乃購斬之，此何理也？横挑強胡，塗炭百萬，至今無一人知其非者。巡撫史道乃以交通外夷擬死刑，雖釋不誅，當事者懼矣。夫今之以貢為疑者，必曰宋以和議誤國，不知此貢也，非和也。九夷八蠻皆許其貢，何獨北虜而絕之？

秋七月，虜寇大同，由左衛猪兒窊入，掠馬邑、朔州，遂入陽武峪，抵太原，復掠靈丘諸處而出。

此二十年之役也督軍者懼獲罪於是始有尋功抵級之事矣

是年九月宣府叛賊張雄伏誅雄與僧人王姓者結庵隆慶之青風砦州人劉伯川趙天祿輩尊禮之聚衆既多遂謀不軌雄衣黄出鐵印署伯川輩僞職謀潛使人約胡守備丘陵知州辛住聞變使軍人徐龍往說之潛為内應陵隨以兵至擒雄等送鎮伏誅

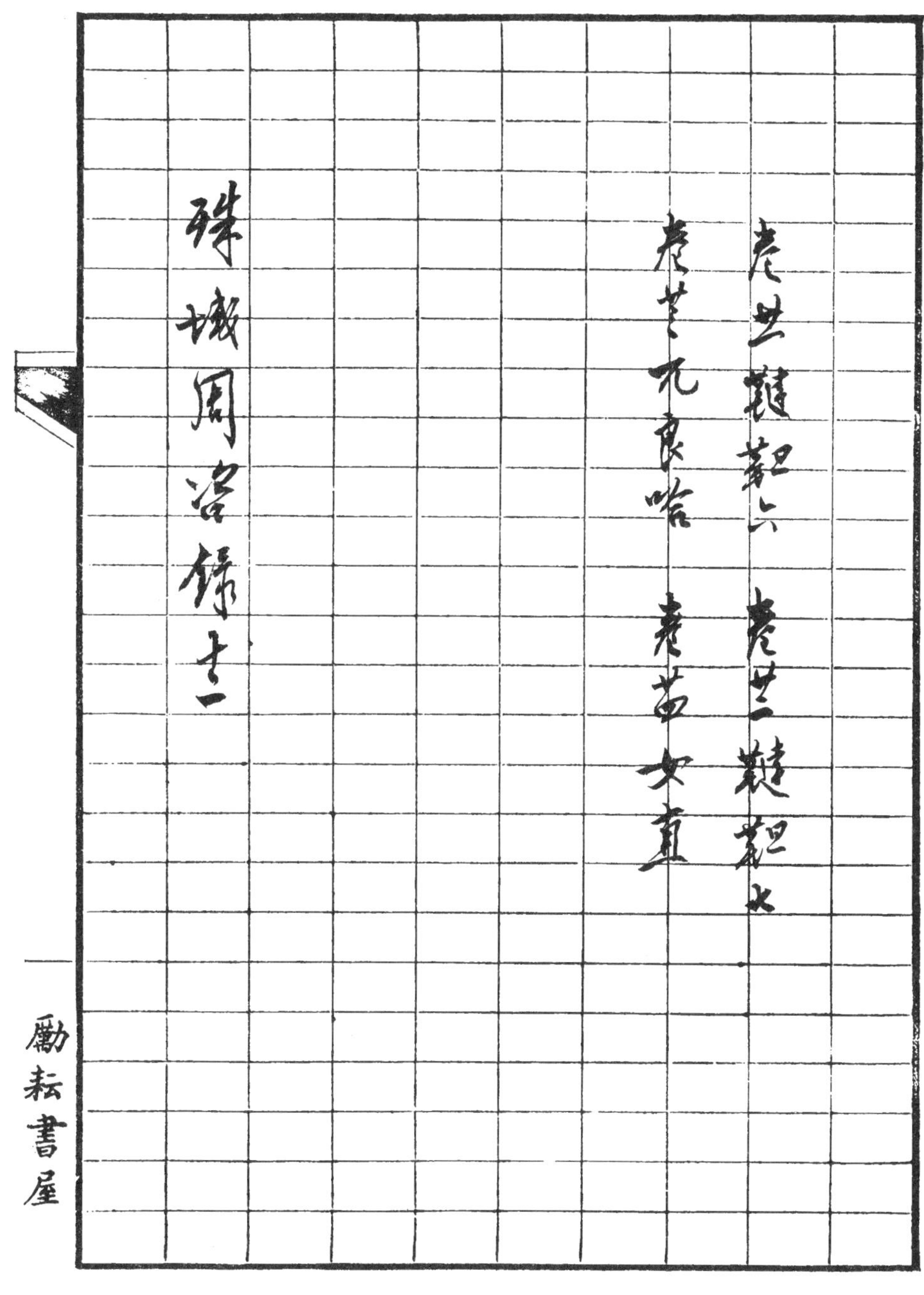

卷廿　韃靼六　卷廿一　韃靼七

卷廿二　兀良哈　卷廿三　女直

殊域周咨録十一

勵耘書屋

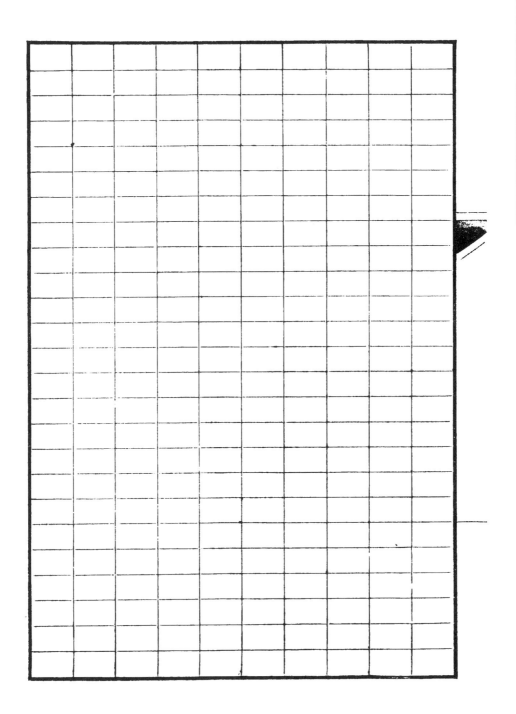

殊域周資録卷之二十一

行人司行人刑科右給事中嘉禾嚴從簡輯

揚州府學訓導長洲彭天翔　姪嚴翼

江都縣學訓導華容王三汲校　嚴肅仝校

韃靼

二十一年夏四月，虜自大同由左衛吳家入掠馬邑、朔州，歷太原、汾州，抵平陽，復掠平虜諸處而出。先是虜寇寧武、偏頭關，副總兵李瑾戰于劉海莊，不利。十八年時警報迭至，以為虜議掠太原以南，于是巡撫都御史陳講上議曰：西北邊鎮莫重宣大，三關以大同足蔽三關也。今時則異矣，故必急三關，急三關必增戍，增戍必先設險夫鴈門有勾注之險偏頭有老營之扼故增戍必自寧武始陽房口者朔州之大衝也往年虜寇由之臣願籍山西民壯夫力而濟以郡縣贖金城是大險不三月可就從之于是起陽房口經溫嶺大小水口神池喬麥川至八角堡恐城凡百八十里且築且斷土石相半二十年虜寇寧武由朔州入至王野梁副總兵丁璋遊擊周宇以兵禦之時璋已得疾乘板輿督戰甚力與宇俱死于陣

以樊繼祖總督宣大偏保軍務與銀九十萬兩又起翟鵬總督京城南面山東河南軍務繼祖虜至不出繼其深入山西遂至省城又越而南殺掠人畜萬萬吉囊纔出關未至塞上俺荅復入又越太原而南至石州殺掠益甚　十一月令侍郎張漢賑山西被

虜郡縣　二十二年二月言官交章劾繼祖竟不罪得歸田陳講

史道為民宣府大同總兵王陞白爵僅罷官鵬亦召還京　是月

虜掠蘭州　三月邊臣言虜且至又以鵬總督宣大偏保及山東

河南軍務　五月時宰憲鵬直遂會鵬乞兵粮內批罷鵬革總制

官專責大同宣府山西保定龍大有楚書劉臬劉隅四巡撫　五

月右清紀郎周鈇言虜必再至乞早為防禦計謫鈇盧州府知事

六月虜吉囊病死其子板不孩居套中小王子駐威寧海上俺

答糾數酋經朔州破鴈門掠太原京師戒嚴七月復鵬提督宣大

偏保山東河南軍務舊總督止節制宣大今三關不支詔鴈門偏頭寧武悉聽節制上出賞格擒斬

俺答銀千兩陞不次他酋三百兩陞三級時俺答清台及叛人高

懷智李天章各擁萬衆越太原列營汾河東西散掠上黨平陽下
邑時鵬未至我師連營莫相攝觀望不肯戰縱賊深入殺掠人畜
萬計且歸偏帥張世忠等自侯城村起營盟約諸將躡虜力戰諸
將閉營不相援賊見世忠軍壯戰又力呼集精騎三千餘合圍世
忠世忠被箭傷裹瘡下馬四面步戰賊亦窘會矢火藥盡世忠憤
呼曰我軍被圍戰若諸將竟不相援國憲天刑寧汝逭耶復上馬
往來督短兵血戰自巳至酉賊見我無援力竭遂躡我營世忠頭
中二矢墜馬死張宣張臣等痛世忠死猶率旗軍曾五等力戰宣
臣并死虜自代州從廣武站出關去虜自六月丁酉入塞至七月
庚午凡掠十衛三十八州縣殺虜二十餘萬牛馬羊猪畜二百萬

贈世忠右都督與銀十斤宣臣各四十兩仍祠祀　時羽書急議
築京師羅城興役九月給事中劉養直力言不可遂止
按吾學編云十八年二月虜俺答台吉哈剌台吉那林台吉皆
屯牧塞外時時掠宣府總兵江桓竟不出劾罷十二月虜入宣
府深井諸堡遂總兵江桓下詔獄十九年三月虜入榆林塞破
清平堡入米脂殺掠人畜萬計總兵周尚文駐兵青秋原虜退
以捷告虜又入宣府塞破北路馬營諸堡得我神鎗銃砲千計
芻粟牛羊萬計掠一婦人詰時虜多掠婦女近數年乃掠穀畜
火器遇婦女輒殺不掠四月風霾晝下兵部議防邊方略言官
交章劾兵部尚書張瓚貪鄙誤國不聽七月虜入宣府塞大掠

至蔚州盡破其關廂堡塞殺人盈野總兵白爵遇虜于水泉兒大敗副總兵雲冐遇虜于馬連堡又敗先是大同叛卒逐出盡走虜中虜擇便捷輩多與牛羊帳幙令為僧道乞丐人詗我邊西至甘凉東出山東或入京師凡地理險易兵馬强弱撫鎮將領勇怯利害盡告虜酋吉囊俺荅至是二酋分進入塞大同軍顧與虜約無掠我人畜我亦不復阻若虜喜嚙指折箭去至秋竟越大同抵鴈門度寧武入嵐靜交城掠殺人畜萬計大同軍有得虜掠我輜畜名買路錢大同巡撫史道總兵王陞幸無事若不聞聞亦不問大同軍亦驕悍不用命宣府總兵白爵調援亦不肯戰虜益無忌顧且欲攻鴈門山西撫臣陳講告急大同撫

臣史道竟匿不以聞。是月，陝西總制尚書劉天和率精兵九千駐花馬池，虜數萬入安邊、定邊塞，大掠固原，撫按羽書沓至。天和為虜牖，逾月奏不至，既而告捷，言斬虜首五百，并張奴兒殺吉囊之子，虜諸酋大哭遁去。加天和太子太保，叙一子錦衣正千户，陞賞三鎮文武吏士千餘人，張奴兒陞世指揮僉事。内閣以謀謨帷幄，更言加少師，翟鑾少保。本兵以曲盡方畧，坐收全功，張瓚加少保，叙一子錦衣衛副千户。觀此則各邊之弛兵養寇，非一日矣，皆由朝廷之賞罰不明耳。噫！此所紀與前稍異。

初，偏頭關置副總兵官，寧武隸焉。論者以偏頭數警，副總兵權輕，改總兵官。時山西撫臣虞于内突，又請移駐寧武，以便援應寧鴈

從之鑄印建節於是三關稱鎮峙乎宣大矣

尹耕曰夫國初之經略邊鎮也以宣大偏頭為極邊是故宣大置總兵偏頭置副總兵所謂重之也以鴈門寧武平刑為內邊故但設守禦所守備官視彼為稍緩焉寧武之數擾則大同之失守為之也而乃移偏頭之兵將乎寧武斯不為全筭矣於戲京東之外鎮薊遼陽也京西之外鎮宣大偏頭也京東之內險山海也京西之內險居庸白羊紫荆倒馬雁門寧武平刑龍泉也外鎮以屯重兵進與之戰內邊以嚴隘塞退為我守斯其畫一之論乎

翟鵬言大同有五堡北邊少事五堡能禦患者以恃溝壘也則五

堡而東而西顧不可乎今議自鎮邊堡而東至陽和後口鎮河堡
而西至老營堡鑿為長塹其間山險不可鑿處不過三十餘里量
為塹崖修墻從之乃鑿長塹

按設險有三道曰垣曰塹曰窖而已築土為防曰垣鑿地橫亘
曰塹間鑿間否形如品字有隆有伏互相倚伏曰窖夫設險以
止虜驅其傲于秦皇乎秦王起遼東至臨洮為長城所謂垣也
而曰塹山堙谷則亦塹窖之始也夫天作高山以為華夷之限
人于其有餘不足者廿損益之斯亦裁成輔相之一端也而論
者懲于秦失執不肯舉是非膠柱之談也邪

置分守大同南路參將駐應州屬以渾源州懷仁山陰廣靈靈丘

縣六城城靖虜諸堡長塹既成總兵官周尚文議于塹內城滅虜
靖虜破虜威虜寧虜五堡招募邊人為軍墾地資養堡置把總指
揮統之後復城滅胡破胡殘胡敗胡諸堡布列塹內　秋七月宣
大二鎮兵來塞舊鎮兵皆團操鎮城有警出戰後虜患漸熾亦往
往夏秋之間分駐邊堡謂之暗伏至是總督翟鵬及撫鎮建議入秋
悉令赴塞畫地分守謂之擺邊入冬而罷　七月郡兵乘鴈門塞
國初設有大邊二邊俱于西北極境故宣大建大將屯重兵號曰
鎮三關惟偏頭與大同接置副總兵老營堡遊擊其鴈門寧武比
于內地雖設防戍步卒而無馬兵亦不置參遊將臣至是以虜連
南下大同不能捍蔽于是山西建議掣回大同協守班軍增置參

遊將臣徵集内郡太原平陽遼沁民壯借倩屯夫弓兵悉集三關以次步列分地畫守

按此所謂内邊之戍也豈惟山西河南山東俱有班戍真保順廣之間塞役不休矣于是大河以北無息肩之期而兩鎮連百數十城有棄置之恐矣其時復有築堡之役柝聲遍于中原農事廢于南畝於戲不以戰為守而以守為守不以塞為塞而以内地為塞斯畫也失之遠矣使大同失守山西内邊八百里之間弱兵僅四萬餘其能遏虜之入否也虜所垂涎多在山西不在大同三四年來大同幸不潰防山西方有寧宇是故守大同者守山西也

虜寇大同總兵周尚文禦却之斬五十餘級內一人金帶錦衣其酋首也　十月北虜寇膳房總兵官郤永督參將祁勛禦之永既素無紀律勛復貪縱士不用命虜遂潰垣而入永懼合五戰鋒之副總兵（而遊擊王琳參將史奭虜張鳳良蔚州韓書南下義抵廣昌攻破三家村俘殺擄三千餘人紫荊震動會虜自退援嘗歸罪五戰鋒）師值之戰鋒官李彬戰死餘奔山陳師自遠獲免初虜以太原殘破平陽塗遠又連年入寇皆于秋初雖舊牧田野而不利霖雨故謀東入且于冬深又用馬馱草繩長數丈曰嚼馬而飲之水可支數日既至蔚州叩南山見峻隘不敢入乃西出紅沙坡路坦而遠凡五日乃至廣昌虜酋怒欲斬鄉導者乃急攻三家村會食而退時紫荊初無備故論者以為非蔚南山峻隘幾致大失云或曰鄉導者即叛賊王三也五戰鋒官李彬董暘李塘張忠江瀚皆以罪人

拔用時設有戰鋒營、

按郤永以鎮兵九營從紅沙坡尾虜後虜五日甫達廣昌人馬饑疲乃急攻三家村鎮兵在後無能救也村破盡殺所獲食之終一飽而已乃拔營還而戰鋒兵值之獨李彬搏鬥殺餘四營登山以避虜亦決去不之顧故土人曰不斬郤永則三家村之憤不消不斬四戰鋒官則李彬不瞑目也

二十三年三關既設官增戍如兩鎮于是巡撫曾銑建議大城鴈門長城自老營堡丫角山至平刑關東八百餘里銑又以鴈門新塞高厚過于寧武于是復增築寧武者如鴈門調各鎮兵至大同防秋時虜酋遣我叛人至京師入兵仗局習伏郎機銃獲誅之遂

散各鎮防秋兵

叛賊王三大同人犯罪逃虜中以中國虛實告虜且教之深入數為虜鄉導連歲犯太原平陽及聲言入寇真定臨清皆其謀也詔縣賞購之是年寇回虜衆過東城三以數十騎叩水地堡自呼其名曰我大同人也速飲我酒時大同參將張鳳兵駐堡中堡人劉伏犯者老矣私謂其子曰即擒是張在堡必不破也乃具酒匐以獻時三已醉潰矣犯頓首示懼三麾其騎令卻犯復懇以畏鳳三見其誠且已老易之解所佩擲遠地犯前就犯犯佯酌酒拉之入堡堡人皆鼓噪登陴鳳亦令士卒舉砲虜騎立視良久去于是撫鎮檻三致京師伏誅二十四年二月兵部侍郎翁萬達督大同

軍務時邊方多故軍政廢弛總督之任値者推避萬端達聞命即至其謝疏曰方今地方邊事之故借箸難詳將來設施措注之方掣肘是慮覆車當鑒易轍乃行欲持永安必畧近效識者傳誦以為名言三月併民堡邊方村落多民堡緣役起閭閻謀鮮周密亦有一鄉數堡一堡數家者又素無弓弩火器虜入守空壁坐視恒有陷失殺戮動千數百人至是總督軍門下令合併其孤縣寡弱度不可守者廢之編其民于附近大堡協力拒守每堡擇才力者為堡長次者為隊長堡長得以制隊長隊長得以制伍衆立法曰守陴之衆每五十名為一隊每隊奇正各半隊長二人一統其正一統其奇居常則人守一陴奇正相間一方有急則三方應援奇

者赴之正者攝旨每隊為紅黄二旗隊長執之以分其衆為方圓二牌堡長收之以調其奇又多造火銃飛砲佛朗機之類分給堡塞

按此督府經理民堡使自為守也蓋嘗聞虜之攻堡矣聲其諸處而掩其一隅誘之策應而乘其不備鄉民無遠識守往往攪亂以墮其計奇正相間一調一守規畫密矣

六月翁萬達以近歲偷玩盤詰漸寬奸細得行為虜耳目虜入道里必知至有殺有殺掠時呼人姓名者于是下令詰邊且督諸將分遣間諜往來塞外多方巡徼于是境上始嚴虜莫能窺我虛實矣

七月大同宗人充灼謀反誅伏充灼者和川王府奉國將軍

也素淫縱不事産樂與諸里市惡少酣飲呼盧以夜繼晝祿入恒不給生計轉難然敢為大言諸惡少復謏和之且曰豈有雄俠如三將軍而貧者邪灼行三稱三將軍或謂之和三時奉國將軍俊桐俊騤俊櫞及中尉俊根充爋充𤏋亦酗酒無行灼皆與之善為惡號相眩嚇有大雷公二雷公大六十小六十八肥頭道大稀毛諸稱祿給入則群飲于市使酒刃人不給則時時劫掠民間于是大雷公諸名聞者蹙額矣每為人所陳訴當道以其宗人也啓代王戒治之不悛以此亦怨代王二十三年知府劉永以憂歸灼輩禦之于門劫其裝撫鎮以聞詔奪祿由是益橫肆已而灼快曰大夫舉大事則富貴由己而以掠數錢為罪邪俊桐輩皆應曰善時

有羅廷璽者與汾州民王廷榮相友善遂以左道惑人而癸巳之變諸叛兵所遣入虜曰衛奉尚漏未誅或告灼曰羅廷璽有神術移天折地衛奉知虜中要領有急可使于是灼使人召羅廷璽衛奉皆至與俊桐輩歃血盟羅廷璽見灼僞大驚伏謁稱臣喧于衆曰吾夜伺其息晨望其光貴不可言乃復糾二狂生造飛語危言剋天師將軍通使印相置署議遣奉使虜曰兵分三道一入陽和天城一入左右衛令酋長至鎮城下而已開門應之徐以兵下平陽自立為帝既又曰必燔諸芻塲使兵馬不易集我舉事可萬全遂遣衛奉賫金幣使虜諸里市惡少以火箭燔芻塲于是渾源山陰右衛平虜諸芻塲同日火先是總督侍郎萬達以大同妻友側

時時駐節安集之一日暮抵應州有書生叩馬曰願有謁及閒曰大同宗人可慮也問其詳不對督府揚言曰生狂語耶既而至鎮城私與都撫詹榮定計榮曰此地易搖令反側子甫貼席一有所問則吺喧矣惟靜定以計禽之督府曰吾意也天鎮兵適來無不感國恩者吾輩又日教閱撫循之可用也即宗人有草澤謀易與耳但當慮其北走于是召總兵官尚文喻之曰君知虜謀能入吾境乎曰知曰然豈無我不逞者入虜乎天象人事殊可畏也且君不以私人密布境上而但求于案牘叱咤之間悮矣尚文乃懸賞曰得虜謀或私出塞者國典外給百金不三日而詰邏之令偏奚時衛奉輩自虜中返語灼曰已見虜酋察罕兒令製旗往北兵至

城下揭旗為信灼大喜製旗又令狂生為表許以大同為賂且曰吾有天下自居平陽大同以畀北胡不設兵戍也付奉使與其黨劉大濟王儒復往奉曰當道何故詰邊灼曰六蜀場同日火彼安得不詰邊求奸細邪決計遣行而令羅廷璽至汾州約王廷榮為內應使潛為火器諸不軌物以俟奉等至塞遇墩軍詰則曰總兵官遣哨料者咸不之疑次日至鎮河墩詰對如前遂出塞抵榆樹灣遇雨出諸物暴之而尚文所遣邏徼周現輩至鎮河墩詰墩卒近出塞者曰昨有數人當未還現等私謂曰無遣人而曰遣豈虜諜耶群走追之至榆樹灣奉等尚未行即反接之得其旗表諸物于是總督蕭達具論灼等反形已具無可矜疑且言近時虜患殊

異徃昔所以不能大得志者以無内應耳充灼欲為内應悖慢不臣使其謀獲售禍且滔天将不啻若眞鐇之于寧夏宸濠之在江西也詔械繫京師初上意不忍置法踰年廷議再具遂伏誅狂生張文博李欽皆鎮城人

按此大同三變也籍重地以畜不軌非覬此于陳豨援外寇以肆中陵致毒同于韓信而許賂重藩稱臣醜類又敬塘之遺兇也狐踪未布雷斷即施是固天佑聖朝若或啓之而督府之思患預防撫鎮之失心戮力功真不細也哉夫以明宗御世而敬塘有賂地之謀敬塘在河東而張彦朝有蔚州之叛蓋自信豨以來畜異謀而不獲逞邊塞之人垂虎口而得更生代謀之功

止見今日也

秋七月頒宣大乘塞節度總督侍郎翁萬達疏曰當今之急宣大宜以戰為守擇要而屯兵諸關宜以守待戰畫地而聯戍數年以來各鎮將臣力主擺邊已成故事驟焉更之百為未備群志未同譬若理繩急之則亂故因事而稍為之通補偏而聊救其弊下惜勞費蕪用恩威庶先聲可以懾人伐謀足以制敵乃下令分布諸將定所將多寡擺守遠近及諸擺守節度使有實效蓋至是邊兵始知軍令云八月犒宣大乘塞兵往歲以乘塞兵有犒然罷役始給頗稱後時總督萬達具奏曰賞以酬勞亦以鼓勇方其入境將有事于戰閱之時因而勞之役當懷挾纊之恩思敵愾之義設有邊期及兵

羸弱則斬仍全給固亦寓激勸之微權也若役終畢之則恩先之意踈風勸之機昧矣又曰均一賞也與其後時而無益孰若先時以勸勸從之

虜寇宣府膳房堡總兵官趙卿禦却之鐵裹門鶻鴿之役虜敗衂出塞督府乃馳檄喻總兵官趙卿曰是必移兵東寇不可不備已而虜果至膳房堡卿督兵禦却之虜益東卿亦益東至張家口復仰塞攻不利去

九月乘塞兵還鎮二十三年乘塞兵甫罷寇至于是當事者不敢主罷戍邊塞寒苦秋深凜烈總督侍郎萬達奮然曰明主可為忠言要之雖喧無廢食也乃上疏曰國家禦虜四時不輒備而獨曰防秋者以秋高馬肥虜時深入特加嚴耳然往者罕調客兵且不乘塞近因賊勢縱橫二議遂作

劳費數倍已覺不堪又自夏徂冬聚而不散是非用武之經可繼之道也夫客兵承調去家一二千里主兵擺邊遠者亦不下三四百里朔風凄肌饋餉不給鶉衣野處龜腹徒延設有脱巾之訴何以應之夫使之不以其時散之不由其舊雖有不可測度之恩威而竄者逸者自一而十十而百百而千萬將不可禁也彼時盡制之法則太苛遂釋其辜則啓玩萬一不忍饑寒不俟命令哄然解去所損豈其微哉故乘塞兵入冬不可不罷也然臣所謂罷謂罷異鎮客兵及遠地主兵耳至于本路土兵則仍其舊邊事有常存警不廢前歲一報掣兵諸防悉解事起倉卒束手無措臣以為未可與今日同論也于是乘塞兵罷還鎮　十月勞宣大總督侍郎萬

達勅旨有鐵裏門鵓鴿峪陽和川諸殺爾萬達躬環甲冑督屬將士始伐虜謀繼收戰績盡心體國功可嘉尚諸語先是歸正人至境上墩軍以為奇貨往往執殺偽首功遂有南望號泣不敢近塞及乘間竊入被執抵為虜諜者總督萬達曰首功賞重招來賞輕小人惟利是趨其勢必至殺降以邀重也乃議定招降賞格曰遠哨人于太邊外招降人至者壯男子與五金幼弱婦女三金同行人衆壯男子每一人遞加三金至三十金幼弱婦女每一人二金至二十金墩卒幫送者壯男子三金幼弱婦女一金同行人衆亦遞加有差頒布諸鎮路行之于是一年得降口數千百邊人曰是不惟全生命而革偽級惜官祿亦鉅萬也

按彼虜之人本我赤子一陷遐荒永隔天日萬死為謀竊命南竄此其殘喘驚魂可為流涕者也登我垣塞如覩所生而竟悖墩卒殺之以規利貪淫將校縱之以邀功夫禍莫大于殺已降而況歸正人乎逆天招災虧仁干憲至是極矣督府賞格一須咸保生活其斯為陰德與

城鎮羌四堡弘賜諸堡既立鎮城賴以藩障至是巡撫大同都御史詹榮總兵周尚文復議於弘賜諸堡之北添設軍堡以相犄角城廢水口堡改名鎮羌廢宣寧縣改名拒牆廢亂草營堡改名拒門又于滅胡堡北增築拒馬堡各募軍屯守鎮羌拒馬設守備拒牆拒門設把總指揮統之

按此所謂塞外四堡也險以漸增地因時闢善矣然守塞之道長城以為守而必資敵臺之助敵臺以為助而必賴內堡之援故臺必麗城堡必近塞防秋則步卒登城騎兵飼秣于內堡制警則戍軍還鎮墩卒瞭望于墩臺今四堡置于外屯戍已自孤懸長城限于內矢石不相援捄故近時虜不能穴城則每每犇延于四堡也然則如何曰我力不足則移四堡以近垣我力有餘則城外邊如內制斯當有從宜之畫乎

[illegible]初自十九年至二十一年之寇率由朔州南逼鴈門當事者遂以朔州為要衝總督開府其地侍郎萬達至乃曰朔州雖虜故道今大同重屯兵三關新築垣虜知之矣且太原諸邑已殘破虜必

舍置是夫二十三年之冠虜不利紫荊不及掠洪蔚故今有犯必陽和志洪蔚也且總督以宣大為名朔州倚于一偏駐朔州是不恤宣大也陽和居宣大中其鐵裏門水峪口鷂鴿峪非得勇將守之不可乃移府陽和以翼蔽宣大又增設鐵裏門諸隘戍兵至是報虜騎近塞督府曰是必先陽和也宜急之守將張鳳者故大同西路參劉伏玘禽叛賊王三鳳時駐其堡後與伏玘爭功獲罪發督府立功自贖磁人王邦直生而奇異駢脇多力號千鈞慨然有請纓之志以臺諫薦兵部檄送督府時復有罷任總兵官張達總兵官王昇子國順生員戚諧張霆儒士尹東衡降者火力赤勇士王萬臣輩咸以自效至督府皆厚遇之知鳳達有立功志數言激之

又知邦直忠孝人也待以殊禮引與共坐論邊事至夜分乃罷于是諸人咸大說邦直時時語人曰自邦直之至軍門也謁使相三人矣無如翁公推赤心者邦直不難一死以報知己茲其所哉及是報有警督府分諸人為二部達將左部尹秉衡張霆佐之火力赤及千户烏馬勛輩為之鋒鳳將右部邦直諧佐之國順國臣千百户李瓚劉欽李尚倫輩為之鋒檄曰達秉衡援鐵裹門鳳邦直援鶺鴒峪且曰二者可守虜不足憂矣二部以其夜至隘既而虜果寇鐵裹門達秉衡挽強弓射卻之虜益攻盡日達秉衡力戰不為撓多發毒火砲秉衡善神箭神箭長尺許發以竹筒剽疾而深入中人騎皆沒羽虜即得箭箭短不及絃無仅也相駭顧以為神

乃益和衆攻鶡鴿峪鳳邦直亦射卻之虜復至衆欲稍前鳳不聽戍諧呼曰爾自守死地雖足拒敵而難以獲功有如虜至遶進山下絶汲道不坐困乎虜鋒已剉直前搏之可走也遂躍馬而前邦直等繼進鳳語邦直曰前有不虞柰何邦直曰虜如何可畏雖不前能舍我乎且戍生行矣當如之何失戍生無以面軍門也既而虜大合鳳邦直分衆結方陣拒之射皆命中虜初突圍順發七矢斃其七騎後又斃其一酋虜痛哭謀解去已而憤曰南軍不數百我以數萬返何以復軍乃益合圍而鳳為所殺于是有勸邦直潰圍出者邦直撫膺曰吾誓以腔血報軍門有奔北乎且鳳死矣吾不忍獨生會夜復衝突十餘陣比曙皆困憊不能戰而死者且半邦直

遠營視嘆曰得至午援兵當至虜雖傾國來吾足禦之矣會虜以馬相聯擊驅之前而步繼之邦直奮擊已數十百人而馬至者死者擁遏于前不能遠奮乃棄其大刀提鐵簡四面擊漸擊漸困憊一虜自馬腹下匍匐至手其膝邦直知不免大呼曰天也拔佩刀自刎虜群斫之于是死者百餘人虜憤所殺傷多皆割腹實之以石是役也鳳邦直雖死而虜殺傷幾五六百人歸正者言虜共舉大刀羨嘆之每食必祭曰大刀那顏云國朝自永樂北伐之後勇奮中堅威震北虜推是舉云虜得入鵓鴿峪遂南下列營陽和總督萬達聞虜入曰噫邦直死矣乃自督諸軍出陣而遣勁騎伏白登村白登村者虜掠洪蔚必由之路也檄總兵官周尚文曰急捉兵

自二邊遮其歸吾拒其前爾邀其後虜可縛也是日虜以精鋭向我軍置陣鋭首督府令開壁門中軍振鼓作樂不之顧而潛伏死士于兩腋令曰虜叩壁砲發兩翼橫衝斷之左翼拒外右翼拒内而又偃諸砲及毒火鋭數重于壁門虜不敢犯移陣還營兩翼追之幾造其壘周尚文得檄馳至陽和山後計曰此去陽和六十里夜不可進須曉恐不及虜連戰疲矣可先聲懼之令喊于軍者三時靜夜風猛聲聞山前于是虜大懼雖我軍亦以爲尚文兵即至也四鼓虜拔營遁我兵追出塞不及而還于是陽和一禾一畜無所失遺蓋虜戰鐵裹門鵓鴿峪已有懼心而中軍之堅壁應兵之時至幾成大捷故論者猶以尚文先聲爲漏機然死寇不遏亦兵

法也

按是役也策之于數月之前應之于瞬息之際虜即倏然宵遁矣於戲謂伐謀非上策可乎或疑督府親駐戰塲與虜角為非大帥之體則又未審于事勢緩急大臣不避艱險之義矣

詔勞巡撫大同都御史詹榮陽和之役飾備發援鎮人賴之總督萬達上言詔賜勑獎勵二十五年春三月築大同長城初總督鵬議鑿長塹後撫鎮漸築城垣及增築靖虜五堡滅胡九堡鎮羌四堡大同西北號為重障至是總都侍郎萬達集都御史榮總兵官尚文議曰塹可填渡且不利拒守故必城長城長城必有臺利於旁擊臺必置屋以處戍卒近城必築堡以休伏兵城下數留暗門

以便出哨且回自陽和至宣府李信屯舊無城者也自丫角山至陽和舊有塹或城而不固者也于是議通築補故創斬凡三百餘里敵臺暗門稱是增築保安堡設兵戍守又多築土堡于內以屯伏兵

按近來邊患大同爲劇弘賜五堡未立之前十之八九丫角以東築垣之後十之五六陽和天城悉垣之後十之一二且大同地形平直山險少于宣府又無孤縣突出受敵之所若獨石然者天地平直則道里易通策應便宜少山險則城以土築不虞剝削無孤縣受敵之所則旋折逶邐不相遼邈此大同之邊所以可守而併守之議為有真見也但城必有臺而諸察之令當

嚴堡必近塞而占著之晝宜講詰察稍失嚴則秋深休戍之後窺伺可虞占著無定晝則連年徵戍之勞無時獲已於戲可遂以為已安而不之虞耶

宣府長城歲久傾圮先巡撫都御史楚書王儀奏請修繕西中路者然未詳酌事宜審畫形勢又規制不定督驗失嚴間有要而見遺繕而復壞者戍守病之總督萬達既建議築大同長城敵臺暗門悉有定制復自計曰宣府西中路與大同西路接境若舉此失被則遺虜入矣且宣府諸路地形夷險隣虜遠近者各半今縱未能一舉大成以全形勢而于其夷且近者要故守常莫之事事幾何不厚悞軍機耶乃具議曰西路張家口洗馬林西陽河諸處宣府最

急者也，中路葛峪、常峪、青邊、羊房、趙川，東路永寧、四海冶諸處，宣府次急者也，其餘北東路諸處，則又稍緩者也。最急者宜督軍夫舉役，次急者以待乘塞之兵，又援者留候他舉，當明量力期于有成而已。又曰：版築之役，全在得人經營，得失之間，非止費用省濫，視以為差，而稽其成功，相去且十百千萬矣。臣以一人兼總四鎮戎務，般湊簿領煩猥，耳目心思多所不逮，乞勑撫鎮諸臣暫輟他務，注意邊防，必期費省功倍，一勞永逸也。從之。

按此宣府長城之築為始條理也。何始于此？曰：子俊往年之條為制頗疎，書儀近日之舉不稱其實，蓋至是始以地險為戍守之資，城臺為地險之實，而西路之塞舉矣。

夏四月定西路戍援節度時長城之役宣大並舉西路洗馬林西陽和者兩鎮接境也始大同長城議自高山口遵山麓而東至水磨口又至李信屯以與宣府接雖土地平坦易城而界西陽和于外巡撫都御史孫錦曰是棄西陽和也堡中生齒數千家膏腴地且千頃推而遠之無乃不可乎然使大同邊北出不界西陽和于外則山險中斷應援不便大同以為爭持議不決于是總督侍郎萬達下教曰地不可棄兵必有援狥宣府疆域而置大同戍卒于絕地是不恤大同也便大同應援而置宣府西陽河于境外是不恤宣府也若地狥宣府兵便大同是為兩得乃修邊自水磨口而東北踰山至馬頭兒地又度溝而北至宣府鎮口臺邊戍屬之大

同而以應援責之宣府著令曰居常戍不傳罷大同有警而宣府西路不以兵至墻下應援者罷宣府議乃定由是西陽和人喜不見賴歌舞稱慶而大同戍卒知宣府應援之兵審適亦恃以無恐是舉也徵軍門紆謀幾而失之

五月大掄各邊將領給事中李文進御史趙炳然上言將必得人斯無僨事宜下總督巡撫考察將校上自參將下至把總官人加品題定其黜陟于是大掄六月宣大被虜人回多言虜忿于鐵裹門鵓鴿峪之役行且入寇俺答不孩已悉衆渡河而東于是復徵客兵凡五營至總督侍郎萬達上言曰殘虜遊魂不忘南牧民貧費侈勢不獲已乞罷河南山東防秋兵省其財力以給邊鎮時論

然之城松樹君子堡宣府北路號稱孤縣北路諸城馬營為要馬營北舊有二堡東曰君子西曰松樹在兩山之間南通馬營土極平饒多警以來堡棄不守先年翟鵬曾議修不果至是萬達城之置把總官

遊擊將軍呂陽北路參將董麒出塞襲擊李家莊諸虜敗續初督府議曰宣府所急者西中路北路雖隣李家莊亂竊虜耳故邊役始西路次中路今歲分布諸將署陽屯新河口麟（麒）留本路陽比發請于撫鎮曰必立功以報國撫鎮壯之至是陽與麟（麒）出塞襲擊李家莊虜斬三十餘級而還會大雨虜追及兵不能戰遂敗麟（麒）懼先入塞陽亦間關獲免守備陳勳死焉諸騎兵死者百餘人于是軍門論陽作偪貪功麟謀輕舉麟見虜先回不援後拒

悉抵罪、八月虜寇雲州、赤城守備易綱戴綸及陝西遊擊將軍陳言擊卻之時西中路長城成虜莫能犯乃伺北路會北路兵集西偏助役虜遂由青泉堡入寇綱雲州守備也聞警以家丁數十騎馳至永鎮堡據險虜對射虜疑有伏不進先是督府令延綏遊擊陳言以一軍駐北路近地曰備北路緩急至是督府所遣督陣官趙昇呼曰北虜不通大舉者恃山險也稍緩虜出險矣言乃介而馳虜望見兵至少卻綱因馳入言軍請身為先率言喜遂同進戰凡數合虜皆北綸赤城守備亦以家丁邀虜奪被虜人口牛馬同言綱追虜出塞還是役也綱綸皆以數十騎赴戰而言兵與虜人合者數故土人稱綱綸二校勇延綏兵喜野戰云九月宣大秉塞兵還鎮總督侍郎葛達復上疏曰沿邊城堡額設官軍四時皆防者常戍之兵也遠地調集主客相持步軍受陣軍馬列營者防秋之兵也防秋之兵秋盡而輒此自常規邊臣懲二十三年之役過為疑慮將領以委撫鎮撫鎮以委總督臣愚不敢猶豫持兩可者誠以閫外之寄有不得而辭也夫遠戍軍士與土著不同冬來衣糧不便饑寒切身雖父兄莫能令子弟欲保其必不解散必不死亡臣不能也然虜方衆強草枯氷結欲保其必不出沒必不侵犯臣亦不能也所恃者常戍之兵各有信地能存警戒日若臨敵即不資異鎮之兵亦足以自防矣于是罷還　十月初議併守國初以宣大為重邊建將屯兵疏曰兩鎮自十九年之寇大同失防

太原告急始添置太原寧汾潞兵將繕紫荆倒馬平刑寧鴈邊隘至秋徵兵防戍如宣大號内邊由是山西無寧日西北直隸山東河南之間揺動不已總督侍郎萬達恒曰宣大宜以戰為守腹裏宜以守代戰又曰山西不籍蔽于大同大同不需力于山西計兩失之又曰擺守無險步兵日危列營歷時客兵日費二弊不去終負國家也及是山西巡撫都御史楊守謙議曰山西外邊自丫角山至平刑關則八百里（大同僅七百里其內邊自丫角山至）今以六萬兵既守外邊復守內邊兩不獲固請與大同共守外邊夫山西兵六萬有奇大同七萬有奇合諸路客兵計十五萬有奇今丫角以西陽和以東城垣足據需兵不三萬人中間僅四百餘里而以十二萬衆守之無不固者守邊之

時量興垣役不三閱月其土可完則客兵可以漸撤併伕價可以大省矣督府得之大喜曰與吾共事者楊君也于是具奏曰山西起保德州迤邐而東歷偏頭關抵老營堡盡境大同起丫角山迤邐而北東抵陽和鎮口臺宣府起西陽和迤邐而東北抵永寧四海治爲塞千九百里皆逼臨胡虜險在外者舊所有外邊也山西老營堡轉南而東歷寧武鴈門北樓至平刑關又轉南向東爲保定府界歷龍泉倒馬紫荆至沿河口又東北歷順天高崖白羊至居庸關爲地一千餘里皆峻山層岡險在內者新所增內邊也外邊西連延綏東距薊州勢相掎角屏蔽京師內邊惟紫荆寧鴈通虜次居庸倒馬餘稱腹裏矣外之不禦內安可支故論者有唇齒之喻

又有門户堂奥之喻，賊窺堂奥必始門户，啓不危則齒不寒，理所易曉也。邇年以來犯寧鴈必自大同，犯紫荊必自宣府，事有可徵也。山西舊規守偏老一帶，歲撥班軍備禦大同，內邊則但存防守隘口之兵以為大同聲援，原無擺守例也。比因大同失防山西雁害，于是山西掣回班軍擺守內邊，已失建置本意，繼置太原諸處叅遊兵將，公私轉輸，內地騷動，財匱于兵衆，力分于備多，此之謂也。宜罷徵兵于內省，分鎮兵於外藩，外備既嚴則內境無患，其內關額設兵馬照額存照，以復舊制。詔從之。于是外邊戍守布置愈密，所省供費歲計六十萬餘。

二十六年夏，俺荅阿不孩復遣使款塞求貢，且言中國長城已成，屯戍增廣，縱能入寇得不償失，彼國卜之大神羊年不宜犯順俺荅自誓敬信天道乞給畊具欲于塞外墾畊且言北部四酋為雄小王子吉囊把都兒俺荅也今小王子庭直遼東吉囊直陜西把都兒直宣府俺荅直大同許之貢則諸邊偵靖永不相犯也時塞役未完俺荅因戒令不相犯且曰但許通貢築垣無傷也

蓋嘗論俺荅之三欵矣其始也可拒其繼也可疑其終也可信夫自虜嶺失利之後我軍剉衂虜勢驕肆一旦求通即甘應之彼謂中國無人以戰為諱矣故曰可拒既誅天爵復購俺荅彼固有憤于我而有鴈門太原之逼虜勢方張情偽莫測此時求通即漫然許之則不惟不識其包藏之禍心亦且以兵行成矣

故曰可疑乃若陽和之三戰不前兩鎮之邉工幾就彼復以好求成自誓不擾許之宜也故曰可信今一槩拒之不懈吾備是亦一策也夫

殊域周咨録卷之二十二

行人司行人刑科右給事中嘉禾嚴從簡輯

揚州府學訓導長洲彭天翔　侄嚴翼

江都縣學訓導華容王三汲校　嚴[illegible][illegible]校

韃靼七

二十四年虜大入榆林總督尚書張珩延綏巡撫張子立請戍

二十五年虜深入陝西殺掠人畜總督侍郎曾銑遂上復河套議

曰我朝以東勝孤遠撤之內守復改榆林為鎮城方初徙時套內

無虜土地沃膏草木繁茂禽獸生息當事之臣不以此時據河為

守乃區區於榆林之築此時虜勢未大猶有委也失此不為弘治

八年虜編筏渡河剽掠官軍牧馬十二年擁衆入寇自後常牧套內侵擾中原孝廟有欲復之志而未及逮至武廟嘗欲征之而未能因使虜酋吉囊得以據為巢穴禍根既種竊發無時出套則寇宣大三關入套則寇延寧甘固生民塗毒全陝困斃已極此撥亂之功天將有意於我今日也皇上選將練兵宵旰日切歲發帑銀以濟遠凡所以攘卻外患以保安兆民者天心實鑒祐之而當時封疆之臣曾無有為國家深長之思者蓋軍旅之興國之重務圖近利則壞遠謀小有挫失媒孽其短者繼踵而至鼎鑊刀鋸面背森然其不敗心易慮者幾希況復所見不同甲可乙否若曰姑待來年使已遷延不振日復一日長寇貽禍臣雖愚昧豈不知兵凶

戰危未易舉動但近年以來得之見聞常懷憤激今復親履其地身任其責目擊此虜跳梁地方危殆切齒痛心寔有寢不安席焉者也故敢冒昧輒以短見上塵睿覽或曰榆林邊墻方議修築今仍輒有復套之議會極歸要顧當何如臣曰築邊之議爲數十年之謀也譬之作隄壅水一朝潰決則氾濫不支矣若夫復套振武揚威殲彼醜虜驅其餘黨置諸大漢臨河作障天險爲池皇靈既昭賊膽應裂狼顧脅息雖數百年不敢輕肆侵軼譬之大禹治水以海爲壑而水歸其所不至橫流此社稷之計也時輔臣夏言復起當國力主從之初言以議大禮當上心自給事中屢遷入相最得寵遇後上修玄益精進賜言法冠言不受忤意罷去以嚴嵩爲

首相言家居與同鄉宴有張通判者以蓋坐上言不忿尋謀起用上亦時念之乃召復入內閣獨專制命嚴嵩事之甚謹而內懷猜忌嵩之子世蕃狡悍雄世恃父勢納賄招權言切齒之世蕃以事詔下獄抵死嵩哀乞于上得免仍歷官爲尚寶卿及是欲傾言時咸寧侯仇鸞以歷立邊功甚承倚信言無不從鎮守延綏銑發其奸贓被逮世蕃乃陰使許銑行賂于言捲敗冒功妄議復套開中人情大搖上下銑詔獄命兵部尚書王以旂代銑而以劉儲秀代以旂儲秀謝恩疏中語忤上削籍去又以趙廷瑞代儲秀落言少師職以尚書致仕銑坐交結近侍律二十七年被誅鸞竟釋不問九月虜大入塞直抵居庸關嵩以虜困復套報仇言死于西市嵩

遂益見寵世蕃專恣政以賄成邊將皆有常餽户部給邊銀兩半
輸嵩家而各鎮軍事益不可為矣後鸞復以縱肆為錦衣衛都督陸炳所訐被誅
按劉天和一振兵威而醜虜皆避出境河套叛巢遂空則此地
無不可復者然當時未即收取必以兵少糧乏若與久戰非計
出萬全雖得之莫能守耳曾銑恢復之議亦為有見但聞其所
製火車地砲等攻具數萬皆可用成功者惜事機中沮耳
二十六年宣大總督侍郎翁萬達上安邊書虜患以來歲調客兵
甚衆皆于夏月至鎮入秋則分布乘塞步兵登垣馬兵列營號曰
擺邊然山西懲前十九年二十年二十一年之寇募兵置將亦如
邊鎮歲費大增而山東河南之間一切搔動不已又二十三年乘

塞兵甫罷虜寇即至一時倡議諸臣俱伏重憲故事塞遂成故事且先期而集後期不解而宣府中東北路大同西東路故無城可乘率以疲弱戍兵羅列沙磧識者危之萬達至鎮分布諸將申飭節度曲盡便宜騎營步屯始相聯絡且賞罰明信人人自奮于是鐵裹門鵓鴿峪張家口膳房堡雲州諸戰率皆以寡敵衆虜始疑懼有進貢之矣萬達嘆曰擺守無險步兵日危列營歷時客兵日費二弊不去乎終負國家也為安邊書上之且曰宜罷徵兵于內省分鎮兵于外藩使山西籍備于大同大同需力于山西又言北邊大勢大同最難守者北路次中路次東路宣府最難守者西路次北路次東路乃尋昔年修築規轍區別緩急酌量工役及議

山西大同併守事宜條陳參城之目二參塞之目八悉見施行

夏四月築長城初督府上安邊書言宣府西路長城已成他路未成者不可偷日以失全勢且城成而不式興役興而不終敝也他路固有已城而卑圮初築而中停者矣宜酌量虜患緩急以為工役次第數年間之悉城如制斯成者不以有隙而墮始者不以無繼而沮矣從之于是分北中路百七十里為極衝二百六十餘里為次衝城之而又增城先年東西中路未城者百餘里此宣府長城之築為中條理也。

二十七年春正月北虜犯天城初督府移近塞墩于長城增卒為守今曰參塞兵至則謹飾烽堠參塞兵罷則帶管塞垣每墩不半里許冬暮春初鮮大舉即小警與烽共拒之不數刻所司

兵至矣故冬暮寧無事及是逼正旦所司督察稍急墩卒有潛赴城貨易者虜伺便燒暗門入驅羊馬数百去官軍亦有在野彼軀者于是天城諸守備俱重懲邊令益嚴矣　秋八月虜寇拒墻總兵官周尚文擊破之初尚文城拒墻五堡在長城外督府難之然業已成立督府乃檄尚文曰入秋便可伏精騎獲禾稼且虞有戰也夫虜不獲逞志于塞內能無致毒于塞外堡乎至是尚文遣家丁千餘騎伏彌陀山刈禾者出虜果縱数千騎踰山而東家丁戰馬矢盡登山自守一夕五告急督府曰不救是後不可使人且虜今次不懲後無五堡矣促尚文出師令兵備副使魏尚綸僉事尹綸參其軍尚綸綸至與尚文謀曰此出塞無山溪懼其蹂踐我也

且家丁保彌陀者三日不食何矣能自拔乃招民車百餘輛列火器其上實以熟食蔓精之類遂出塞虜見易之尚文環車為營且戰且行度虜陣厚集也火器太發虜死者衆遂解彌陀之圍家丁得車食飽而復戰虜大奔斬首甚衆初督府不欲置堡塞外而尚文已城議者往往咎之及是君子以為善補過云

九月虜寇隆慶總兵趙卿敗績初宣府以西中路為極衝虜歲犯之北路號嚴險東路亦遠僻又李莊諸虜巢北路塞外素不與大營虜合而東路塞外花當朶顏諸部落亦耕牧其地不肯令大營虜得東故二路鮮虜患長城之役急西中路近西中路長城成虜遂數來往北路塞外李莊虜亦畏懾逃避或曰為大營虜殲焉至二十五年虜

遂犯雲州與守備易綱遊擊陳言戰不得志而去復謀曰北路險遠即入不戰而疲矣不若由北路左右攻窺隆慶隆慶素不被兵民堡損壞易攻也時督府料虜必東檄將校曰虜猶水也城塞以止驅猶築防以障流防不備則來水注于不備之地防既備則水漏于不固之防今者虜大同則大同長城成虜山西則併守議定虜宣府則西中二路長城舉役矣所不備北者東路也財力有限工役因時令未能即城北東路如西中而不厚集兵申警備是遺之門也于是布兵設伏倍于往時

九月諜報虜窺鎮安督府檄趙卿曰鎮安之險可據也扼鎮安虜不能入矣時卿駐兵雲州去鎮安僅三十里督府以為無慮繼報虜攻獨石卿棄鎮安走獨石也

驚曰虜入矣乃東馳一晝夜行三百里抵懷來西界復檄卿曰虜入鎮安必由長安嶺長安嶺死地也分遣精鋭間道截擊鵰鶚合河黃家白草之間我可以一當百卿故儒吏善談論而性實懦怯徒以廉謹為時重得檄不敢發為危語曰督府愞矣虜已入塞僕無所逃罪臣子至憂在京師與皇陵耳今不匿形稍縱之南而分兵截急被見兵進必東奔東奔則畿甸皇陵搔動矣十輩謁止督府繫其使發令旗促之卿乃稽延不前而虜已抵隆永由是隆慶永寧大被荼毒督府策卿懦不即進也則自以麾下合諸營老弱留城者馳而東北至虜營譟而鼓行虜乃退由滴水崖出于是督府挺胷曰悔不早易卿將貽生民虐也乃上疏自劾及論列卿罪

詔遣瑣闥近臣出覈之覈如劾論者猶惜卿廑謹詔奪兵曰衣還伍督府亦奪三官

二十八年春二月虜寇滴水崖昨年之寇督府策其由滴水崖入已而由鎮安入督府大喜以為虜陷死地可殲也而趙卿懼不敢前督府劾之是後恒檄將校曰虜悔前殺矣再入必滴水崖故今春即議伏兵滴水崖入藍伏勝者犯法當刑督府杖之百不死督府異之以語兵備副使魏尚綸尚綸曰古人有如是者成功盡貸其生督府曰吾意也君以是語之魏語伏勝誓死報國使入虜中為間還曰虜聲言西下而数詢被虜人隆永間事必東寇也于是督府再檄卿曰即將所部于北東路適中處若滴水崖塞下堅壁以戒不虞時總兵周尚文以宿將總兵事

鎮大同者數年矣雖以私會得士卒心然尚文為人矜己獲前頗幸隣鎮事變時有歸正人至塞語墩卒曰虜馬首已東將趨明沙灘矣明沙灘者獨石塞外地也藍伏勝時巡塞聞其語驚曰事急矣走白督府督府使視歸正人則守臣繫解詣尚文尚文聞虜東即稽其解曰送督府須易公牒也留三日未發督府聞之曰虜審東矣屬隣鎮以張已能猾老故態也時趙卿以隆永之役在論未有代督府迺檄尚文曰已悉虜情即日東援宣大相援制也其以兵援滴水崖又慮尚文不時至則具疏言之且曰卿既獲罪待者未至已令尚文戒嚴東援滴水不若令尚文暫代卿將乞詔旨促其速至尚文初得檄猶豫會命下乃介而馳未至而虜攻滴水塞

矣暘瀚故戰也李彬之死論者尤爲督府挾而用之責其後效及是以坐營官隨卿戍滴水卿聞尚文當暫代己而虜寇且至則以兵三千人付暘瀚曰爲我戍滴水身歸鎮聽代督府不知也卿既歸虜果至仰塞急攻二日不能拔分步卒攀危巖縣綆登高華溝轉雙盤道出暘瀚背夾攻之兵遂敗暘瀚揮殳力戰殺數十人而死于是虜入塞復東向懷來而尚文之兵至壁于石柱村峯容甚整虜大駭未敢倅犯遣間來曰約詰朝當見北曉則伐樹拆屋毀門闢令步卒肩之以禦矢石而騎隨之譟且突陣舊列營必列木爲柵以拒報軼其夜尚文計曰柵目可見不若穴地爲暗塹乃令人劚七塹于壁外塹深及膝大容馬蹄及戰虜馬多仆軍中發火

器聲之几二日陣百餘合虜死者數千人虜大沮然恃其衆不卑歸也酋俺答阿不孩拔刀曰不勝是即刎吾首乃復攻圍兩軍俱憊初督府聞鄉還鎮也大駭曰三千人足戍滴水乎疾促尚文前而自以親兵及他路未發者馳赴之至是聞尚文戰且二日計日鼓三則竭兵無三日戰不疲者不援尚文是棄師也夫尚文與虜角殺傷過當而虜不退奔者慚于不勝且懼尚文躡其後所謂兩虎共鬬勢難先止也我鼓行而前尚文兵聞之氣自倍虜追矣不然則虜與尚文角且憊而我乘之漁人之獲也時西風大作乃令于軍曰不必結陣五人為伍鴈行疾馳有警人自為戰人自為捄鼓聲大振揚塵蔽天未至虜營十五里虜拔營遁尚文以久戰士

憊不能躡也兵罷還鎮始督府疏謫尚文論者以遊兵有應援之責主將無暫攝之例疑爲當路者主之曰兵有先聲將專閫外不宜異同以失事機行之及是邊人舉手加額服督府料中感嘲謗然決策云虜既連犯隆永翁萬達曰虜之為患猶泛濫之水中國設守猶障水堤之諸堤悉成漸則尋隙漏諸堤未備則先注空虛乃今注隆永矣夫隆永者京師北門也城諸路以為堤遺隆永以為壑愚竊懼焉乃上疏曰臣聞首尾腹背之論定而後形勢明輕重緩急之分較而後便宜得臣本書生暗戎計然識險夷于馳驟稽難易于籌思頗得其槩不敢不遂言之夫天下形勢重北方以隣虜也然我朝形勢與漢唐異漢唐重西北我朝重東北何者都

邑所在也漢唐都關中偏西北我朝都幽薊偏東北漢唐偏西北故其時實新秦開朔方城受降不但已也我朝偏東北則皇陵之後神京之外其所以鎖鑰培植以為根本慮者可但已哉天下便宜重宣大以數警也然近時便宜與往年異往年虞山西近時虞京後何者虜情不常也大同之門户不嚴則太原急宣府北路之藩籬不固則隆永急往年急太原其時內邊之修外邊之築建議併守不憚勞也今時急隆永則皇陵之後其所以鎖鑰培植以為根本慮者又可已哉國之後門猶人之肩背養其肩背以衛其腹心蓄艾七年防危一旦察脉觀兆不見是圖乃今則病形已見矣夫往年城紫荆倒馬諸邊備畿輔之西也城鴈门寧武諸邊備太

原之北也紫荆倒馬有宣府大同以為外折雁門寧武有大同偏老以為外扞且猶為設重險隆永去神京二百里而近無外扞足恃而重險不設專恃北路非計之周也是[illegible]九年二十年二十一年之寇由朔州以窺雁門志太原平陽也二十三年之寇由蔚州廣昌以窺紫荆志真保定也寒垣成而雁門窺謀鐵裹門鶻鴿峪戰而紫荆絕望虜情可推而知也昨歲豕突于鎮安今茲狼顧于滴水搖尾以歸騎首不解其志欲何為哉此臣之所寒心也夫往之經畧所以裕今今之措注不思善後封疆之臣其敢一日忘其死耶往年修邊之役宣府始西中路者先所急也北東二路限于力則間多未舉又以獨石馬營永寧四海冶之間素稱險峻槩頹

支部巢處其外尚能為我藩籬臣亦每有撫處之議今西中路塞垣足恃虜不易犯其勢必不肯以險遠者自沮而朵顏支部復為所逼徙避他所東北二路之急視前蓋數倍也試以二路邊計之東路起西海右鎮南墩而西至永寧盡界北路起滴水崖而北而東而南至龍門城盡界為邊凡七百里而二路馬步官軍不過三萬除城守站遞諸役防秋擺邊僅得二萬兵分于地廣備踈于無援此臣之所寒心也夫地要而不重其防兵分而不虞其害封疆之臣又敢一日忘其死耶天下之事不有所待無以全其勢不有所更無以盡其利宣之北路谿谷僻仄之域貧瘠之區也往年不數患虜者彼誠避其險遠無所于利近兩入寇志在內地

内設重垣虜計沮不窺内地則外諸城堡昔為大舉必經者勢亦自綫而左腋龍門衛楊許二衛右腋龍門所滴水崖一帶厚為之備絕其必窺設使虜仍貪入則須由獨石馬營而南逡巡前却于谿谷僻仄之間攻不可驟掠無所獲疲其力而衝其中虛伺其隙而邀其歸路當無不覆之寇矣故外邊以折北路内險以折京師尋常竊發外邊自可支持萬一輕軼内險復成犄角外邊兼理堡寨進可以逐北退可以致人内險專事隄防近以翼蔽隆永遠以係籍關南綫急相資戰守並用茲所謂審形勢酌便宜而盡之人謀者也擬于東路鎮南墩與薊州所屬火焰墩接界塞其中空築垣僅三十餘里可以省百數十里之戍自北而西歷四海冶永寧

光頭嶺新寧墩一帶地勢可守者循其舊邊地勢不可乘者稍為
更改又自永寧墩歷鸚鵡長安嶺龍門衛至六臺子墩別為創修
內垣一道與北路新墻連而為一北路原額官軍不輕內調內垣
乘守別措兵馬蓋不止備金湯之設崇虎豹在山之威亦且成首
尾之形收卒然相應之利也從之乃城北路內塞　二十八年夏
四月北虜款大同塞五月城大同外塞彌陀之役虜雖奔北而堡
人懼督府曰吾終不以血戰易是尺寸也乃與都御史李仁計下
令城外塞塞如偃月形東西皆附于舊塞暗門敵臺如制
尹耕曰余猶記童兒時有事鎮城也抵北門不敢出闚觀焉其
時北郊二十里新曰孤店者虜日至之巡撫史道之視地形也

千北極神祠虜忽突至望麾蓋矢如蝟諸軍力戰以免故文錦五堡識者恨其不究自總督伯溫之主弘賜議也由是鎮城以北商賈行矣尚文城滅虜九堡以聯其兩翼而復為拒墻五堡以厚屏其肩背則五堡不為極塞而鎮城腹裏矣然議者猶為拒墻五堡免之茲城其終絛理乎由是而推則宣府之興和不可理而復黑山之垣不可引而直東勝豐偷之境不可漸而圖非夫也

二十九年八月俺荅遂入漁陽塞犯京城焚刼至德勝西直門窺八陵掠教場上震怒殺兵部尚書丁汝夔都御史楊守謙自是調邉兵入衛京師無虛歲矣於是總兵趙國忠帥宣鎮兵入衛京城半月虜乃由白

羊口出過懷来保安抵宣鎮城下呼守障者曰無恐知爾兵在南所守婦女城耳且不爾攻我所得国人人足也時守障人見所掠關南人口行竟日不絶號泣之聲震動山谷力不能救是夜虜營于西門外二三里間以久勞皆酣寢城中無一兵可出刼其營鎮人惜之次日虜至萬全右衛由野狐嶺出塞去　三十一年虜由野狐嶺入掠宣府衛城西南叅將史略率師禦之虜預以其半伏路側略方倚岡為陣虜輙衝突火器猝不能擊衝數合虜作却状我師前追數里許伏兵出截我師為二略與守備指揮任鎮俱死士卒被殺傷者過半云　三十二年秋虜騎約五六萬由張家口入過懷安抵順聖東西城南及蔚廣攻毀堡寨殺掠人畜甚衆既

折而東將犯保安至宣鎮城東南地名谷村總兵郭都率兵二十餘相值方為陣以待虜四面圍之用精騎突陣我兵勢不能支都厲聲曰毋懼吾寡第直前不死此即回無生理也于是領哨應襲千户國王乃身先士卒督領血戰士卒半已死傷都與國略無憚色各中矢被刄無數乃亡事聞詔襃贈之都遼人國宣人也　三十三年五月虜由馬営盤道墩入塞寇雲州赤城等處攻毀屬堡二十餘座殺掠人畜殆盡八月復由雲州兩湖口静寧墩空入寇鵰鶚永寧懷来攻毀殺掠北夏過之我軍時因年饑逃亡且半總兵劉大章率師禦之將領亦畏虜不敢徑當其鋒遥望數日引軍而歸虜陽陽得志去　三十四年虜寇宣府先是督府以宣鎮數

被虜害鎮兵寡弱不支檄召延綏游擊張紘兵來備禦秋七月虜十餘萬衆毀垣入散掠保安東西川紘因率所部三千兵往擊之猝遇于張家堡南虜衆來衝紘令我軍開壁縱千百騎入乃合壁殺所縱入虜虜怒合衆圍四面者重匝紘又令士卒毋取首第殊死力戰由是虜被挺與刀死者無數紘亦力盡死士卒盡覆歿云

按是役將卒全損士人不以為敗績虜死傷者衆也自後被虜逃回人多述虜中追談是役猶咬指為懼辭則紘之死不為無益矣紘陝西人忠勇素所自許是舉其真無負哉

三十五年春虜入寇叅將都指揮李光啓死之時萬峪邊外動虜數千騎數突入侵苦居人光啓憤焉至是警報至光啓遂率所部兵

疾馳圖殲之，未及為虜陣，四至大呼殺兵入，為所殺太多。光啟亦被縛引去。去二日，光啓紿虜曰：「我為帥，第引我亭障下，當有贖者。」於是虜引至亭障下，呼卒曰：「我獲爾大人，將金帛來還爾也。」光啟曰：「滕狗宜殺我！我非不肯死，慮我中國人疑我真降虜，徒負辱國人罪。爾亭障卒其視我死，毋贖。」虜亦罵曰：「奴紿我。」遂剖其腹，截其支體，懊恨而歸。

三十六年，都指揮祁勉代光啓任中路參將，懲往日玩寇致僨事，固亟為把塞計，未即行。虜數數往來長城下擾之。勉曰：「不盡殲此虜，我土人安能牧耕？我安能餉邊備？」未幾，虜果下，輒率兵直前，士卒反為所殺戮。監司以為傷勇也，劾奏之，將罷官候代去。至是，虜又寇邊，勉曰：「我固將去，然義不得避艱險。」更共

此虜載天也仍引兵往戰以兵寡勢不相當因被困圍力屈而死

三十八年虜數萬駐獨石邊外頗久至七月乃毀垣南下由麻峪口入寇懷來保安間遊擊將軍董國忠不度無援兵望見哨馬賊少即帥所部兵數百騎馳逐之虜續至因被刃死數百騎兵亦鮮生還由是他將聞知皆遠避去虜得大利而歸八月虜再寇順聖東西二域抵于薊州所過村堡俱破十喪八九人畜殺擄數萬許邊人謂近年虜患莫此為大且慘我兵竟避其鋒不與相值云

是年虜寇薊遼入遵化等處所過殺掠無遺積屍遍野村堡俱空語械繫總督都御史王忬至京忬蘇州人曾巡視兩浙初兩浙因倭奴船泊寧波殺人擄掠創建巡撫軍門以朱紈首任紈嚴下

海之禁奸豪不便朝議改巡撫為巡視胥代紈矯其弊安靜持重地方賴以寧謐頗有聲譽故移節薊遼及是虜至一無備策坐視猖獗敗衂之後彌縫其失已得免究而内璫多導化人家被禍者往往在内號泣上聞訊知其故適彼處巡按某上疏論胥不能禦虜乞行罷黜上命收胥治罪坐失機棄市自後虜騎歲至不為大舉四十五年秋復擁衆寇大同總兵馬芳力戰却之亦稱大捷云

先是大同博野王府將軍充焴占娼為盜不法後廣靈府將軍充𤒽將長史司印給祿米領票當借人錢乃糾充焴等百餘人圍繞大同府欲白手支領知府師桂不從即將桂束帶撏作三段至晚復執磚虎欲打府門桂具啓代王令旨將無票各宗支與

10

按本卷廿三第十四頁略拜由「不孫」起至第十五頁「填三」止，版本缺第廿二頁
已補

七分有印票者與三分桂遵放問充燴等擁拉桂自堂至門外群
打巡撫張志孝具奏行巡按蒙詔問充灼等革爵發送高墻未幾
潞城府將軍俊德俊𣏌柳因爭食糧大同縣知縣朱可進有所左右
俊柳不恣糾各宗打入縣門可進越墻奔訴軍門各宗即將都御
史張志孝圍住且逼令志孝責治可進送監洶洶喧呶欲打志孝
代王令旨解散巡按蒙詔及志孝
代王廷琦交章請勘上命
刑科右給事中嚴從簡往問將俊柳等革爵發閒宅住時代宗繁多富驕貧
驚官府畧以法繩則云我教達子踏畨這城自充灼謀逆之後今凌虐府縣漸不可長也從簡會問時奏過不朝代府且上供聖
旨令各室下跪廷鞫宗人始知朝廷法度而代府甚[illegible]流謗當路從簡尋謫官云
初北虜小王子繼脫脫
不花為大酋號亦克罕即唐時之呼可汗也有三子長曰阿爾倫台吉台吉如華

室言宗次曰阿着卜孫次曰滿官嗔部俱近宣府比邊住牧罡留部

下為營者三、潘惠王領之罕峆部下為營者三、猛可不郎領之爾

填部下為營者一可都留領之總凡七營約衆六萬曰哈剌嗔曰

哈連二部俱近大同北邊住牧哈剌嗔部下為營者一、把答罕奈

領之、哈連部下為營者一失剌台吉領之二營約衆五萬亦克剌

一部近三閔住牧為營者五察罕兒克失且卜爾報領其三阿兒

把郎、　各領其一在東西五營約衆五萬惟阿兒入寇無常曰應

紹不曰阿爾禿斯曰滿官嗔三部住貢河套應紹不部下舊為營

十曰阿剌曰阿剌嗔曰哈奴即曰孛來曰當剌兒罕曰失保嗔曰

曰兒廒曰荒花旦奴毋嗔曰塔不乃麻俱屬偽太師亦不剌後各

注意此頁底加左第十五頁後半頁第一行第十三字「填」字之下「部」字之上

不孩正德初年阿爾倫為其叔父阿爾禿厮及太師亦卜剌所殺遺二子曰卜赤曰乜明小王子死次阿着卜孫立亦有二子長曰吉囊次曰俺荅阿卜孩阿着卜孫死衆立卜赤卜赤有衆七萬分為五營其東部三酋有衆六萬在沙漠東與朶顏為鄰南部二酋有衆五萬西部二酋與滿官嗔不孩七營俱舊屬亦卜剌亦卜剌以小王子怒奔出河套攤部落萬餘至凉州乞空地以居凉州將官閉門不敢應凡十餘日始大掠諸堡而去攻破西寧安定王等族奪其印據青海住牧後總制楊一清遣總兵徐謙征之虜聞南渡河掠洮岷奔松潘已而復據青海為河西患今屬吉囊為四營有衆七萬官嗔不孩部合別營六酋舊屬火篩今俺荅阿卜孩領

之皆在河套又有兀良哈一營乃小王子舊部與諸部自相攻殺總諸部不下三十餘萬人其駐牧雖逐水草遷徙不定然分地自不相亂而吉囊俺荅之子皆素稱雄黠每歲入貢宣大尤苦之九邊考則云北虜曰罡留曰罕哈曰爾填三

分散惟哈麻嗔一部存疑即哈剌嗔也今移營不在河套阿爾禿
厮部下舊為營七屬亦不剌今為營四曰孛合斯曰偶甚曰拔哈
思納曰打郎屬吉囊滿官嗔部下舊為營八屬火篩今為營六曰
多羅土悶曰畏吾兒曰兀甚曰拔要曰兀魯曰土不剌屬俺答阿
不孩今住河套總凡十三營擁衆七萬寧夏北邊無牧住尾剌一
部在甘州西北環遶北山住牧小王子居沙漠其屬有黄毛胡畏
吉囊等讐殺不敢南向往時各部皆太師領之太師屬中大將方
得稱有紀律志不在於搶掠後太師廢以那顔領之那顔華謂之
小官受差遣煩惟台吉得免故諸部樂屬之領凡台吉在孕衆即
推以為主而供給其母今部落多領於台吉然台吉皆荒淫志在

於槍掠近聞朵顏衛酋革蘭台亦與北虜和親不與和親者惟女直耳其俗隨水草畜牧無屋居行則車為室止則氈為廬自君長以下咸食畜肉衣皮毛貴壯賤老其單于朝拜日之始生夕拜月其坐長左而幼右其送死有棺槨而無封樹凡舉事常隨月盛壯以攻戰鬬則退兵匈奴怒則殺父兄不害其母以母有族類父兄無相仇報也其嫁娶先私通掠其女或半歲百日後使遣媒送馬駝牛羊以為聘其父子男女相對踞蹲髡頭為輕便婦人至嫁時乃養髮病以艾灸或燒石自熨燒地卧上或隨其痛病處以刀決脉出血俗貴兵死塟則歌舞相送肥養一犬以綵繩纓牽燒而送之言使護死者神靈歸赤山烏桓厥主初立近侍重臣等舁之以氊隨日

轉九迴每一迴臣下皆拜訖乃扶令乘馬以帛絞其頸使絶不致絶釋而急問之曰爾能作幾年可汗、其主精神昏瞀不能詳定多少隨其所言以驗修短之數其徵發兵馬及科稅雜畜輒刻木為數并一金鏃箭蠟印封之為以信有死者停屍於帳春夏死者候花草木落秋冬死者候花葉榮茂始坎而瘞之突厥父母死而悲哭者為不壯但以其屍置之山樹上經三年後收其骨而焚之酹酒而祝曰冬月時向陽食夏月時向陰食若我射獵時使我多得猪鹿其無禮頑嚚於諸夷為甚契丹其山曰陰山冒頓所依阻武帝奪其地曰狼居胥霍去病所封、曰浚稽李陵搏戰、所曰寘顏霍去病所追虜曰燕然去塞三千里竇憲所勒銘曰金微竇憲大破匈奴曰禽胡初洪武中王師禽胡寇乃兒不花於此、永樂八年車駕征虜製銘曰白雲永樂賜名曰立馬峯永樂勒銘曰蒼山曰沙嶺皆永樂駐蹕曰淩霄峰（永樂駕登絕頂）其川曰飲馬河（舊臚朐河）曰蒙山海（永樂駐蹕）曰清流泉（永樂勒名）其古蹟和寧路城（元太祖始建都）其產馬橐駝野馬羱羊（似吳羊而大角）角端鼲貂鼠青鼠土撥鼠納（猴屬已上六物皮毛柔軟可為）裘東墻（似蓬草實如穄子十月始熟）沙鷄酥酪其厥貢馬駝貂鼠皮海青其里至東兀良哈西脫忽麻撒馬兒罕北盡沙漠

予聞唵荅之妻第七夫人者失寵有侍女名桃花乃新被擄大同妓也妓思歸因誘七夫人言中國富盛衣服綺麗飲食珍品且有美男子不若到中國去受用七夫人遂與乘間逃出已入大同鎮關盤獲送至京師時嚴氏當國不敢上聞發錦衣衛獄

另一室，好供給之。後唵答知其妻在中國，欲興兵來取。邊人報有聲息，遂令人將其妻送出别閑棄之野中，令邊人與彼通事佯言見有一婦在某處，不知是否。唵答尋獲之，自刎手劈死。方此婦在衛，嚴氏宴私客，每取出觀，亦頗豐艷，衣中國所賜綃，足穿皂靴，以金嵌之，比妓色殊勝也。此予得之于同年親見者，乃嘉靖四十年前事也，書之以備博聞。

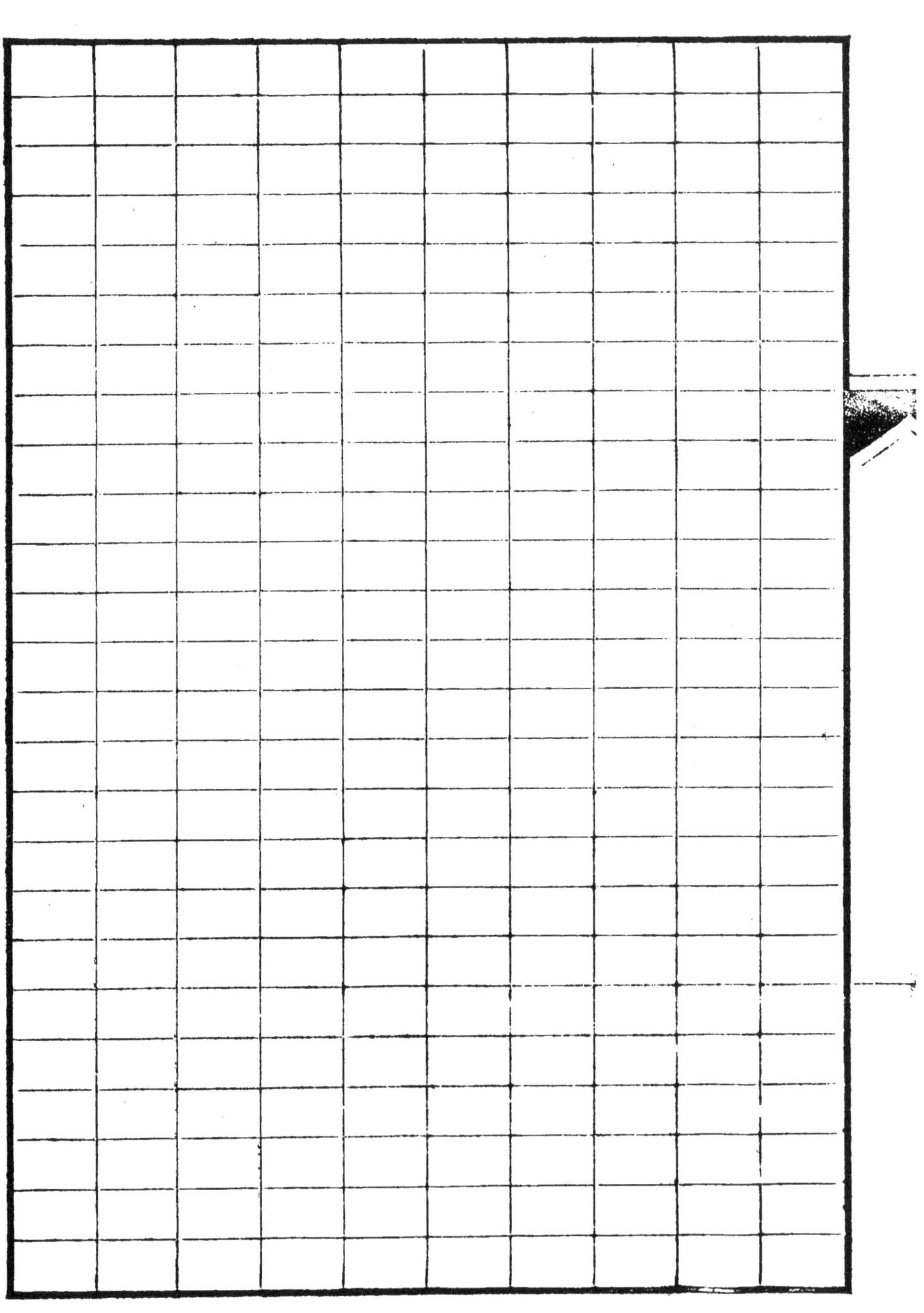

殊域周咨録卷之二十三

行人司行人刑科右給事中嘉禾嚴從簡輯

揚州府學訓導長洲彭天翔　侄嚴翼

江都縣學訓導華容王三汲校　嚴[illegible]仝校

北狄

兀良哈

兀良哈本春秋時山戎地，秦為遼西郡北境，漢為奚契丹所據。東漢征敗其酋，走匿松漠間。後魏之先後居於此，號庫莫奚，後屬契丹，名兀良哈。元為大寧路北境。本朝洪武二十年既城會州，建大寧都指揮使司，為重鎮，在宣府、遼東之間，宿重兵。

二十二年，故元

宗室遼王阿里失禮及朶顏元帥等各部遣人入奏願內附為外藩詔以地居之在大寧之北境立三衛焉自錦義歷廣寧至遼河曰泰寧衛自黃泥窪踰瀋陽鐵嶺至開原曰福餘衛自全寧抵喜峯近宣府曰朶顏衛以阿里失禮為泰寧指揮使塔賓帖木兒為指揮同知海撒男荅為福餘指揮同知脫魯忽察兒為朶顏指揮同知各領所部以安畜牧

按觀此則長陵未許此虜時而山後諸州先皆為其屬矣況復與之耶此亦當時之失計故居庸之外所恃為藩籬者止宣府耳而遼陽一帶不可通也

上謂後軍都督沐春曰曩者胡虜近塞兵衛未立所以設兵守關

今虜人遠遁已置大寧都司及廣寧諸衛足以守邊其守関士卒已命撤之而山海関猶循故事七站軍士實廢屯田養馬自今一片石等関每處止存軍士十餘人譏察逋逃餘悉令屯田

按大寧都司設而守関軍士可撤則大寧之地其所係豈小哉即此可見當時之倚重于大寧者亦不淺也

建文間燕府請難兵起出劉家口襲破大寧都指揮朱鑑死之都指揮房寬王權皆降燕李景隆開燕府攻大寧引兵攻北平燕府盡拔大寧諸軍及兀良哈三衛胡騎挾寧王入松亭関趣援北平

永樂元年勅諭兀良哈部落曰朕承天眷君臨天下嘗遣使齎
詔諭爾爾等聞命即遣人来朝其誠可嘉今仍舊制設大寧福餘

朶顔三衛俾爾等統屬軍民鎮守邊境舊嘗授官者列名以聞咸復之若頭目人等今當授者亦第其名來聞朕即授之俾世居本土安其生業乃廢大寧鎮空其地給賞三衛夷人每歲朝貢以為東北外藩

按寧獻王權高廟第十六子也封於大寧即三衛之地靖難師起與之協謀蓋燕時兵力不敵特藉兀良哈人馬以取中原耳太宗登極寧王入見顧遷國入內地於是遂居南昌惟事註書作書以消朝廷之疑而大寧之地既無王府又無守將原得其兵之力也因棄與之亦出一時假寓之權宜非永世經畧之究竟也夫成祖北伐至鳴鑾謂金幼孜曰滅此殘虜惟守開平興

和寧夏甘肅大寧遼東則邊境可永無事夫大寧以處三衛矣而復曰獨守大寧遼東其旨何也棄大寧則開平難守不急開平則三衛何為也漢人議處南匈奴其言曰北虜既破可使復其舊地成祖之於三衛其有原復舊地之意乎規畫宏深廷臣莫有窺其際者殘胡遠遁漢北寂然此成祖將有措置之時而龍馭上賓

遺旨靡究後之經理邊事如薛祿者但知開平之縣遠而不知大寧之不可久假也其於成祖之畫失之遠矣大寧都司之內徙也而皆不沒其名豈非欲復之一証哉故曰出一時寄之屬權宜非永世經畧之究竟也

二年上謂兵部曰福餘衛指揮奏其部屬欲來貨馬計兩月始達

厚

京師可遣人往遼東諭保定侯孟善令就廣寧開原澤水草便處
互市俟馬至官給其直即遣歸　八年遣指揮木答哈齎勅諭朶
顏三衛酋曰昔兀良哈之衆數爲韃靼抄掠不安乃相率歸附誓
守臣節我太祖高皇帝矜困窮設三衛官職俾各領其衆臣屬既
久後竟叛去及朕即位復遣人來朝朕畧其舊過加意撫綏數年
以來生聚蕃息朝廷於爾可爲厚矣比者爾等爲本雅失里所脅
掠我邊卒又遣苫列兒等紿云市馬實行窺伺狡詐如此罪奚可
容今特遣指揮木答哈等諭意如能悔過即還所掠戍卒仍納馬
三千匹姑贖前罪不然發兵誅叛悔將難追　二十年韃靼酋帥
阿魯台寇興和上親征諭諸將曰阿魯台敢爲悖逆者以兀良哈

為之羽翼也今阿魯台遠遁而兀良哈尚敢入寇當還師翦之遂簡步騎二萬分五道以行且授之方畧曰兵貴神速所謂迅雷不及掩耳也諸將頓首受命上曰官軍至彼虜必西走朕當以兵從西要之遂率精騎數萬馳往命鄭亨王通薛祿將之上率師至屈裂兒河虜寇數萬餘驅牛馬車輛西奔陷山澤中上麾騎兵為左右翼齊進寇望官軍勢盛欲突而走上率前鋒衝之斬首數百級寇自蹂踐死相枕藉餘寇尚數百人躍馬而走上曰必有首虜在其中須擊之率騎兵追奔三十餘里抵其巢穴斬首虜數十人生擒其黨伯兒伯克等盡收其人口牛羊駝馬焚其輜重兵器暮次豊潤屯諸將皆頓首賀上曰用兵吾豈得已哉諸將曰天道福善

禍謠陛下奉天伐罪以保寧兆民非過舉也

宣德元年遼東總兵武進伯朱榮奏朶顏衛指揮哈剌孫等朝貢不至請掩擊之上曰古者馭夷當寬其來不來何足與較況虜多詐用兵未可輕忽但謹隄備耳

三年車駕巡邊閱武至薊州遵化縣駐師石門邊報兀良哈萬餘騎入寇將及寬河上曰是天遣此寇投死耳召問諸將

諸將有請益徵兵者上曰蕞虜無能為但謂吾邊無備故敢來若知朕在當驚駭走矣然此出喜峯口路隘且險單騎可行若候諸將並進恐緩事機朕以鐵騎三千先進出其不意擒之必矣或言三千未必足用上曰兵在精與和不在多遂決親征車駕出喜峯口夜軍士皆銜枚斂甲韜戈馳四十里昧爽至寬河距

虜營二十里虜望我軍以為戍邊之兵即悉衆來戰上命分鐵騎為兩翼夾擊之上親射其前鋒三人殪之兩翼飛矢如雨虜不能勝繼而神機銃疊發虜人馬死者大半餘悉潰走上以數百騎直前虜望見黄龍旗知上親在也悉下馬羅拜請降皆縛之斬其酋渠駐蹕寬河分命諸將搜山谷擣虜穴是役也酋將忠勇王金忠故韃靼名子王也先於永樂二十一年親征率衆來歸賜名金忠又有韃靼平章把都帖木兒永樂初來歸賜名吴允誠二人奏請自效有謂此虜皆黨徃則不反矣上曰去留亦任所欲耳朕獨少此二人耶以誠心待之犬馬識豢養之恩況人乎遂遣之駕蹕會州以重陽節饗文武將士二人奮勇斬俘最多上親製詩歌慰勞

之累功封恭順伯世祿不絕時以二人雖漢之金日磾唐之契苾何力無以過云

陳氏建曰宣廟英武亞於成祖故一內難剪外寇躬履戎陣如摧枯拉朽所以然者由宣廟為太孫時常因獵講武屢從成祖北征久知用兵又去 國初未遠秉祖宗百戰之餘威將士閑習騎射擊刺其戰勝攻克非偶然也至正統之末 國家承平已久英廟生長深宮王振不思而欲效之故有蒙塵之禍建嘗謂正統喪師辱國宣德此役誤之也

正統九年兀良哈三衛夷人寇邊發兵二十萬分為四路討之成國公朱勇出喜峯口由中路左都督馬諒出界嶺口由北路興安

伯徐亨出劉家口，由南路；都督陳懷出占北口，由西路，渡柳河常鄂公卒處，至全寧，遇福餘夷人逆戰，走之，收虎頭山，過太寧，朶顔夷人又擊敗之。御史姚鵬上其功，陞賞有差。

十四年，北虜也先入寇，三衛夷人往附之。既而雜北虜使中充貢使來京，窺視朝廷，待北使禮厚，以為

國家畏強者，由是常挾北虜為重，以結昏迤北，恐懼中國。盡没遼河東西、三岔河北故地，

國家亦不復問。今廣寧前屯至定遼往來，僅一線之路也。

天順初，朶顔三衛夷人因虜酋孛来誘犯獨石，巡撫都御史韓雍集大軍出其不意襲之，賊驚各遁去。

成化元年，三衛與迤北同貢，

勅諭迤北孛来使臣曰：我

祖宗以來，四方朝貢使臣管待賞賜俱有定例，不可增減。朶顔等

三衛曩時無所依倚我祖宗特加憐憫設立衛分授以官職俾近邊住牧每年朝貢俱從東路喜峯口進今都督朶羅千等不遵舊例却差人與爾等同来希圖混賞悉照舊例分別虜見朝廷厚待爾處特諭爾知之

嚴遼東馬市之禁先是陳鉞巡撫遼東奏開馬市於開原廣寧二處朶顏諸夷每月兩市後通事劉海姚安稍侵侮之諸夷懷怨寇廣寧不復来市至是鉞為兵部尚書懼罪及已乃言奏初立馬市非資外夷馬以為中國之用蓋以結朶顏之心撒海西之黨今宜申嚴禁例毋為市令參將一員布按司官一員監之有侵尅者重罪之庶毋激變之患詔可仍令巡按御史治劉海姚安之罪以聞

授沙狐狸金吾衛千户初正統中沙狐狸

隨英宗駕於虜中汲水取薪極其勤勞也先奇之召問中國如爾比者幾何對曰我何足數勝我精敏者十萬也先曰何不以此輩来迎駕曰先是往征東南諸國未回回即来此也先色動及駕旋被留虜中虜授為頭目浸用事納婦生子遂致富貴亦時奉虜命至朶顔三衛開馬市迨四十年至是訪得舊在中國時所生子令輸情于朝期以明年當遂歸朝其子以聞上允且深憫之如期率其胡婦及児一家悉至所携輜重甚富入見上恐其詐命所司詳驗莫有識者狐狸曰先帝嘗賜我一綉囊曰此周太后手製也所司取以進太皇太后曰此真先帝物也上乃授以千户賜宅一區

泰寧衛都督兀喃帖木兒等奏欲于邊地收買牛隻農具并乞

賜莽衣。上曰：莽衣不可與，其欲與民交易，可許之。朶顔三衛頭目兀研帖木兒奏乞職事，兵部覆奏以未有功勞，例無陞授，不許。

弘治十七年，朶顔衛酋阿兒乞蠻率衆三百人往與北虜小王子通和，與一女寄養，歡之入寇。大同守臣報急，上命選京軍三萬往討。輔臣劉健等俱以爲邊事固急，京師居重馭輕，未可輕動。李東陽曰：朶顔北虜相通，潮河川、古北口甚爲可慮。若彼聲東擊西，則我未免顧彼失此矣，須待其定，徐議所向耳。師遂不出，虜亦引去。

按：嘉靖中虜由古北口潮河川徑抵京師北關，及通薊大掠而去，果符諸臣所料。時大同巡撫劉宇慮潮河川無險，鑿品字窖反製鉄子砲為備，上知其用心，賜勅奬勵。一時君臣其謀遠矣。

正德十年，參將陳乾燒荒，朶顏衛酋花當子射殺之。事下兵部尚書王瓊議討之，令通事往諭，必斬其子乃可贖罪。花當懼，竟斬其子以首来獻。花當亦虜中推為豪者。

嘉靖二年，朶顏都督花當男把兒孫逅年恪修職貢，又節次送回人畜，上賜以綵段衣服。隨復差人進馬謝恩，求討陞職。薊州巡撫孟春代為奏請，云撥之以理似不當予，然犬羊之類不可律以常法，乞要議處量陞一職，以示柔遠之意。上命把兒孫既效順有勞，准與做千户。兵科都給事中許復禮疏稱要將把兒孫陞授暫行追寢，酌量停當，然後施行。及稱各邊鎮巡等官只合拒之於於外，使不得虜掠，不當縱其

虜掠然後信其欺詐曲為陳請及又要將被虜人等少者作何懲
治多者作何處分查明舊例通行遵依上乃命把兒孫且不陞著
照舊管束部落修奉職貢待積有年勞奏來定奪還通行各該鎮
巡等官今後邊方但遇失事及走回人口務要從實奏報明白查
對若有欺隱情弊照例降級罷職不許仍前蒙蔽其走回人口亦
不許故為阻塞　提督三關侍郎臧鳳奏稱五月十七日有獨石
常勝墩傳到龍門所守備官田勲稱在陣時有衆賊見我官軍奮
勇拒敵收劄一處說稱我與你們講和等語退回拾獲丟下番文
一紙無人辯識臣查得龍門所境外先年有朶顏衛達賊約有千
餘在彼住牧近邊佈種糜黍時或潛入窺伺槍掠人畜近被官軍

防範嚴切又於本年閏四月十四日斬獲首級六夥得獲達馬夷器想是糾衆報讐又為我兵敵退所遺番文未知是何緣由乞勅該部行令譯字額衙門譯出情詞議擬應否處分兵部乃譯出達字番文一張尚書彭澤奏言番文譯出所言事雖無據但夷情譎詐或恐以此誘我弛備亦未可知合無本部行文提督撫鳳并宣大薊州等處鎮巡等官務要此常嚴謹隄備遠為哨探遇有報到聲息彼此互相應援不許怠忽誤事本部仍行巡撫順天都御史審各關驗放夷人通事序班有無受要各夷財物放進及將兩個兒子作一個名字開寫等項情弊明白參究上從之

十月大喜峰口等關指揮甘露瞭見境外達賊三百餘騎竟到關城下拆城

進入守備右監丞楊世英策應各賊退回十一月把兒孫統領達賊一千餘騎從洪山口関拆墻而入總兵官馬永統領官軍與賊對敵斬獲首級五十八顆虜大遭挫衄奔北遠遁巡撫孟春疏曰今歲秋冬之交把兒孫節次糾衆犯邊窩雲地方搶擄人畜五次義院等口殺擄人畜二次又節次殺害出哨夜不收人等及查得正德十年把兒孫統領夷種大舉入寇殺死馬蘭谷參將陳乾指揮談茂等事聞先朝命將出師征剿彼纔遁去後該兵部議處俯從寬宥責令花當都督痛加責治以後把兒孫送回擄去人畜以致慇懃約束住牧達子數年邊方安靜遂求討官職榮身臣與太監李能總官兵馬永看得夷人向化相應俯從量與一官以責後

效續該兵部議奉欽依把兒孫與做千户欽此後因給事中許復禮極論其不當予遂收回命把兒孫緣此一向懷恨在心謀為擾我邊疆今兩句之内兩次大舉入寇夫固有所致之耳宜准前旨量與一官以消其忿上以捷音至詔嘉勅奬勵總兵馬永太監李能御史盧瓊疏曰近該三屯營把總田登等呈大喜峯口等関斬獲首級外復聞議欲量授把兒孫一官慰快望之心夫以在山之虎未入陷穽欲投以羊而馴之羊雖貴而虎終不可馴自古中國之於夷狄靜有所待動有所制常使在我者有不可犯之威而不以無事幸於人来則禦之去則追之常使在彼者有不敢犯之心而不以私恩小惠啟其欲誠使武備修而自治强雖犁其庭而掃

其穴亦不敢怨況敢望以官與之乎否則雖重官厚賂不能止其溪壑之欲況一官之小其安足以繫其心乎且把兒孫殺我將帥侵我邊疆十餘年來陸梁不臣之心固不在於一官之得與不得今雖頗有斬獲不過懲艾以阻其入而已果能堂堂正正如古之聲罪致討以攝服其心乎其心不服而輒與之官是要我而得也要而得官彼肯以為患乎求官不已必欲賞賜求賞不已必欲封爵一有不遂皆足生怨怨愈深而寇愈數何以制其後哉乞勅將領官嚴加防守以杜其奸就使把兒孫果有效順受我約束亦當姑待貢獻數年觀其心之向背何如然後熟講而緩行之亦未為晚

三年七月兵部尚書金獻疏曰虜衆二萬俱已入套亦不剌

盤據於西，把兒孫窺伺於東。即今秋高馬肥，正係出沒之時，若遂不早為之備，臨期未免誤事。合無查照往年舊規，於宣府、大同、山西、鴈門等三關，陝西、甘肅、延綏、寧夏、薊州、遼東諸鎮，請勅一道付本部，分投差人齎與各該鎮巡等官，務要戮力同心，操兵秣馬。或城堡坍塌，壕塹塡塞，則併工修理；或器械朽壞，馬匹損失，則如法修補。粮料草束，儲蓄以候主客馬支用，如有不足，奏請區處，無致缺乏。之一遍有警，必須彼此應援，不得推託誤事。其副叅以下官員中間，果有貪懦不識，應合革退；有才力不及，應合降調者，撫按官俱要指實叅奏，以憑上請定奪。請勅九道。上悉從之。

二十二年春三月，宣府總兵官郤永出塞襲擊李嚎莊諸虜。初，李家莊塞外有住牧虜數百朶顏別落也善盜寨邊將鼠竊防之然此虜不通諸大營虜亦能盜大營虜馬大營虜覺追之[illegible]入險輒不能逼其地可糜漸有板廬每當盜馬過我墩呼戍卒曰往大營盜馬無南事也其還亦然狡而善射故不為大營併而北路以此鮮大發論者以為宜[illegible]撫處之使為我用然邊將貪功者恒朶顏馬至是永以兵出塞襲擊之斬四十餘級而還

按永之斯舉不惟失李茫諸虜之心無以成撫處之計抑使之飲恨於我盜邊日甚或自虞孤弱求合之營所失非尋丈也

初大同守將咸寧侯仇鸞屢立戰功上寵信之奏討錢粮更不少靳惟其所言鸞恃恩驕恣多養家丁頗蓄異志潛與虜約召之至

則私饋犒之滿欲而去遂報大捷以邀賞賚歲以為常至二十九年虜又召北虜由大寧故地入古北踩踐薊邊抵京師北門上命

命御史魏謙吉等典九門奇正營規畫防範竟被虜大獲而去後鸞益橫一應邊務俱直達御前皆如其請命由中下户兵二部無敢少忤既而鸞謀洩伏誅虜遂少卷然亦三衛夷人與虜通好受其假道長驅耳四十一年虜酋黄台吉復通三衛擁衆由薊邊缺垣入大掠順義等縣至張家灣僅隔一河京師戒嚴大小文武俱乘城守備虜掠得利飽其欲遂自引去自來虜所未至者

薊州邊論曰薊京師左輔也拱衛京師密邇陵寢北之他邊尤重三屯營居中為重鎮東至山海關三百五十里而至黄花鎮四百五十里我太祖既逐元君命魏國公徐達起古北

口至山海関增修関隘以為内邊又即古會州之地設大寧都司營州等十一衛而封寧王與遼東及宣府東西並列以為外邊神謀邈哉遠矣成祖靖難後因賞兀良哈乃改封寧王於江西徙大寧都司於保定散置營州等衛於順天境内而以大寧全地與之令其每年朝貢者再三衛每次使各百人永為屬番往來互市遼東宣府自此隔涉而聲援絶矣正統以前夷心畏服邊地寧謐朝廷但令都督或都指揮於大喜峯口故地口等等處驗放入関別無多官土木之變頗聞三衛欲為也先嚮導始命都御史鄒來學經畧之此後因而添設鎮守叅将等官而夷情亦異變詐不同然尚未敢顯言為寇也弘治中守將楊友

張[illegible]因燒荒搶殺無辜邊興遂起正德以來部落既蕃朵顏獨盛陽順陰逆累肆侵噬花當則脅求添貢把兒孫則深入寇掠參將陳乾魏祥俱以重兵前後陷沒他可知矣故三衛夷人情難與正統前例論禍機所伏不待智者而後知黃花鎮擁護陵寢京師後門也今守兵逃亡止餘二百河澗等衛之戍空名無實此其單弱極矣議者謂更當增戍而關外閒田可募兵墾此亦一策也古北口潮河川俱稱要害而潮河川殘元避暑故道尤為虜衝作橋則浮沙難成為塹則水漲易湮巡撫洪鍾雖曾設有關城亦勢孤而不易守今須傍川大達石墩數十令其錯綜宛轉不礙水路庶幾可以久乎喜峯口三衛入貢之路撫賞

諸貴久累軍丁近取諸馬場子粒似矣建昌營自裁革中官之後以其兵多於燕河營乃復添設遊擊甚為紕繆夫遊擊之名謂居中而可四面馳擊也今僻在東陲其謂之何矧東去燕河營叅將僅五十里西去太平寨叅將僅六十里不為贅員且製肘予愚嘗謂薊鎮在今日當重其事權總兵須與掛印者同督撫駐薊其遊擊則駐三屯營燕河馬蘭密雲三叅將仍舊而以太平寨併入建昌共一叅將則庶乎體統正緩急有濟矣夫設關於外所以防守立營於內所以應援國初東至山海關西至黃花鎮為関寨者二百一十二為營堡者四十四為衛二十二為守禦所三設分守叅將五於燕河營太平寨馬蘭谷密雲縣黃花鎮以管攝營堡謂之關設守備都指揮五於山海永平遵化薊州三河以管攝衛所謂之營也關營提調既分為二則關

九頁

獨當其害營但肆為觀望耳嘉靖十八年巡撫戴金奏復如舊制相為防守假令營之提調即司所直之關責又攸歸後將誰諉又本鎮額兵數少而隘口甚多除分戍之外消耗之餘所在單弱言之寒心是故存留京班之士益募土著之兵設險修關嚴燧遠諜選將練卒足食明法曲突徙薪之計不可一日而不講也

其俗同韃靼其山曰馬盂（廣袤千里中峯形類馬盂）其產馬橐駝黃牛青牛瑪瑙鵲樺皮白葡萄其貢駝馬其入貢凡每年聖節正旦其入每衛許百人其里至東海西南開平不孩正德初年阿爾倫為其叔父阿爾禿廝及太師亦不剌所殺遺二子曰卜赤[illegible]也明[illegible][illegible][illegible]

次子阿著卜孫子亦有子子長曰吉囊次曰俺答阿卜孩阿着卜孫乞叭立卜赤卜赤有衆七萬分為五營其東部三酋有衆六萬在沙漠東與朶顏為鄰南部二酋有衆五萬西部二酋與滿官嗔不[illegible]七營俱舊屬亦卜剌亦卜剌以小王子怒奔出河套擁部落萬餘至涼州乞空地以居涼州將官閉門不敢應凡十餘日始大掠諸堡而去攻破西寧安定王等族奪其印據青海住牧後總制楊一清遣總兵徐謙征之虜聞南渡河掠洮岷奔松潘已而復據青海為河西患今屬吉囊為四營有衆七萬官嗔不孩部合別營六酋舊屬火[illegible]篩今俺答阿卜孩領之皆在河套又有兀良哈一營乃小王子舊部與諸部自相攻殺總諸部不下三十餘萬人其

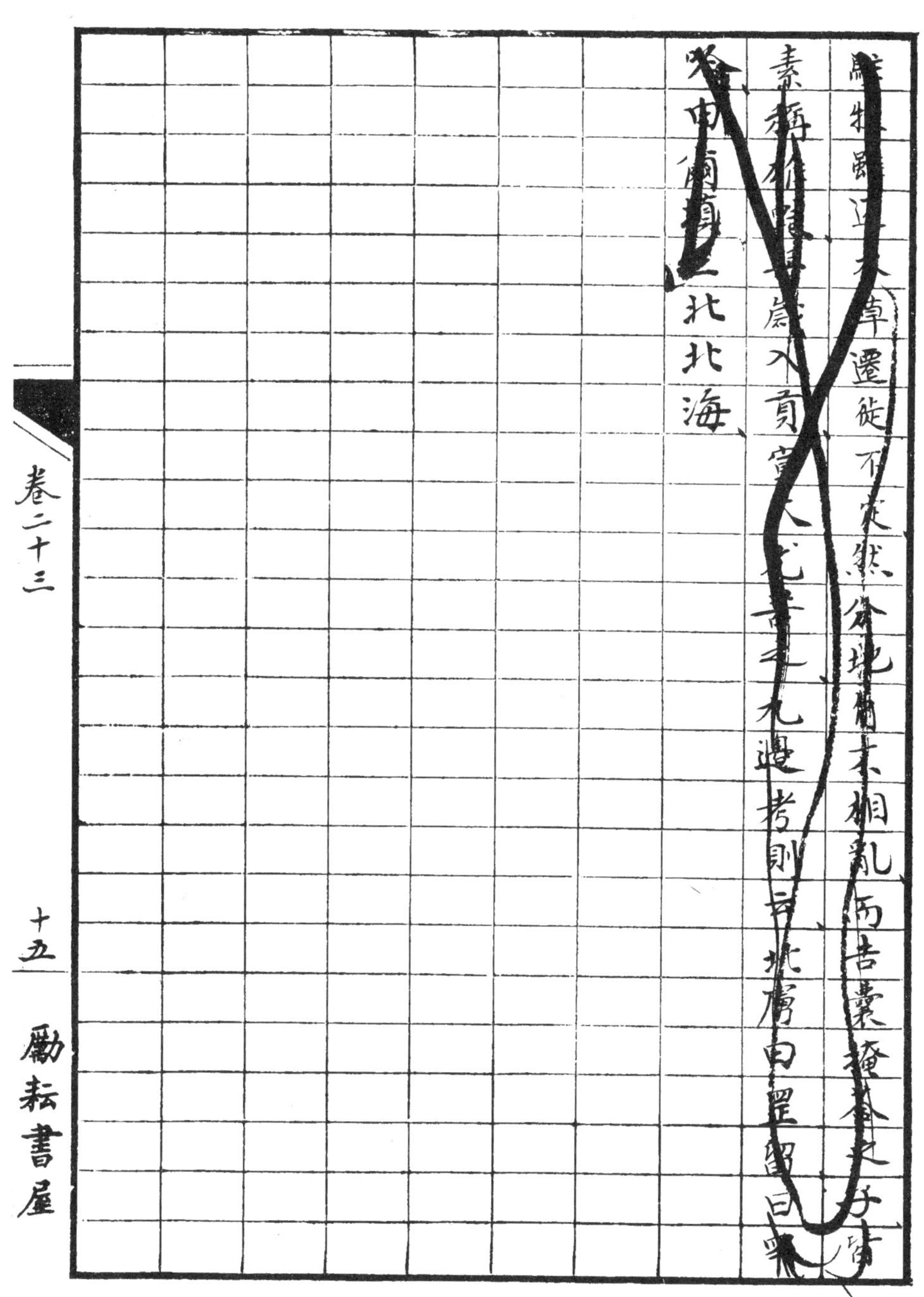
隨牧㽈近大漠遷徙不定然分地備不相亂而吉囊俺荅之子皆
素稱雄黠每歲入貢宣大[illegible][illegible][illegible]丸邊考則云北虜曰罟留曰哭
哈由爾[illegible]之北北海

卷二十三

十五

勵耘書屋

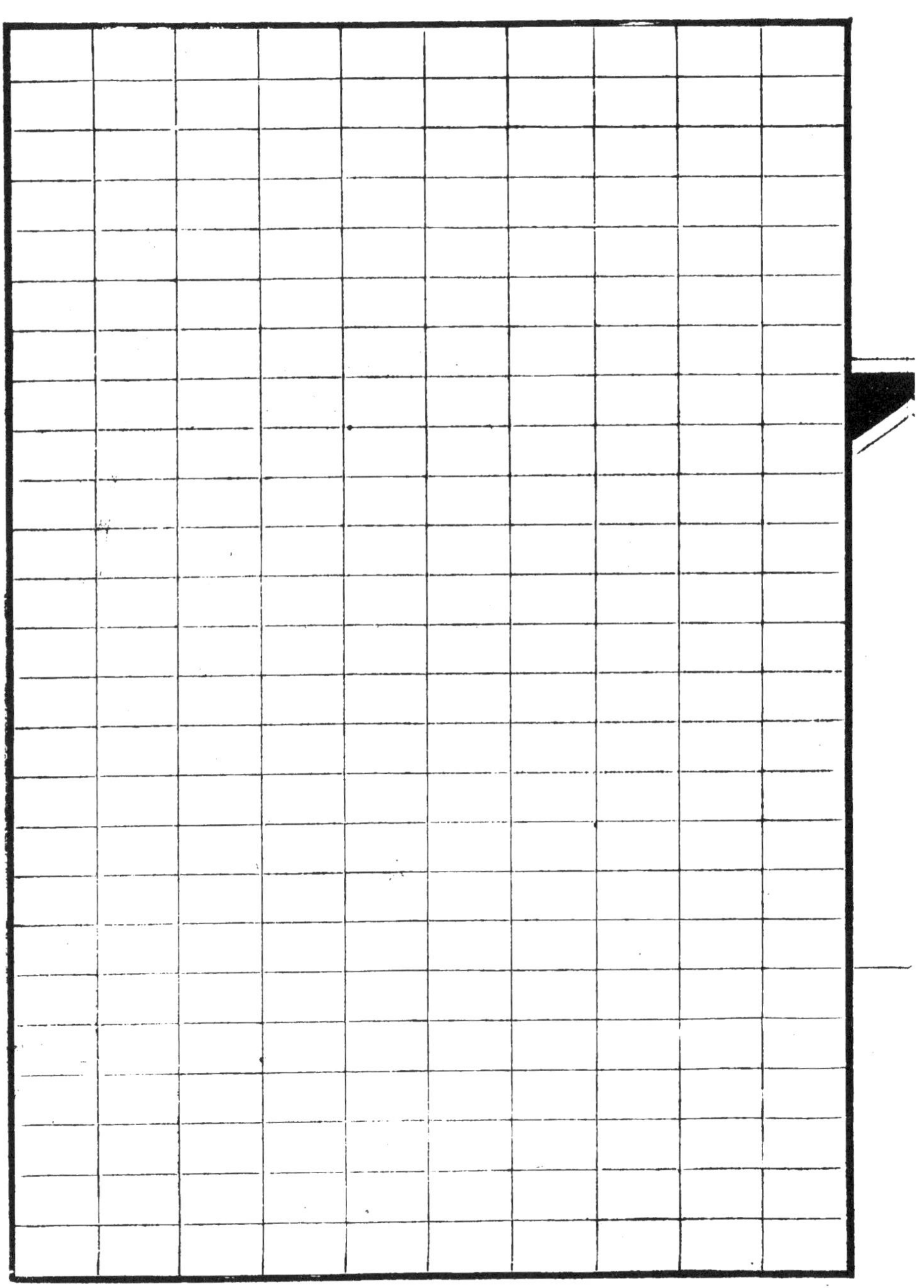

殊域周咨録卷之二十四

行人司行人刑科右給事中嘉禾嚴從簡輯

女直　東北夷

女直古肅愼之地在混同江之東後漢謂之挹婁元魏謂之勿吉唐隋曰黑水靺鞨唐初渠長阿固郎始來朝開元中以其地爲燕州置黑水府其後粟末靺鞨强盛號渤海黑水往屬之及渤海浸弱爲契丹所攻黑水復擅其地即金鼻祖之部落也初號女眞後避遼東興宗諱改曰女直臣屬於遼部族散居山谷至阿骨打始大易部建國曰金滅遼僞都於渤海上京至海陵改爲會寧府金亡歸元以其地廣濶人民散居設水達達等路軍民萬戶府五以總

攝之又名合蘭府本朝永樂元年遣行人邢樞偕知縣張斌往諭奴兒干至吉烈迷諸部落招撫之吉烈迷進女色於樞樞拒之不受於是海西女直建州女直野人女直諸酋長悉境來附授都單河衛令馬吉你為指揮上諭胡廣等曰朕非欲併其土地蓋以此輩自昔擾邊至宋歲賂金幣卒為大患今既來朝從所欲授一官量給賜賚指小費以弭重患亦不得不然乃詔自開原東北至松花江以西置衛一百八十四曰建州曰必里曰毛憐等名所二十為站為地面者各七選其酋及族目授以指揮千百戶鎮撫等職俾仍舊俗各統其屬以時朝貢尋復建奴兒干都司於黑龍江之地設都督都指揮等官與各衛所不相轄屬其有願居中國者於安樂州於開原自在州於遼陽以

處之量授以官任其耕獵故時各衛酋每入貢賞賜甚厚有所征調聞命即徒無敢違期永樂末建州夷人前居開原者叛入毛憐自相攻殺宣德間朝廷復遣使招降之遼東守臣遂請以建州老營地居之老管者取人參松子地也朝廷歲名為東建州初止一衛後復增置左右二衛而夷人不過數千耳然亦歲遣各數百人入貢以為常正統十四年北虜也先入寇犯京師脫脫不花王犯遼東阿樂出犯陝西各邊俱失利而遼東被殺掠尤盛故海西建州夷人所在皆起為亂遼東為之弗靖者數年兵部侍郎于謙上疏畧曰野人女直各種夷虜之人俱附遼東地方近來相率投降者衆朝廷許其自新推以曠蕩之恩宥其反側之罪授以官職嘉以賞勞遼東總

兵等官就於自在州并東寧等處城堡安插者動以千數此等之人狼子野心中難測度即今醜類犯邊我軍失利遂起奸謀結連内應其貽後患慮恐非關細故矧近日遼東安插韃人糾合謀叛出城潛徒虜寇者動至一二十此正其驗不可不防者宜令寇深來文毅曹義等公同計議區畫將以安插夷人若何設法關防鈐束以消意外之變而為經久之策後來降者俱從起送赴京處置或量與官賞令回本土住種何者為便或別有長策可以安内攘外防患弭奸者俱令區畫馳奏至景泰後始克寧謐而遼西野人女直之有名者率死於也先之亂朝廷所賜璽書盡為也先所取其子孫以無祖父授官璽書不復承襲歲遣使入貢第名曰舍人

第十册

趙世瀞

以後在道不得乘驛傳錫宴不得預上席賞賚視昔有薄皆忿怨思亂遼東人咸知之而時未有以處之也天順三年建州夷酋都督董山結朝鮮謀入寇巡撫遼東都御史程信上其事命譯者往詰之山驚復貢馬謝罪

成化二年整飭邊備都御史李秉言建州毛憐海西等諸部落野人女直來朝貢邊臣以禮部定議名數驗其方物貂皮純黑馬駝大者始令入貢否則拒之且貂產於黑龍江迤北非建州毛憐所有臣聞中國之待夷狄來則嘉其慕義不計其物之厚薄若必責其厚薄則虜性易離咸以啟釁非厚往薄來之意禮部因請勅戒遼東守臣自後夷人入貢驗數放入不得過為揀選以起邊釁從之

董山復來朝貢爭席出不遜語乘是激海西夷人寇邊一歲凡九十七殺十餘萬人朝廷命武

靖伯趙輔充總兵官左都御史李秉提督軍務往討之分兵五路渡蘇子河至古城朝鮮國亦遣中樞府知事康純魚有沼南怡等率其萬衆以助官軍直抵虜巢寇望風披靡獲虜酋指揮苦女等以千數擒董山送京師伏誅時積雪盈尺寒風烈虜不可久居乃整兵凱還尋有道寇指揮張額的里率其妻赴軍門哀詞乞降且曰吾所處之地自漢以來人跡罕到唐太宗東征至鳳凰城而止亦未嘗入吾境土今大兵卒然至此使我喪亡已盡豈非天地耶輔遂具奏納之仍命安置其部落諸夷於兩廣福建然所損士馬亦不少也　五年巡撫袁愷奏遼東頻歲被女直之寇乞免歲貢人參從之

六年建州夷潛謀作亂巡撫遼東御史彭誼討之散解

先是任巡撫者與鎮守中官不相協不以邊儲為意倉無再歲之粟虜覘知之聲言入寇誼獲諜者訊之盛稱女直林翳險阻中國粮少士饑虜固無怨誼命斬以狥其人哀求誼釋之語曰汝虜恃翳不見中國匠剣木之器乎使萬卒持之人剣木千不終朝可盡也汝虜何恃耶爾狼又在吾度內發萬人運之來山斯積矣謀報虜未信誼果發餉實鐵嶺瀋陽三萬諸衛相繼於道乃閱兵建大將旗出遼陽塞部伍整嚴旗旄蔽野命都指揮崔勝進擊擒建州酋斬之奪其馬騾器械輜重虜奔潰自是遠遁邊境稍寧　十二年女直人宋全為武驤左衛勇士又稱宋達子與都指揮滕雲相結為盜往來京城外刼財姦婦多所殺傷官校莫能捕後雲被獲

服罪全削髮如僧將北走虜地為千户李端等所獲命梟首示衆

十四年海西兀者前衛都指揮散赤哈上番書言開原驗放夷人管指揮者受其珍珠豹皮兵部移文遼東守臣都御史陳鉞勘究召散赤哈赴廣寧對理散赤哈率所部十餘人欲由撫順關入赴廣寧參將周俊與管指同事者揮守關處散赤哈至面白其受賄之情乃遣使詭告守臣謂海西人素不由撫順關入今熟知此路恐啓他日患守臣不虞其詐從之阻不許由撫順時散赤哈已入關聞之大怒折箭為誓欲報仇備禦夷人都指揮羅雄知事不協具酒食慰遣出關時建州蕃落窺伺欲雪董山之忿全藉海西兵勢緣此遂留散赤哈與俱來犯遼東守臣以聞命招士兵往討之然出

榜招衆徒張虛聲其實兵將皆顧戀私家不趋遼陽建州賊因得糾合海西蕃落數千乘虛入寇大掠鳳集諸堡報至廣寧陳鉞始赴遼陽而近邊住耕也僧格等十八蕃户皆有家丁入貢未還恐悞羅兵又及京師拘留乃走撫順所報曰犯邊者皆海西人也陳鉞與分守遼陽副總兵韓斌意在不分白黑撲滅夷人誑奏朝廷悉收十八人於瀋陽衛獄乘夜率諸軍襲各家屠之及搜所掠人畜並無有焉其精壯者聞亦脫走捶死也僧格於獄乃以搗巢之捷聞衆論藉藉中官汪直勢焰方熾惑於通事王英謂往撫可邀大功請任其事掌司禮監太監懷恩以直年少喜功沮之命兵部侍郎馬文昇率大通事一人往撫及今整飭邊務馬文昇至遼東

赴瀋陽撫順所召各衛酋長聽宣勅諭夷衆聞累累皆至而被屠之家數百人爭訴其冤謂遣使入貢初無犯邊狀一切冒賞殺戮謂我劫掠人畜果何可證今雖仰荷朝廷招安實難於聊生文昇承

制各以牛布賑給慰之且令其酋長赴京適諜報海西酋猶欲寇邊大掠始歸文昇偵察得實以其事聞於朝謂夷雖聽招撫覩其言貌詞氣尚懷反側難保邊安乃密檄總兵歐信副總兵韓斌參將崔勝各率所部往開原及調開原參將周俊伏精兵三千於鳳集等堡賊以為無備果分數路入寇諸軍以逸待勞斬首二百餘級生獲數十人收賊馬及器仗無算所斬者率多海西人文昇因論諸虜反側情狀請移兵往勦或姑與自新仍舊撫之事下

兵部主撫廷從之海西人聞之則感懼交併文昇復檢先授官停襲子孫名數令譯者審實請於朝下兵部赴内閣考驗璽書底簿明白由是得襲官者復數十人酋族愈感國恩文昇之功也中官汪直意猶未已請於上便宜巡邊陳鉞乃戎裝遠迓長跪叩頭而謁賄悅儻從狐媚蠅營無所不至文昇則與直抗禮奴視其左右鼠輩多譽鉞而詆文昇於直直還會余子俊有劾陳鉞疏鉞疑文昇所為遂囑直奏女直建州夷人之屢寇邊皆文昇禁不與農器交易故也文昇由是下獄罷官遣戍重慶衛明年陳鉞又說直立功已亦得以攀附幸進乃虛報建州女直將入寇請命謀勇大臣擣其巢穴乃命直監軍得便宜生殺陞賞撫寧侯朱永為總兵陳

鉞參贊軍務時都御史王越亦有垂涎督師之意而命不及越亦擬余子俊所阻乃言本朝未有武職節制文職大臣者且征夷重務豈可無文臣總督意蓋自薦也于是子俊言前命出於聖斷不可復移鉞且以計阻越竟得參贊之命時稱鉞越相競云按王越廷試時風捲試卷飛揚空中不知所之竟以内閣別紙賜寫後汪直坐西廠刺權勢益熾王越日伺候之滋久相得進越兵部尚書加官保十六年越阿贊汪直偕其巡邊至大同瞭虜營在威海發兵襲之俘男婦百七十人以大捷聞越封威寧伯直授都督中官加武職前此未之有而越飛騰之意亦驗云越忽思退休賦詩云歸去來兮歸去來千金難買釣魚臺也知

世事只如此試問古人安在哉綠野有情憐我老黃花無主為誰開平生事業心如火一夜西風化作灰未幾竟以事敗從陸安州安置遂符一夜化灰之讖翰苑有和者云那有伊周事業來恥隨郭隗上金臺權謀術數何深也局量規模真大哉半世功名如隙過一場富貴似花開于今門下三千士一半寒心一半灰嘲越附汪直故云　然聞其人雖為權譎實文事武備者也故李西涯稱其議論英發邊徼虜情將士強弱皆在胸中才智樂為之用又詩雖粗亦有好句如此間惟有征夫苦天下無如邊塞寒鬢為胡笳吹作雪心因烽火煉成丹亦佳也或謂越北伐時嘗親視諸軍食飲數賜酒肉動息必悉其情至犯令不

少保每賜命出獵計矢中禽之多寡於敵陣爲先後有將官告
蒙受金者置之計出死力不問於是將士感泣無不用命者
時建州貢使郎秃等六十餘人過廣寧前屯衛直興之遇以爲窺
伺馳奏於朝請拘囚之　郎秃等入京有司給就鴻臚寺三校卒
擒一人格鬬擾攘因乃就縛下獄　建州諸酋不意大兵猝至壯
者盡逃匿惟餘老弱被殺掠而還鉞因侵盜邊庫十萬兩并玉蝴
蝶諸異品又私匿所掠子女人口父子各占一姝　錄平建州功
加汪直食米歲三十石鎮守太監韋朗十二石陞陳鉞爲右都御
史　十六年建州女直以復讐爲詞深入遼東犯陽淸河等堡長
驅四百餘里勢甚猖獗所掠男婦皆支解或碓舂火蒸以洩其忿

劫奪牛羊，焚燒廬舍，如蹈無人之境。邊將斂兵自守而已。陳鉞方冒前功，恐阻其賞，隱匿不奏。於是屯堡屏迹，弗克耕耨，而邊地騷然矣。識者憂焉。

遼東御史强珍劾韋朗、陳鉞等失機，詔停俸戴罪。既而汪直憾珍，乃奏珍行事乖方，妄奏被虜人畜名數過多，請治其罪。命錦衣千户蕭聚往覈。聚械珍至京，直先執珍於御馬監拷掠，然後奏聞，謫之戍遼東。後汪直敗，鉞下獄，人皆為之危。鉞乃洋洋然對法吏，謂子女金寶不敢謂無，但分遺於人耳。所引皆大臣，皆為鉞極力營解，僅坐除名。起文昇巡撫遼東，邊境始得安。

命斬劉八當哈於遼東，梟首示衆，發張驢兒等六人充軍。八當哈，東寧人，天順間因盜馬事露，奔建州。張驢兒等成化初為虜所掠因相與導虜寇邊至是各冒虜酋阿卜等名朝貢比還遼陽為親知所識拘留之陳鉞等奏請梟二首以示衆事下兵部尚書余子俊言八當哈等雖華人然既冒虜名朝貢亦使臣也若拘留之恐開將来之隙宜姑縱之以懷遠人詔下公卿議咸言八當哈叛華附夷宜服顕戮張驢兒等為虜所掠可待以不死乃有是命　嘉靖元年建州右衛都指揮牙令哈稱奏贖送人口有功比例討陞都督職事遼東巡撫李承勛題請行鴻臚寺通事王臣等審得牙令哈成化十五年授職正德十等年贖送被虜軍人漢人交與指揮寗傑等又領三堂鈞批捉拏反叛王浩等交與指揮劉尚德兵部議擬具題上命牙令哈准陞都督僉事時柔顔把兒孫亦准授千戶

給事許復禮疏請將把兒孫牙令哈陞授暫行追寢兵部尚書彭澤議謂許復禮前題無非制馭外夷愛惜名器之意相應俯從合無將各夷今陞官職俱暫且停止行文各巡撫將把兒孫來貢人役并牙令哈明白省諭令其回還照舊管束部落時修職貢如果積有年勞功績異常候鎮巡官再為奏到另行議擬陞賞毋自擬沮有負聖恩再照各邊撫鎮副叅遊擊守備等官平居則惟圖玩愒畧無經久之謀臨事則代為請求苟安目前之利走回男婦日見題知進送漢人每言勞績殊不知邊方若能戒嚴人口何緣出境計其節次送回之人多非聞報搶虜之數上下扶同已非一日兵政廢弛實肇於斯合無本部通行各邊撫鎮等官今後大小失

事督令所屬從實開報凡遇虜中走回男婦及進送漢人必須查對先年奏報之數如果相同照常施行若有欺隱情弊指實參提

上乃命牙令哈既歷年效勞與竹孔革事體相同已陞了羅餘患如議行自後朝貢如期至今相繼往來

遼東邊論曰遼東禹貢青冀二州之域舜分冀東北之地（醫無閭）為幽州即今廣寧以西之地青東北為營州即廣寧以東之地（即遼陽東至鴨綠江西至山海關一千四百六十里南至旅順海口北至開原城一千七百里）歷代以來皆郡縣（元季時為平章劉益高家奴所據洪武初奉表來歸四年置定遼衛八年改為遼東都司十年革所屬州縣設衛二十五永樂七年復設安樂自在二州）我朝改置衛而於遼陽開原二城中設安樂自在二州處內附夷人其外附者東北則建州毛憐女直等衛西

北則朶顏福餘泰寧三衛分地世官自易站抵開原鄰建州毛憐海西野人兀者諸夷而建州為最自開原之北近松花江山寨諸夷亦海西種類又北抵黑龍江諸夷江夷為最自廣寧前屯東抵開原中間地沒入兀良哈三衛今特山海關一線之地可以內通互市通貢執雖竊麋形成藩蔽是以疊場無西北邊之患南則海上自劉江之捷而倭寇屏迹弘治中曾一見之未及岍而去若今則晏然久矣所備則東北西北二夷東北屋居耕食不專射獵邊警差緩而西北則俗仍逐北雖未嘗大舉入寇然竊發頗多故遼東夷情與諸鎮異要在隨方撫輯處置得宜北鄰朔漠而遼海三萬瀋陽鐵嶺四衛足遏其衛南枕滄溟而金復海旅順諸軍嚴守望東西則廣寧遼陽各屯重兵以鎮壓之復以錦義寧遠前屯五衛以翼廣寧增遼陽東山諸堡以扼東建先事戒嚴防[illegible]不隨俾恩威並立足制其心乃策之上而停斬論功此第二

義也閒原廣寧並據襟吭全復海上頗稱沃野三岔河南北亘數百里遼陽舊城在焉木葉白雲二山之間即遼之北京中京地也草木豐茂更饒魚鮮自國家委以與虜進據腹心限隔東西道里迂遠而守望勞費遼人每憤憤焉成化以來論者率欲截取之而屢付空談竟不見施行者無亦有識者為起釁邊方之慮乎若夫革互市之姦欺禁驛傳之騷繹糾驗放夷人抑勒之弊塞請開貢路生事之門墩軍增其月支百姓教其歲蓄專制一方者不得不任其責矣

其俗土氣極寒常為穴居以深為貴好養豕食肉衣皮冬則厚塗豕膏禦寒夏則裸袒以尺布蔽體具穢不潔作側於中環之而居

好勇善射弓長四尺矢用楛長尺八寸青石為鏃便行船好冠盗東漢書把婁傳嚼米為酒飲之亦醉以溺洗面婚嫁男就女家父母春夏死並埋之塚上作屋令不雨濕秋冬死以屍餌貂貂食其肉則多得之北史勿吉傳勇悍食生肉飲糜酒殺人不辨父母衆為縛之俟醒而解散居山谷自推豪傑為酋渠文獻通考無市井城郭逐水草為居以射獵為業設官牧民隨俗而治有狗車木馬輕捷之便狗車形如船以數十狗拽之往來遞運木馬形如彈弓繫足激行可及奔馬二者止可氷雪上行元志建州頗類開原舊俗其腦溫江上自海西下至黑龍江謂之生女直畧事耕種聚會為禮人持燒酒一魚胞席地歌飲少有忿爭彎弓相射可汗以下以樺皮為屋行則馱

卷二十四　十一　勵耘書屋

載止則張架以居養馬弋獵為生其阿迷江至散魯江頗類河西乘五板船疾行江中乞列迷有四種性柔刻貪狡捕魚為食著直筒衣暑用魚皮寒用狗皮不識五穀惟狗至多耕田供食皆用之死者割腹焚之以灰燼夾於木末植之乞里迷去奴兒干三千餘里一種曰女直野人性剛而貪文面椎髻帽綴紅纓衣緣綵組惟袴不槿婦人帽垂珠珞衣綴銅鈴射山為食暑則野居寒則室處一種曰北山野人乘鹿出入又一種住平土屋屋脊開孔以梯出入卧以草鋪類狗窩一苦兀在奴兒干海東人身多毛戴熊皮衣花布親死割腸胃曝乾負之飲食必祭三年後棄之其鄰有吉里迷男少女多女始生先定以狗十歲即娶食惟腥鮮其山川曰長

白山故會寧府南其巔有潭周八十里南流為鴨綠江北為混同東為阿也苦河曰混同江開原城北白黑
龍江開原城北蘇鶻舊居其產楛矢石砮黑龍江口出名水花石堅利入可銼矢鏃人將取之必先祈神鐵
重棧金線長山白赤玉眞珠阿也苦河南里河出河出金雙城麻布監生木枝上亦有鹽海
阿膠馬野猪野牛野驢黃貓虎皮熊皮狐狸皮有黑白黃三色海豹皮臚
皮海獺皮海猪皮海牛皮海狗皮失刺孫即土豹好刺即各色鹿殊角即海
象牙魴鬚貂鼠皮青鼠皮鯨睛嗢肭臍海東青五國城東出小而健能擒天鵞爪白者尤
異鷹鷂鴉鵲兔鶻鱘鰉魚牛魚混同江出大者長文五尺重三百無魚鱗骨脂肉相間食之味長
五味子栗麥稌葵菜其貢馬貂鼠皮舍列孫皮海青兔鶻黃鷹阿
膠殊角其進貢來朝都督許帶達子十五人同其國東濱海西接
兀良哈南鄰朝鮮北至奴兒干北海自混同江達于京師三千五

八頁 ゟ

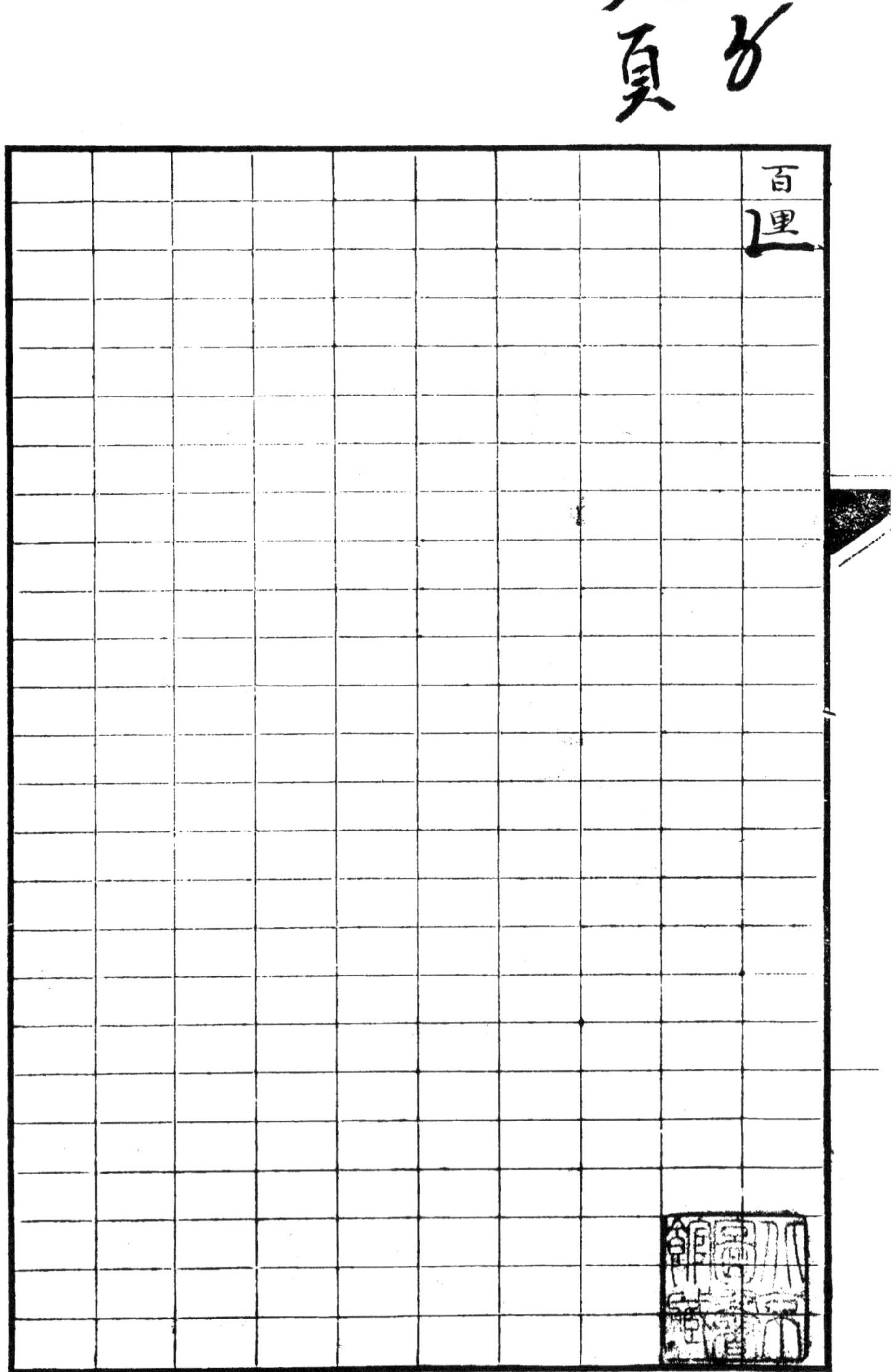

百里